쉽게 풀어쓴
한국어 문법

쉽게 풀어쓴
한국어 문법

박덕유 · 강미영

한국문화사

머리말

　한국어는 현재 지구상에 존재하는 언어 6,000여 개 가운데 세계 10위에 해당하는 언어로 성장하였다. 이와 더불어 한류 열풍에 힘입어 중국, 일본, 동남아는 물론 남미와 유럽까지 한국어를 배우고자 하는 이들이 날로 늘어가고 있다. 또한 정규 교육과정에 한국어를 채택하는 국가도 점점 늘고 있는 추세다. 한국어를 모국어로 사용하지 않는 외국인과 이들에게 한국어를 가르치는 교사 혹은 가르치고자 하는 예비 교사들이 꾸준히 증가하고 있는 상황에서 이들이 한국어를 심도 있게 이해하기 위해서는 한국어의 큰 틀인 문법에 대한 이론적 뒷받침을 이해할 필요가 있다.

　시중에는 지금까지 국어학에 관한 연구 결과를 바탕으로 하여, '국어학개설'이나 '국어학입문', '문법서'의 제목으로 수십 권의 책들이 출간되었다. 그런데 시중에 출간된 한국어 문법 교재는 한국어를 전공하는 학생들을 대상으로 한 책이 대부분이고, 그 책을 집필한 저자의 특정한 연구 관심사나 이론적 입장을 반영하고 있다. 안타깝게도 한국어에 관심 있는 외국인과 교사들이 국어학의 여러 영역의 기본 개념들을 쉽게 이해할 수 있는 저서는 찾아보기 어렵다. 이에 국어학의 본질과 국어학의 여러 영역에 관한 기본 개념을 알고 싶어 하는 독자들에게 도움을 주는 친절한 안내서 구실을 하는 책을 집필하게 되었다. 전문적이면서도 대중적인 필독서를 마련한다는 것이 쉬운 일은 아니겠지만, 국어학의 핵심적인 주제를 포함한 문법 입문서를 집필함으로써 한국어 문법을 좀더 깊이 있게 이해하고자 하는 독자들에게 이 분야를 정밀하면서도 심층적으로 이해할 수 있는 정보와 개념들을 제공하고자 한다.

이 책은 제1장 한국어학개론, 제2장 한국어 음운론, 제3장 한국어 형태론, 제4장 한국어 문장론, 제5장 한국어 의미론, 제6장 한국어사, 제7장 한국어 어문규범 총 7장으로 이루어져 있다. 이 책은 독자들이 한국어 문법을 자기 주도적으로 학습할 수 있도록 각 장을 기본적인 내용에서 시작하여 심화된 내용으로 기술하였다. 그리고 각 장은 그 분야의 핵심적인 주제를 '개념, 유형, 특성 및 제약'의 순으로 기술하였고, 본문과 관련하여 추가적으로 알아두어야 할 내용, 혹은 복잡한 내용은 '심화'란을 두어 상세하게 기술하였다.

이 책은 저자들의 노력만으로 이루어낸 결실이 아니다. 이 책은 많은 국어학자, 국어교육학자, 한국어교육학자들의 논문과 저서 덕택에 빛을 보게 되었다. 그분들의 빛나는 연구 결과가 책을 집필하는 과정에서 직접적으로 간접적으로 크게 도움이 되었다. 그분들을 직접 찾아뵙고 감사의 마음을 전달해야 하는데 그러지 못하고 지면을 통해 감사의 마음을 전하게 된 점 매우 송구스럽게 생각한다. 그리고 이 책은 저자들이 실제 현장에서 외국인 학습자를 가르치고, 이들을 가르치는 교사와 예비 교사들을 가르치면서 쌓은 현장 경험을 녹여 논리적이면서 체계적으로 기술한 것이다. 지난 수년간의 강의뿐만 아니라 강의 자료에 대해 유익한 제안을 해 준 많은 학생들에게 고마움을 전한다. 앞으로 부족한 것은 끊임없이 수정, 보완해 갈 것이다.

끝으로 이 책이 한국어 교육 현장에서 한국어 이론을 체계적으로 습득하고자 하는 독자들에게 도움을 줄 수 있는 책이 되기를 바란다.

2018년 8월 1일 저자 씀

차례

제1장 한국어학개론

1. 언어의 정의와 특성

가. 언어의 정의

　인간의 일상생활 가운데 나타나는 언어 현상은 복합적이고 추상적인 것으로 사회적인 성격을 지닌다. 그러므로 언어는 사회생활을 하기 위한 인간의 의사소통의 수단으로 크게는 음성언어와 문자언어로 분류할 수 있다. 언어는 의사소통의 한 형태로 비한정적인 것으로 어떤 틀이나 범위의 제한 없이 무한하게 생산할 수 있는 창조적인 것이다. 인간만이 가진 고유한 능력으로서의 언어는 사물의 소리나 동물의 의사소통의 수단인 음향과는 달리 말소리와 의미 내용 사이의 대응관계를 맺어주는 규칙 체계로서 실현된 현상으로서의 언어이다. 많은 사람들이 언어와 국가를 혼동하고, 인종과 문화를 언어와 관련시켜 이해하고 있다. 민족과 언어가 고유한 관계에 있다고 생각하는 사람들도 있지만, 언어는 인종이나 문화보다는 그 언어사회와 불가분의 관계성에서 습득되고 학습된다.

　언어는 인간만이 갖는 고유한 특성으로 그 의미는 어떤 사회에서든지 동일하지만 이를 표현하는 형태적 기호는 각기 다른 자의성을 갖는다. 또한 언어사회에 따라 언중의 공인(共認)으로 이루어지는 사회적인 특성을 가지며, 나아가 통시적인 신생, 성장, 사멸하는 역사적인 특성을 갖는다. 그리고 문법적 규칙성을 통해 전달된다. 인간은 청각적인 음성기호를 통하여 의사를 전달하며, 인간의 이러한 행위는 객관적으로 연구 기술될 수 있다. 따라서 우리가 추구하는 언어의 정의는 말의 특성과 본질을 해명하는 중요한 내용으로 제시될 수 있는 것이다. E. Sturtevant은 그의 저서 『언어학입문』(1947)에서 "언어는 사회집단의 구성원들이 협력하고 상호작용하는 자의적인 음성기호이다."라고 정의하고 있다.[1] 이는 Saussure의 개념설(1916)이나 Ogden&Richard의 지시설(1923)에서 이미 제시하고 있는 것을 보다 체계적으로 설명하고 있는 것이다. 따라서 문법적인 체계를 첨가하여 "언어는 사회집단의 구성원들이 협력하고 상호작용하는 자의적인 음성기호의 체계이다."라고 정의할 수 있다.

나. 언어의 특성

1) 자의성

우리가 어떤 사물을 보면 그 사물의 의미를 파악하고 다시 그 개념을 전달하기 위해 이름을 만들어 사용한다. '배'라는 사물을 보고, '사람이나 물건을 싣고 물에 떠다니는 물건'이라는 개념을 파악하고 그 개념에 따른 명칭을 부여하는데, 이 명칭을 음성기호로 나타낼 수 있다. 그런데 그 명칭은 나라와 시대에 따라 다를 수도 있다. 즉, '배'라는 사물에 대한 개념적 의미는 과거에서나 언어사회가 다른 나라에서나 모두 동일하다. 단지 사물과 이름과의 관계에서 나타나는 그 명칭만 다를 뿐이다. 영어로는 'ship', 중국어로는 'chuán', 베트남어로는 'thuyên', 인도네시아어로는 'Perahu' 등으로 불린다. 이는 자의적 음성기호(arbitrary vocal symbols)

---

[1] Sturtevant, Edgar H.(1947:5)은 언어를 "a system of arbitrary vocal symbols by which members of social group cooperate and interact."라고 언급하였다.

로 설명되는데, 일정한 음성 및 음성연쇄는 특정한 언어사회의 약속에 의해서만 일정한 의미를 갖게 되는 것으로 그 언어사회의 범위를 벗어나서는 의미 전달이 불가능하게 되는 것이다. 따라서 단어는 사물이나 생각을 나타내는 것이긴 하지만 기호와 그것이 나타내는 의미 사이에 직접적인 관계는 없다. 사물은 개념을 통해서만 이름으로 표현되고 이름은 개념을 연상해야 사물에 대한 이해에 이르게 된다. 결국 화자는 사물에서 개념, 개념에서 이름의 순서로 표현하게 되며, 청자는 이름에서 개념으로, 개념에서 사물의 순서로 이해하게 된다. 그러나 자의성은 언중의 약속을 전제하고 있다. 즉 사회성을 전제로 하고 있으므로 개인이나 일부가 임의로 명명할 수 없는 것이다.

이러한 자의성은 감탄사나 동물의 울음소리에서도 발견할 수 있다. 한국 사람들은 어디가 조금 아플 때 '아야, 아이구'라고 표현하는데, 영국 사람들은 ouch, 프랑스 사람들은 aïe, 독일 사람들은 au, 헝가리 사람들은 jaj (거의 yoy처럼 발음함)라고 표현한다. 다시 말하면 감탄사는 신음소리처럼 모르는 사이에 본능적으로 나오는 소리가 아니라, 약정되어서 우리가 배워야 할 다른 연속음처럼 익혀서 하는 말이다. 의성어나 감탄사도 언어의 중요한 일부이긴 하지만, 그것이 전체 어휘에서 차지하는 비율은 높지 않다. 어쨌든 의성어나 감탄사까지도 음성기호와 의미와의 임의적(任意的)인 관련성을 배제할 수 없는 것이다.[2] 개 짖는 소리를 한국어로 '멍멍, 왕왕'으로 표현하지만, 영어로 bow-wow, 독일어로 wauwau (w는 [v]로 발음함), 불어로 toutou, 중국어로 'wangwang', 베트남어로 'gâugâu', 인도네시아어로 'gukguk'이라고 말한다. 이렇게 볼 때, 소리를

---

[2] 의성법은 새로운 단어를 조어(造語)하는데 특히 중요한 구실을 한다. 가령 coo 와 같은 의성어를 살펴보면, 이 말은 원래 비둘기가 조그맣게 재재거리는 소리를 뜻하였는데, 발전해서 '연인들이 정답게 사랑을 속삭이는 행위'를 의미하게 되었다.

직접 흉내내는 의성어의 경우도 어느 정도 임의적으로 선택되는 것이며, 다분히 인습적이라는 것을 알 수 있다.

2) 사회성

언어는 개인적인 것이 아니라 사회 대중의 약속에 의해 이루어진 객관적인 현상이다. 또한, 언어는 그 사회의 오랜 역사를 통해 생성되고 발전되어 내려온 것으로 역사적으로 물려받은 문화적 유산이다. 따라서 언어는 언어사회와 밀접한 관련을 가진다. 언어사회(Speech Community)는 동일한 언어로써 의사를 소통하며 공동생활을 영위하는 사회 집단인 언어공동체를 말한다. 엄밀한 의미에서 동일한 언어는 존재하지 않으며 실제로 언어는 시대, 지역, 연령, 성별, 직업, 계층 등에 따라 다양하게 변이(變異)되고, 그 범위를 규정하는 객관적인 기준이 없어 상대적인 가치를 가지는 개념이다. 이러한 변이 속에서도 공통적인 언어생활이 유지되는 것은 언중의 언어 경험에 공통적인 현상이 있기 때문이다. 언어는 음성과 의미와의 자의적인 결합으로 이루어지지만, 언어가 하나의 언어로 인정을 받으려면 의미는 음성기호로 나타내기 위해 그 사회 구성원들의 약속이 전제되어야 한다. 이는 어느 개인에 의해서나 어느 특정한 집단에 의해서도 언어가 임의로 변개(變改)되는 것을 용납하지도 않는다. 언어는 한 언어 공동체가 공유하는 것으로 언중의 사회적 약속 없이는 바뀌지 않는 일종의 불역성(不易性)의 성질을 갖는다.

3) 역사성

언어가 어떤 사회 구성원의 약속에 의해 성립되더라도 문화의 발달과 인간 사회의 제반 요소들의 변화에 의해 언어도 끊임없이 변화한다. 새로운 말이 생겨나기도 하고, 있던 말이 변화하기도 하며 쓰이던 말이 없어지기도 한다. 이러한 언어의 특성을 역사성이라 한다. 그러나 이렇게 역사적으로 신생, 성장, 사멸하는 것도 어느 개인이나 특정한 집단에 의해 변화하는 것이 아니라, 반드시 언어사회의 구성원인 언중의 협약(協約)이 있어야 하는 것이다. 이는 언어의 가역성(可易性)의 성질을 갖고 있으면서도 또한, 언중의 공인이라는 전제가 뒷받침되어야 하는 것이다. 이와 같은 언어의 변화는 어휘, 음운, 문법 등의 언어 전반에 걸쳐 일어나지만, 가장 두드러진 변화는 어휘의 변화다.[3]

4) 기호성

인간이 가지고 있는 지식, 의지, 언어, 감정 등을 나타내기 위해 사용하는 음성이나 문자 등의 기호를 언어기호라 한다. 이 언어기호는 언어의 형식인 음성과 내용인 의미와의 관계를 맺고 있는 기호로 특정한 음의 연쇄는 특정한 의미와 연합되어 있는 기호이다. 즉, 'ㅅ + ㅏ + ㄴ'이 연쇄된 '산[san]'이라는 음성은 '山'이라는 의미와 연합되어 있는 기호인 것이다.

언어기호의 특성은 해당 언어사회 구성원이 공유하는 것으로 다른 언어사회 구성원이 공유하는 것과는 구별되는 표현과 전달의 도구이다. 원칙적으로 모든 언어기호는 고유의 의미용법을 갖는 것으로 그 기호의 사용이 어떤 규칙이나 제약에 기반을 두고 있는가는 그들 기호의 창작 과정과 그 후의 발달 과정 여하에 의해 자연스럽게 결정되어 그 사회의 관습으로 전승된 것이다. 결국 기호 체계로서의 언어는 그 사회 구성원이 공유하는 표현 전달의 도구로 이는 언어의 역사성과 사회성을 지닌다.

---

[3] 언어의 역사적인 변화로 신생, 성장, 사멸을 들 수 있는데, 신생의 예로 컴퓨터, 인터넷 등을 들 수 있으며, 성장은 다시 기호변화와 의미변화로 나눌 수 있다. 전자의 예로 거우르>거울, 곳>곶>꽃, 후자의 예로 어리다(어리석다(愚) → 어리다(幼), 어엿브다(불쌍하다(憐) → 예쁘다(艶) 등을 들 수 있으며, 사멸의 예로 슈룹(우산), 나죄(저녁), 즈믄(천) 등을 들 수 있다.

5) 규칙과 체계성

언어를 이루는 음운, 단어, 문장, 담화는 각각의 구조를 가지며, 그 구조는 일정한 규칙과 체계로 짜여 있다. 여기서 규칙은 문법적으로 문장구조는 물론 조사, 어미, 나아가 의미적으로도 타당해야 한다. '영수는 작년에 제주도에 갈 것이다', '할아버지가 온다', '청소년 축구시합에서 일본에게 이겼다' '꽃이 밥을 먹는다' 등은 비문이다.

'짐승, 날짐승, 꿩, 장끼, 까투리'로 나뉘어 단어들이 상위와 하위의 체계를 이루고 있다. 우리가 사용하는 모든 단어들은 이와 같은 체계를 이루고 있으며, 언어의 또 다른 단위인 음운, 형태소, 문장들도 그 나름대로의 체계를 이루고 있다. 어휘는 단어들이 무의미하게 엉켜 있는 집합이 아니라 일정한 체계를 이루고 있는 구조이다. 즉 하나의 단어는 여러 다른 단어들과 의미적으로 유기적인 관계를 맺으며 하나의 체계를 이루고 있다. 예를 들어 '하얗다-허옇다', '파랗다-퍼렇다'를 들 수 있다. 언어가 하나의 체계(system)라고 하는 것은, 음성기호와 의미와의 관계가 비록 임의적이긴 하지만, 말의 최소단위로서의 음성, 그리고 통사적 의미와 어휘적 의미를 지닌 상위단위로서의 음성 결합체가 주어진 언어에서 결합되기 위해서는 반드시 하나의 일관성이 있다는 사실이다. 따라서 언어에 있어서 음성들이 결합되는 방식과, 그들이 모형을 이루어 상위단위를 형성하는 방식은 체계적이라고 말할 수 있다. 예를 들어, 어떤 음성은 단어의 첫머리에 나타나지 못하며(어두음의 제약), 또 어떤 음성은 단어의 끝자리에 오지 못한다(어말음의 제약). 개별언어에 따라 명사는 성별, 형태별, 생물, 무생물의 구별에 따라 여러 가지로 분류되며, 동사는 시제(현재, 과거, 미래)나 시상(時相)(완료, 미완료)에 따라 달리 선택되기도 한다. 어순상의 특징을 보아도 인구어는 산열문(loose order sentence)의 어순구조, 즉 S + V + O인데, 한국어는 도미문(periodic order sentence)의 어순구조, 즉 S + O + V여서 인구어와는 상이한 특징을 보이고 있다.

　이 모든 것은 한 가지의 기본적인 원리로 요약될 수 있다. 즉, 각 언어는 자체의 체계를 지니므로 그 언어음과 언어음이 큰 단위로 결합하는 방식에 있어서 질서와 일관성 그리고 모형을 보이고 있다는 사실이다. Sturtevant(1947)이 언어를 정의한 구절 가운데, '사회적 집단의 구성원들이 서로 협동하고 상호작용한다'는 내용은 언어의 사회적 기능을 지적한 것으로, 한 개인의 마음속에 가지고 있는 생각이 다른 사람에게 전달되지 않으면 협력관계나 상호작용은 이루어질 수 없는 것이다. 이러한 사실은 성경에 나오는 바벨탑의 이야기 속에 잘 나타나 있다. 사람들이 바벨탑을 하늘에 닿도록 높이 쌓아 올려, 인간의 위대한 힘을 증명하려고 나선 인간의 부질없는 자만심을 벌하기 위하여, 신은 인간언어의 혼란으로 상호 의미소통을 못하게 하여 바벨탑의 성축을 불가능하게 했다. 이는, 인간의 언어생활이 언중이라고 하는 언어사회 구성원의 일치된 언어기호 체계를 통해서 의사소통이 가능함을 말하는 것이다.

6) 초월성

　어제 고양이가 뒷골목에서 밤을 지새우고 돌아와 발 언저리에서 '야옹'하고 울 때, 고양이가 무엇을 전달하려고 했는지 이해할 것이다. 고양이에게 어제 저녁 어디서 무엇을 했느냐고 물어보아도 고양이는 마찬가지로 '야옹' 할 것이다. 동물의 전달은 오로지 그 순간, 그 장소, 바로 지금에 한해서만 사용된다. 예를 들어 새는 위험이 직접 다가왔을 때 위험을 알리기 위해 소리를 지른다. 그러나 새는 시간상이나 공간상으로 떨어져 있는 위험을 알릴 수는 없다. 이에 비해 인간은 과거와 미래에 대하여, 그리고 발화의 장소 이외의 것에 대하여 언급할 수 있는데 이를 초월성이라 한다.

　벌의 경우는 약간의 초월성이 있다고 한다. 복잡한 춤을 춤으로써 어느 정도 떨어져 있는 지점을 가리키는 능력(원을 그리는 춤, 꼬리를 흔드는 춤, 춤의 회전 속도 등)이 있다고 한다. 그러나 이는 매우 제한적인 형식의 초월성이다. 인간은 존재가 불확실한 사물이나 장소에 대해서도 말할 수 있다. 그래서 미래의 가능한 세계를 기술할 수도 있다.

7) 창조성

새로운 사태가 출현하거나 새로운 사물을 기술할 필요성이 생겼을 때, 언어사용자는 그 언어의 능력을 구사하여 새로운 표현이나 새로운 문장을 산출하는 것으로 일종의 창조성을 갖는다. 언어를 가지고 있는 인간은 언어에도 이를 사용하여 만든 발화의 수가 무한하기에 무한성이라고도 한다. 동물들의 경우는 제한되어 있다. 매미는 4가지의 신호, 원숭이는 36가지의 소리(여기에는 구토하는 소리나 재채기 소리까지 포함)가 있다고는 하지만 동물에게는 새로운 신호를 만들어 낼 능력이 없다. 일벌의 경우는 어느 정도 시간과 공간을 초월한다고 하지만 그것은 어디까지나 수평적 거리에만 해당되고 무한한 거리는 역시 제한된다. Karl von Frisch에 의하면 "꿀벌의 언어 중에는 '상(up)'이라는 단어가 없다."고 했다. 즉, 벌들에게는 수평적 거리는 인지하지마는 '上'이라는 수직적 거리의 단어를 만들어 낼 능력이 없는 것이다. 동물의 신호에는 고정적 지시 대상(fixed reference)이라고 이르는 특성이 있을 뿐이다.

8) 이중성

언어라고 하는 것은 동시에 두 레벨 또는 두 계층으로 이루어지는데 이 특성을 이중성(duality) 또는 이중분절(double articulation)이라 한다. 예를 들어 n,b,i 와 같은 음이 있다고 할 때, b+i+n 이라고 하면 bin(상자)가 되고, n+i+b로 결합하면 nib(부리)가 된다. 따라서 하나의 레벨에는 서로 다른 음이 있고, 또 하나의 레벨에서는 서로 다른 의미를 갖는다.

이와 같은 레벨의 이중성은 실제로 인간언어의 경제적 특징의 하나이다. 그 이유는 한 언어에서 사용되는 서로 다른 음소는 모두 합해도 그 수는 많지 않으며, 그것들을 다양하게 결합하면 그 결과 여러 가지 단어가 만들어지게 되어 그 단어의 의미는 모두 달라지기 때문이다. 이에 비해 동물은 그렇지 못하다. 예를 들어 개는 낮은 신음소리 woof를 낼 수 있으나, 개 울음소리의 레파토리의 특징에서 w와 oo, 그리고 f가 독립된 발음의 요소로 추출될 것이라고는 생각되지 않는다. 만일 개가 두 가지의 레벨(이중성)로 인하여 소리를 낼 수 있으면, oowf, foow와 같은 소리를 내어, 그들이 각각 의미가 다른 것으로 나타나야 하는데, 실제로 동물의 소리는 그러한 사실이 없다.

9) 문화적 전승

부모에게 유전적으로 갈색의 눈과 검은 머리를 이어받을 수는 있지만, 언어를 유전적으로 이어받을 수는 없다. 언어를 습득하는 것은 문화적 공동체 속에서 다른 화자를 통하여 습득되는 것이지, 부모의 유전자에서가 아니다. 중국어를 사용하는 중국 부모에게서 태어난 아이가 생후 즉시 미국으로 데려가 영어를 사용하는 사람들에게 양육되었다면, 이 아이의 신체적 특징은 부모에게서 받았지만 말은 영어를 사용한다. 이처럼 언어가 한 세대에서 다음 세대로 이어지는 과정을 문화적 전승이라 한다. 인간은 태어나면서부터 선득적으로 언어를 습득할 수 있는 소질이 있지만 어느 특정언어를 사용하여 발화하는 능력을 갖는 것은 아니다. 동물의 신호전달의 일반적 양식은, 사용되는 신호가 본능적인 것이지 습득된 것이 아니라는 사실이다. 설사 새가 울음소리를 학습한다고 하지만 그것은 어디까지나 훈련에 의한 것이지 습득 능력에 의한 것이 아니다. 그 증거로 그 새를 다른 환경의 집단에 옮겨 놓으면 그 울음소리는 이상한 것이 되고 만다.[4]

2. 언어와 인간

가. 인간의 언어와 동물의 언어

인간이 언어를 본격적으로 사용하게 된 것은 지금으로부터 약 10만 년 전으로 추정할 수 있다. 인간이 다른 동물과 구별되는 두드러진 특징 중의 하나는 인간만이 언어를 구사할 수 있다는 점이다. 인간 유전자의 98%를 닮은 침팬지도 언어를 구사할 수 있는 능력이 없다고 한다. 미국의 유명한 언어학자 Chomsky는 컴퓨터에 내장된 하드웨어처럼 인간은 유전적으로 언어습득 능력을 갖고 태어난다고 했다. 스웨덴의 생물학자 Linne는 인간을 '언어적 인간(Homo loquens)'이라고 하였으며, 독일의 철학자 Heidegger는 언어를 '존재의 집'이라고 하여 언어의 주택 속에 인간이 살고 있다고 설명하였다. 그리고 독일의 철학자 Cassirer는 "인간은 언어가 형성해주는 현실만 알고 있다."고 함으로써 인간과 언어의 중요 관계에 대해서 설명했다.

인간의 언어는 복잡하고 추상적인 것으로 무한한 언어를 창조해 낼 수 있다는 변형생성문법론을 창시한 Chomsky는 이를 인간의 언어에만 나타나는 회귀성(回歸性, recursion)이라고 규정했다. 또한, 하버드 대학의 Hauser 교수는 이런 회귀성이 진화 과정에서 숫자 사용이나 방향설정과 같은 기능을 잘 수행하기 위한 필요성 때문에 생겨났다는 이론을 제시했다. 예를 들어 숫자를 더 잘 다루고, 먹이가 있는 장소를 찾거나 짝짓기를 하는 장소를 잘 찾는 동물이 생존 능력이 뛰어날 것이며 그런 과정에서 회귀성을 갖춘 인간의 언어가 생겨났다는 것이다. 2001년에 영국 옥스퍼드대학의 모나코 박사팀은 정확한 발음을 내기 어렵고, 말소리의 구별과 문장을 이해하거나 문법적인 면을 판단하는 데에 장애가

---

[4] George Yule(1985:19-22) 참조.

있는 가계 구성원들의 유전자를 면밀히 조사한 결과 'FOXP2'라는 유전자에 이상이 있어서 이런 언어 장애가 발생한다는 연구결과를 발표했다. 그는 이 가계의 언어 장애자 14명에게서 'FOXP2' 유전자에 있는 715개의 아미노산 중 1개가 일반인과 다른 것임을 밝혀 냈다. 또한, 인간과 침팬지의 언어유전자(FOXP2)를 비교한 결과 아래와 같이 2개(N-T;S-T)만 다르다는 것을 2002년에 독일 막스플랑크 연구소의 파보 박사팀이 발견했다.

> 인　간 → MMQ......SSNTS......VLSAR......LSEDLE
> 침팬지 → MMQ......SSTTS......VLTAR......LSEDLE

파보 박사팀은 이처럼 아주 적은 유전자의 차이가 언어 능력을 결정지을 수 있다고 추정한 것이다.

호모 로쿠엔스(Homo loquens)는 높은 차원의 특징으로서 '언어를 사용하는 인간'이라는 뜻의 라틴어다. 사람의 대뇌에는 말을 하도록 작용하는 중추신경이 있다. 이 신경의 작용으로 발음기관을 움직여서 발음하고 또 청각신경(聽覺神經)과 대뇌를 통하여 타인의 언어를 이해하는 것이다. 물론 다른 동물도 자신의 소리로써 그 나름의 신호를 교환한다. 침팬지는 수십 종의 소리를 내어 동료를 부르거나 탓하며, 경계, 공포, 고통, 경악, 기쁨, 슬픔 등을 표현한다고 한다. 그러나 이것은 감정의 직접적 표현에 불과하다.

사람의 언어는 감탄사가 아니라 세분된 음성으로 의미 있는 단어를 이루고, 이 단어들을 일정한 법칙에 따라 운용함으로써 복잡한 의미를 자유롭게 표현하는 상징적인 것이다. 인간은 이 언어를 사용함으로써 자기의 경험을 타인에게 전달할 뿐만 아니라, 타인의 경험을 제삼자에게 전달할 수 있다. 이러한 소통은 기억을 낳게 하고, 또한 언어를 통해서 복잡한 사상(事象)을 추상화할 수 있고, 이에 따라 사고능력을 발달시킬 수 있다. 인간과 가장 유사한 침팬지와의 유전자 DNA의 차이는 거의 없다고 한다. DNA 구조가 98.7%가 동일하다고 한다. 단지 1.3%의 차이만 나는데, 이 차이 때문에 인간은 사고능력을 발달시키며 만물의 영장으로 살아가는 것이다.

언어는 인간정신에 의하여 개발된 가장 귀하고 거대한 노작(勞作)이며, 인간행위의 가장 특징적인 형태이기도 하다. 그러나 언어는 우리의 일상생활에서 항상 사용하고 있는 것이지만, 너무 흔한 것이기 때문에 우리는 그것에 관하여 탐구하려 들지 않는다. 마치 공기를 호흡하고 있으면서 공기의 존재와 가치에 대하여 관심을 갖지 않는 것과 같다. 항상 말을 하고 있으면서도 생활에 무관심하다. 이와 같이 어떤 사상이 우리에게 너무 친숙할 때 그것을 옳게 인식하기가 어려운 것이다. 마치 바닷가에서 사는 사람들이 파도 소리에 익숙해 있어서 그것을 들을 수 없는 것과 같다.

또한 언어를 '걷는 일'과 같이 자명한 것으로 생각하기도 한다. 그러나 걷는 일은 사람에게 있어서 선천적으로 유기적이고 생리적인 데 반하여 언어의 습득은 후천적으로 얻게 된 문화적 기능이다. 미국의 인류학자 E. Sapir의 말과 같이, 걸음을 배우는 것은 선배들이나 이웃 사람들에 의하여 걷는 기술을 배우는 것이 아니라 정상적인 사람이면 누구나 자기의 유기적 생체가 출생시부터 걸을 수 있는 모든 신경작용의 에너지와 근육 적응을 받아들일 수 있는 조건과 태도가 갖추어져 있기 때문이다. 이러한 특수한 활동은 육체적으로 건전한 개인에게 선천적으로 타고난 것이다. 한편, 언어는 한 개인이 태어난 특정 사회, 즉 그가 생활하고 있는 주위 사람들에게서 습득되고 전승되는 것이라고 말할 수 있다. 이 두 가지의 양면 활동, 즉 '걸음'이 '언어습득'과 다르다는 근본적인 차이는 어린 아이들을 자기가 태어난 환경으로부터 전혀 다른 언어 환경으로 이주시켜 보면 분명해진다. 아마도 새로운 환경에도 불구하고 그들의 걸음은 옛날부터 걸어온 그대로의 버릇으로 발육되어 걸을 것이다. 그러나 언어의 습득은 자기가 태어난 환경과는 전혀 다른 양식으로 배우게 될 것이다.

언어습득은 사람의 생존에 필요한 것이 아니라 인간 생활에 반드시 필요한 것이다. 어떠한 인간의 활동이든지 언어에 의존하지 않은 것은 거의 없다. 따라서 실제적으로 우리가 활동하는 모든 일에서 언어를 사용한다. 인간의 사고가 언어 없이는 불가능하다고 생각하는 사람들도 있다. 넓은 의미에서 언어는 목소리, 몸짓, 신호(signals), 문자기호 등을 이용하여 하나의 인간 내심에서 다른 인간 내심으로 의미를 전달하는 수단이다. 그러므로 모든 인간 활동 중에서 가장 보편적이고 널리 보급된 것이 바로 언어로, 영국의 사학자 H. Goad가 말한 바와 같이 말은 인간 최고의 능력이며, 사람이 다른 동물과 구별되는 유일한 것이다.

사실상 사람이 다른 동물과 구별되는 것은 소리를 낼 수 있는 능력이 아니라, 그 소리와 의미를 유의적(有意的)으로 결합시킬 수 있는 인간의 능력이다. 그리하여 서로의 상호이해를 가능하게 하고, 한 인간 내심의 사고가 다른 인간 내심으로 옮겨지는 실제의 전이가 성립되는 것이다.

훈련을 받은 작은 앵무새가 "새도 말을 해요"와 같은 문장의 말을 제법 음고(音高, pitch)와 억양을 어울리게 나타내어 표현했다고 하여 앵무새가 언어를 사용한다고 말하지는 않는다. 왜냐하면 앵무새가 사람의 말을 단지 모방했을 뿐이기 때문이다. 사람을 제외한 다른 동물에게는 언어활동을 수행할 능력이 없다. 일련의 낱말이 모여서 일정한 의미를 이루는 복잡한 연결체의 '조직화된 소리'를 내지 못한다. 앵무새의 소리는 조직화된 사고에 의한 동기에서 나온 것이 아니라 무의식적인 모방의 소리에 불과한 것이다.

따라서 동물들의 의사소통 신호는 경직된 고정형(固定型, stereo- type)

을 띠고 있어서 인간 언어의 창조성과는 구별된다. 동물들의 신호에는 청각적 신호와 시각적 신호 그리고 후각적 신호 등이 있다. 소라게는 집게 다리를 뻗침으로써 공격 자세를 취하여 다른 게나 물오리를 쫓아버린다. 그리고 큰가시고기는 자기의 영토를 침범하는 수놈의 붉은 배와 목덜미를 보기만 하면 무서운 공격력을 발휘하여 자기의 영토를 방어한다.

이와 같은 시각적 신호와는 달리 새들은 소리를 내어 날아 도망하라는 신호나 자기의 짝을 부르는 소리를 낸다. 새들이 짝을 고르고 구애하고 어미의 의무를 수행하는 '소리의 신호'는 대개 소리의 급작스러운 높낮이나 진폭의 변화를 가져온다.

한편, 불개미는 먹이 있는 곳을 발견하면 집으로 돌아올 때 냄새 나는 화학물질을 내뿜어 자취를 남겨, 다른 개미들이 찾아갈 수 있도록 후각적 신호를 사용한다. 그런데 꿀벌들의 의사소통 과정은 매우 복잡하다. 꿀벌은 먹이의 위치를 벌통 안에서 춤을 추는 '회전 속도'로 알린다. 먼 거리에 먹이가 있을 경우, 멀면 멀수록 이에 비례하여 춤추는 회전의 빈도가 낮다. 그리고 먹이의 방향은 태양의 위치에 비추어 벌춤의 직선 부분의 각도에 의하여 표시된다. 그러나 꿀벌의 신호도 먹이, 거리, 방향 등을 지시하는 단순한 고정형 신호에 불과한 것이다.

나. 언어, 사회, 문화

언어는 인간의 사고 행위와 밀접한 관련을 지닌다. 인간의 지적 능력이 발달하게 된 것은 언어를 사용할 수 있었기 때문이다. 결국 인간은 언어를 도구로 하여 생각을 하며, 그 결과 사고력과 인지 능력이 점점 발달한다고 말할 수 있다. 인간이 사물을 인식하거나 판단할 때 언어가 커다란 영향을 끼친다.

훔볼트는 한 국민의 사고방식이나 세계관이 다른 국민과 차이가 있는 이유는, 그 국민이 사용하는 언어구조가 다른 국민이 사용하는 언어구조와 차이가 있기 때문이라 주장했다. 이는 '한 민족의 언어는 곧 그 민족의 정신'이라는 말이다. 사물의 공통성을 추출하고 하나의 범주로 추상화하여 받아들이는 능력은 언어능력의 가장 중요한 특징이다. 결국 인간은 언어를 도구로 하여 생각을 하며, 그 결과 사고력과 인지 능력이 점점 발달한다고 할 수 있다.

인간은 사회적 동물이다. 언어를 의사전달의 도구로 하여 사회적 관계를 맺는다. 따라서 언어는 사람이 사는 사회의 구조와 밀접한 관련이 있다. 따라서 언어는 사람이 살아가는 사회구조와 떼려야 뗄 수 없는 관계를 맺는다. 언어는 사회의 구조와 지방에 따라 다르다. 즉 사회적인 신분, 지위, 학력, 연령, 경제력, 직업 등에 따라 언어는 달라지며, 강원도, 충청도, 경상도, 전라도, 제주도, 평안도, 함경도 등 지방에 따라 다르다. 또한, 사회적 환경이나 상황에 따라서도 억양, 어휘, 문장 유형 등이 다양하게 나타난다. 그리고 사회적 계층(양반과 상인의 언어), 직업이나 집단(군대 언어, 심마니말 등), 성별(여성어, 남성어), 세대차(노인층의 언어, 청소년의 언어)에 따라서도 언어는 다르게 나타난다.

인간의 문화생활을 지탱해주는 중요한 요소인 언어는 다른 양식의 문화를 창조하고 축적하는 수단으로 사용된다. 언어는 그 나라 사람들의 삶의 모습, 즉 문화가 반영되며, 특히 어휘에 반영된다. 에스키모인의 말은 '눈'에 관한 단어가 매우 다양하고, 오스트레일리아 원주민의 말은 바다에 둘러싸였으므로 '모래'에 관한 단어가 발달하였다. 한국어의 경우 고유 어휘로 '가야금, 삿갓, 간장, 김치, 아리랑, 온돌, 장아찌, 족두리, 옷고름' 등을 들 수 있으며, 농경 중심의 사회였기에 '따비, 괭이, 쇠스랑, 삽, 종가래, 가래, 헹가래, 호미, 낫, 도끼, 고무래, 두레박, 용두레, 무자위, 도리깨, 쟁기, 멍에, 보습, 써레, 길마, 옹구, 망구, 꼴망태' 등 농사 용어로 우리만의 고유한 문화를 반영한다.

다. 음성언어와 문자언어

언어는 자기의 의사를 상대방에게 알리는 전달기능을 가진 음성기호 체계로 의사 전달의 방법에는 비언어적 방법과 언어적 방법이 있다. 전자는 다시 동작언어(gesture language)와 신호언어(signal language)로 나뉘는데, 동작언어에는 표정, 손짓, 발짓, 몸짓, 수화 등이 해당되며, 신호언어에는 깃발, 횃불, 신호, 호각소리, 나팔소리, 군호(軍號) 등을 들 수 있다. 언어적 방법으로는 음성언어와 문자언어로 나뉠 수 있는데, 음성언어는 사람의 발음기관을 통해 나오는 음성으로써 상대방의 청각에 호소하는 진정한 의미의 언어로 1차적 언어에 해당된다. 문자언어는 음성언어의 단점을 보완하기 위해 문자로써 시각에 호소하는 언어로 2차적 언어라고 한다. 그러나 대중매체의 발달과 인터넷 발달에 따른 영향으로 의사소통의 수단이 문자가 되면서 문자언어는 더욱 중요시 되었다. 특히, Vachek(1973) 이후, 귀로 듣는 언어보다 눈으로 보는 언어의 표의주의(表意主義) 이론이 대두되어 정서법을 개정하는 일면의 동기부여도 일으키게 되었다.

음성언어는 청각의 감각기관을 수단으로 하며 시간과 공간적으로 제한을 받지만, 문자언어는 시각적인 수단에 의한 것으로 시·공간의 제한을 받지 않는다. 또한, 음성언어는 화자의 발화에 직접적인 반응으로 동적인 특성으로 나타나지만, 문자언어는 간접적인 반응으로 정적인 특성을 갖는다. 또한, 음성언어는 감정 표현이 자유롭고, 직접 문답이나 자동 이해가 가능한 반면, 문자언어는 생각을 정리하거나 수정이 가능한 장점을 갖는다. 그리고 음성언어는 선천적으로 습득되지만, 문자언어는 후천적으로 학습된다.

[표] 음성언어와 문자언어의 특징

기준＼언어	음성언어	문자언어
1. 표출작용의 모개체로서	하나의 의미를 음성, 즉 청각기호로 표상함.	음성을 대신하여 하나의 개념을 시각기호로 표상함.
2. 발생적 견지에서	1차적 언어. 언어의 기원은 알 수 없으나 태초부터 1차적 언어인 말이 있었을 것임을 알 수 있음.	2차적 언어. 문자는 음성언어에 뒤지며, 음서의 종속적 존재로서 음성기호로 환원이 가능함.
3. 환기작용의 과정면에서	직접적임. 음성과 의미가 직접적으로 상호 환기작용을 함.「쓰기」의 예를 들면, 의미와 연합하고 있는 음성기호를 환기-음성기호를 통하여 문자를 환기함.	간접적임. 문자는 항상 중간에 음성을 매개시켜 환기작용을 함.「읽기」의 예를 들면, 시각적 기호인 문자를 통하여 음성적 기호를 환기하고, 음성기호는 그것과 연합하고 있는 의미를 환기함.
4. 전달과 보존 면에서	화자와 청자간의 직접적 관계, 즉 동일한 시간과 장소에서 수행되는 절대적 조건에 구속됨. 이 결함을 보충하기 위하여 녹음·녹화 등이 생김.	시각적 부호로 지상(紙上)이나 화면에 정착시켜 음성언어의 결함을 보충·구제함.
5. 구성양식 면에서	선조적(線條的) 구성	평면적(平面的) 구성
6. 표현 및 그 효과면에서	직접적이며 동적인 표현. 특히 발음에 의한 미묘하고도 동적 표현이 가능하며 진화성이 있음.	간접적이며 정적(靜的)인 표현. 보수성으로 인하여 음성언어와의 간극이 커지며, 정서법·표준말 등의 개정이 불가피함.

3. 한국어와 한국어학

가. 한국어의 개념과 위상

원시한국어(原始韓國語)는 우선 원시부여어와 원시한어로 분화되었다. 그리고 전자는 다시 고구려어로 이어지고, 후자는 백제어와 신라어로 분화되었다. 따라서 원시한국어는 북부지역의 부여계(夫餘系) 언어의 고구려어와 남부지역의 한어계(韓語系) 언어인 백제어, 신라어의 공통어로 볼 수 있다. 이는 역사시대 이후 만주 일대와 한반도에 자리잡은 우리 민족의 언어는 부여계 언어와 한어계 언어로 나뉘어 있었기 때문이다. 삼국이 세워지면서 고구려어, 백제어, 신라어가 서로 간에 공통점과 차이점을 가지면서 제각기 모습을 갖추게 되었다.

부여에서 고구려 지역으로 내려온 주몽은 옥저, 동예 등 부족국가를 통일하고 고구려를 건국하여 지배계급의 언어인 부여계((夫餘系) 언어를 사용하였다. 반면에 마한, 진한, 변한의 삼한(三韓) 시대에 사용하던 한어계(韓語系) 언어는 백제와 신라의 고대국가가 건국되면서 백제어와 신라어로 성장하였다. 백제는 부여계의 고구려어와 마한의 한어를 공통으로 사용하였다. 백제어는 주몽의 아들인 온조가 남하하여 마한을 정복하고 백제를 세움으로써 지배계급의 언어인 부여계 언어와 피지배층이 사용하던 마한어의 이중언어를 사용했다.

신라는 진한을 중심으로 변한의 가락국을 정복함으로써 한어계의 언어를 사용하였다. 그리고 고대 한국어는 신라가 삼국을 통일하면서 경주를 중심으로 언어가 통일되어 300여 년 사용되었다. 그러므로 신라어는 우리나라의 언어를 처음으로 통일하여 하나의 한국어의 기틀을 만든 의의가 있다. 이후 개성 지방을 중심으로 건국된 고려는 신라어를 바탕으로 일부 고구려 방언을 수용하여 500여 년 사용하다가 한성을 중심으로 확고한 기반을 다진 조선의 중세국어로 이어지며 근대국어를 거쳐 오늘에 이르고 있다. 고려어의 의의는 개성 지방의 중앙어로서 현대 한국어의 표준어인 서울말의 기저를 이룬 점이다. 그러므로 현대 한국어는 한어계 중심이던 신라어가 대부분을 차지하지만, 백제어의 이중언어 정책과 고구려어의 일부가 반영됨으로써 부여계 언어가 한어에 유입된 것으로 볼 수 있다.

'한국어(韓國語)'는 한국인이 사용하는 언어로 형태상으로는 교착어이고, 계통적으로는 알타이어족에 속하며, 한반도 전역 및 제주도를 위시한 한반도 주변의 섬에서 사용하는 언어이다. 반면에 '국어'는 한 나라의 국민이 쓰는 나라말, 또는 우리나라의 언어로 '한국어'를 우리나라 사람이 이르는 말이다.[5] 그러나 우리가 사용하는 '국어'는 'national language'가 아닌 'Korean language'의 뜻이다. 이는 외국에서 우리 국어를 '한국어(Korean language)'로 부르는 의미와 같다. 편의상 모어화자를 대상으로 사용할 때는 '국어'를 사용하고, 외국인이나 국어인 모어를 모르는 교포를 대상으로 사용할 때는 '한국어'로 사용한다.

언어는 개인적인 것이 아니라 한 사회 대중의 약속에 의해 이루어진 객관적인 현상이며, 오랜 역사를 통해 발전해 온 문화적 유산이다. 우리 언어는 과학적이며 체계적인 표현 수단의 한글과 이를 효율적으로 이해할 수 있는 한자의 상호보완으로 이루어져 세계 그 어느 언어보다 경쟁력 있는 우수한 언어임에 틀림없다. 따라서 국민은 언어를 정확하고 효과적으로 사용함으로써 한국어 발전과 한국 문화 창달에 기여해야 할 책임이 있다. 더욱이 21세기 들어 K-Pop 등 한류 열풍과 더불어 세계 곳곳에서 한국어를 배우려는 사람들이 늘어나고 있는 시점에 해외에 세종학당(2018년 54개국에 171개소 개설) 등 한국어 전문기관 설립이 점점 증가하고 있는 추세에 있어 우리말의 학습 열기가 고조되는 반면에 국내

---

[5] 표준국어대사전(1999) 참조.

에서는 오히려 공공언어에서 외국어 사용이 늘어나는 추세에 있으며, 저 품격 언어가 난무하는 매체언어, 욕설이 일상화된 청소년언어 등 사회 전반에서 어법 파괴 현상이 점점 심각해져 가는 상황이다.

1988년 서울 올림픽을 기점으로 세계화의 물결 속에 동참한 우리나라 는 선진국 대열에 합류한다는 목적으로 무역 수출과 인력 해외 진출의 성과를 가져온 반면에 많은 서구 문물 또한 받아들이면서 서구계 언어, 특히 영어의 유입이 밀려들기 시작했다. 더욱이 국제화 시대의 흐름에 세계 공용어인 영어의 위상은 중·고등학교 입학시험이나 평가시험, 대 학 입시뿐만 아니라 직장 시험에서 가장 큰 요인으로 자리 잡아 갔으며 지방자치마다 영어마을 선포식을 갖는 등 온 나라가 영어를 중시하는 분위기 속에 영어는 어느새 우리 민족의 얼과 문화를 잠식해 가고 있다.

대중매체의 발달과 인터넷 발달에 따른 영향으로 의사소통의 수단이 문자로 되면서 문자언어는 더욱 중요시되었다. 특히, Vachek(1973) 이후, 청각적인 언어보다 시각적인 언어의 형태주의 이론이 대두되어 표기 중 심의 언어정책을 가져왔다. 그러나 대중매체의 편리성과 속도성은 편지 에서 전화로 대체해 오다가 익명성을 보장받는다는 점과 간편하고 빠르 다는 점에서 전자 문자로 바뀌면서 욕설 문화와 문자 파괴를 가져온 것 이다. 이는 문자를 쉽게 쓰고자 하는 표음성(싫어 → 시러, 막힌 → 마킨 등)과 지나친 간결성(알았어 → 알써, 선생님 → 샘), 그리고 음성언어 전달(가요 → 가용, 안녕 → 안뇽) 등 자신의 감정을 상대방에게 전달하 려는 욕구 표현 등으로 나타나 우리 언어를 파괴하고 있다.

현재 세계 인터넷(텍스트) 언어 순위는 ① 영어(55.7%) ② 러시아어 (6%) ③ 독일어(6%), ④ 일본어(5%) ⑤ 스페인어(4.6%) ⑥ 프랑스어 (4%) ⑦ 중국어(3.3%) ⑧ 포르투갈어(2.3%) ⑨ 이태리어(1.8%) ⑩ 폴란 드어(1.7%) ⑪ 터키어(1.3%) ⑫ 화란어(1.3%) ⑱ 한국어(0.4%)[6] 등이다. 한자를 사용하는 중국어와 일본어를 제외하면 대부분 로마자이다. 앞으로 세계의 언어는 북미 유럽을 중심으로 한 알파벳 로마자문화권과 중국, 일본, 한국을 중심으로 한 한자문화권으로 재편될 가능성이 크다.[7]

21세기는 언어 경쟁 시대이다. 지구상에는 약 1만여 개의 언어가 존재했었다. '에스놀로그(Ethnologue)'에 따르면 지구상에 사용되고 있는 현재 언어는 6,912개이며, 이들 언어 가운데 언어 전수 기능이 가능한 언어는 300개 미만으로 세계인의 96%가 사용하고 있다고 한다. 이도 100년 후에는 절반으로 줄어들 것이며, 영어, 중국어, 스페인어, 아랍어 등 일부 언어만 살아남고 나머지는 모두 소멸될 것으로 볼 수도 있다.[8] 세계 언어는 1,2주에 하나의 언어가 사라지고 있을 정도로 언어 전쟁이 일어나고 있다. 이런 상황에 한국어도 예외일 수 없기 때문에 한국어를 올바르게 사용하고 보급하지 않으면 우리 언어도 소멸될 수 있음을 간과해서는 안 된다.[9]

나. 한국어의 특질[10]

1) 음운의 특질

국어의 음운 특질은 우선, 음성모형을 만드는 요소인 음성목록(音聲目錄, sound inventories)이 다르다. 영어에는 순치음(脣齒音, labiodentals)인 /f, v, θ, ð/ 같은 음성목록이 있는데 국어에는 없으며, 중국어에는

---

6 김진우(2014:14) 참조.
7 한자는 동아시아의 공용문자로 오랫동안 사용해 왔으며 동양문화를 형성해 세계 인구 20억 정도가 한자를 사용하고 있다.
8 박덕유(2007) 참조.
9 로마제국의 라틴어와 청나라의 만주어도 사어(死語)가 되었고, 천 년을 사용해 온 오토만의 아랍 문자는 로마자로, 몽골의 파스파 문자는 시릴릭(Cyrillic) 문자로 바뀌었다.
10 이철수·박덕유(1999:51-53) 참조.

권설음(捲舌音, retroflex)이 있는데 국어에는 없다. 그리고 국어 자음에 음운상의 유성·무성의 대립이 없다. 둘째로 음절구조가 다르다. 국어에는 폐음절(閉音節)과 개음절(開音節)이 공존하는데, 현대 일본어, 중국어는 개음절이 주를 이룬다. 셋째로 음성들은 서로 다른 서열로 나타난다. 국어의 자음은 삼지상관속(三肢相關束)을 갖는다. /ㄱ ㄲ ㅋ/, /ㄷ ㄸ ㅌ/, /ㅂ ㅃ ㅍ/, /ㅈ ㅉ ㅊ/ 처럼 예사소리, 된소리, 거센소리가 짝을 이루지만, 영어, 독일어, 프랑스어와 같은 서양어(영어)나 일본어는 '/k/-/g/, /t/-/d/, /p/-/b/, /ch/-/j/' 처럼 유성과 무성의 대립을 이룬다. 넷째, 개별언어에 따라 발화(發話)의 흐름, 즉 리듬(rhythm)이 다르다. 영어는 강세(強勢)·시간 리듬(stress-timed rhythm)이고, 중국어는 고저(高低)·시간 리듬(pitchtimed rhythm)이지만, 현대 국어는 음절(音節)·시간 리듬(syllable-timed rhythm)이다. 그러므로, 운소(韻素, prosody)에 있어서 현대 국어는 음장운소(音長韻素), 즉 소리의 길이가 말의 뜻을 구별하는 데 쓰인다. 다섯째, 국어에 어두에는 자음 'ㅇ'은 절대 오지 못하며, 'ㄹ'이나 'ㄴ'은 어두에 제약을 받지만, 영어는 여러 개의 자음이 첫소리에 온다. 여섯째, 국어에는 모음조화 현상이 있다. 양성모음인 'ㅏ, ㅗ'는 양성모음끼리, 음성모음인 'ㅓ, ㅜ, ㅡ'는 음성모음끼리 어울린다. 현대에 와서는 모음조화 현상이 발음의 강화 현상으로 많이 붕괴되었지만, 아직도 어미(-아/어; -았/었)와 음성상징어(의성어, 의태어)에는 철저한 편이다. 마지막으로 음절 끝 위치에 오는 파열음이 파열되지 않을 수 있다. 즉, 파열음이 음절 끝 위치에 올 때에는 터뜨림의 단계를 갖지 않고 닫힌 상태로 발음되는데, '밭'이 [받]으로, '꽃'이 [꼳]으로 발음되는 것은 이 때문이다.

2) 어휘의 특질

국어의 어휘는 크게 고유어와 외래어로 양분된다. 한자어는 고유어는 아니지만 국어의 어휘체계에 매우 큰 비중을 차지하고 있다. 고유어가 표현하지 못하는 어휘의 빈 자리를 대신해 줄 수 있다는 긍정적인 면이 있는 반면, 이미 존재하는 고유어를 위축시켰다는 부정적인 면도 있다.

고유어는 감각어와 상징어에서 많은 양을 차지하고 있다. 의성어(擬聲語)나 의태어(擬態語)의 발달이 그 대표적인 예다. 예를 들어 친족 관계를 나타내는 어휘가 발달하였는데, 영어의 'aunt'에 해당되는 말로 관계에 따라 '큰어머니, 작은어머니, 이모, 고모' 등 다양하다.

외래어는 중국어, 몽골어, 여진어, 만주어, 일본어, 서양어 등 여러 언어에서 들어왔다.

- 중국어: 많은 漢字語뿐만 아니라 漢語原音借用 외래어들이 많다. 나박(김치)(蘿蔔, 무), 김치(沈菜), 배추(白菜), 시금치(赤根菜), 먹(墨), 붓(筆), 실(絲兒), 상투(上頭), 노털(老頭兒), 배갈(빼갈)(白乾兒), 한탕(一趟), 시늉(形容), 핑계(憑借, 憑藉) 등.
- 몽골어: 보라매(秋鷹, boro), 송골매(海靑, šingqor), 수라(水刺, šüllen), 깁(絹, kib) 등.
- 여진어: 두만강(豆滿江, tümen <萬>, 衆水至此合流故名之也), 바치(把持, 工匠), 아씨(丫寸<婦>) 등.
- 만주어: 朱蒙 <善射> '朱蒙'의 '蒙'과 만주어 /mangga/ <善射>와 대응된다. 外來語라기보다는 같은 알타이語로서 對應되는 어휘들이 많다. /muke/(水), /tümen/(萬), /firu-/(祈), /holo/(谷, /kol/) 등.
- 일본어: 쓰리(ツリ)꾼, 고데(コテ, 鏝)하다, 쇼부(ショウブ, 勝負)보다, 앗사리(アッサリ)하다. 오뎅(オデン)집, 구두(クツ)방, 다다미(タタミ)방, 찹쌀모지(モチ), (電氣)다마(タマ) 등.
- 서양어: 빵(pão <포>, pan <서>), 뎀뿌라(テンプラ, tempora <포>), 고무(신)(gomme <프>), 담배(tabacco <포>), 깡패(gang- 牌) 등.

또한, 고유어에는 감각어와 상징어가 크게 발달되어 있다. 고유어를 사용하면 미세한 감각의 차이를 다양하게 표현할 수 있다. '발갛다, 벌겋다, 빨갛다, 뻘겋다, 새빨갛다, 시뻘겋다, 붉다, 불긋불긋하다' 등 다채롭다. 그리고 국어에는 의성어나 의태어도 발달하여 있다. '졸졸, 줄줄, 퐁당, 풍덩, 알록달록, 얼룩덜룩' 등 대부분 모음조화가 엄격하던 시대에 분화되어 현재까지 이어오고 있다.

3) 문법의 특질

한국어는 첨가어(添加語)로 교착어(膠着語)라고도 하는데, 이는 실질적인 의미를 가진 단어, 또는 어간에 문법적인 기능을 가진 조사와 어미가 결합함으로써 문장 속에서 문법적인 역할을 하게 된다. 국어의 어순배열(語順配列)은 '주어+목적어+서술어' 순으로 배열(S+O+V, 掉尾式)되어 영어의 어순배열인 '주어+서술어+목적어'(S+V+O, 散列式)와 대조적이다. 그리고 국어는 높임법이 발달하였다. 높임의 대상에 따라 표현하는 방법이 다양한데, 선어말(先語末)어미의 사용('-(으)시-'), 종결(終結)어미의 사용('-습니다, -(으)오')을 들 수 있다. 또한 '오르내리다, 검푸르다'(용언+용언), '누비옷, 덮밥'(용언+명사) 등 단어 형성법이 발달하여 있는 반면에, 명사에 성(性)의 구별이 없고, 수(數)의 개념이나 관계대명사가 없으며, 형용사에 비교급과 최상급이 없다.

다. 한국어 표기의 원칙

정서법의 원칙에 관한 문제는 현재에도 논란이 되고 있으나, 그 중에서 중요한 원칙은 다음과 같다. ① 발음과 철자의 일치, ② 문자를 읽고 쓰는 데의 용이성, ③ 철자의 경제성, ④ 어원의 표출, ⑤ 동음이의어의 배제, ⑥ 외래어와의 일치 등을 들 수 있다.

표기법에 있어서 무엇보다 중요한 것은, 음성기호와 같이 1자 1음의 구체적이며 엄밀한 전사법(轉寫法)이 아니라 음운체계를 고려하는 추상적인 표음법이다. 새로운 정서법을 설정할 때에는 1자 1음소의 원칙에 충실할 수 있으나, 대부분의 정서법은 그 사용 범위가 커지면 커질수록 문자의 시각적 특징이 고정되어 보수적인 경향을 띠기 때문이다. 우리나라에서는 1933년에 처음으로 제정되었고, 1945년 이후에 이것이 국가적으로 채택됨으로써 정서법이 확립되었다. 이후에 다시 1988년 1월에 개정 공포되어 1989년 3월부터 개정된 한글맞춤법의 시행을 보게 되었다.

현대 국어의 정서법은 주지하는 바와 같이 형태적 체계에 근거를 둔 표기법이다. 예를 들면 음운론적으로 이른바 중화(中和) 과정이라고 하는 음운 현상 때문에 모두 /낟/으로밖에 소리나지 않음에도 불구하고 '낟(穀), 낫(鎌), 났-(出), 낮(晝), 낯(面), 낱(個), 낳-(産)'과 같이 서로 다른 형태로 표기하고 있는데, 이와 같은 예는 형태적 표기 원칙을 잘 보여준다. 그러나 모든 한글표기에 있어서 형태적 표기에 일관하고 있지 않다. 예를 들면, 불규칙 용언의 어간 중에는 소리나는 대로 적어 형태적 고정형을 포기하고 음운적 표기를 허용하는 경우도 있다.

국어정서법에서 형태적 조건에 참여하는 음소 또는 음소 결합들 가운데 어느 하나가 추상적 단위에 외형상으로 일치함으로써 그로부터 나머지 음소 내지 음소 결합들이 음운규칙에 의하여 설명될 수 있을 때 형태적 고정형을 취하고, 음운규칙에 의하여 설명할 수 없는 것은 고정형을 취하지 않음을 알 수 있다.

본질적으로 음소적 체계인 한글에 의한 현대국어의 정서법은 기본적으로 형태음소론적 체계에 접근하고 있는데, 음운론적으로 동일한 형태소에 서로 다른 시각적 기호를 사용하고 있는 것은 국어정서법이 한자와 일맥상통하는 일면을 보이는 예라 하겠다. 한글은 표음문자이지만 정서법은 거기에 표의문자적 특성까지 겸해 있음을 알 수 있다. 요컨대 현대국어의 정서법은 형태음소론적 체계에 근거를 둔 표기법이다.

라. 한국어학의 필요성과 연구 분야

1) 한국어학의 필요성

언어는 인간생활에 있어서 매우 중요하다. 정상적인 대화에서 시간 당 4,000-5,000개의 단어를 사용하고, 쉼이 더 적은 라디오 담화에서는 시간 당 8,000-9,000개의 낱말을 사용한다. 정상적인 속도로 독서하는 사람은 시간 당 14,000-15,000개의 단어를 사용한다. 따라서 1시간 동안 잡담을 하며, 1시간 동안 라디오 담화를 들으며, 1시간 동안 독서를 하는 사람은 그 3시간 동안 25,000개의 단어를 접한다. 하루 동안 100,000개의 단어를 사용하게 된다.[11] 이렇게 언어는 중요하며 필요하지만 언어에 대한 이해는 매우 부족하다. 특히, 언어에 관한 인식은 다른 학문과 직접 간접으로 관련을 가지고 있어 언어학의 이해는 매우 중요하다. 어떤 사물이나 현상이 인간 생활에 더 중요한 것일수록 그것을 지칭하는 단어의 수가 많아진다. 예를 들면, '말하다'의 동사와 유사한 의미를 갖는 한국어에는 이야기하다, 떠들다, 재잘거리다, 수군거리다, 지껄이다, 투덜거리다, 구라치다, 수다떨다, 주둥이 놀리다, 뇌까리다 등 많은 단어로 지칭되고 있다.

합리론자들은 인간의 언어능력은 선천적으로 태어날 때부터 타고 나는 것으로, 개인의 심리조직의 태반은 전선으로 연결되어 유전적으로 전해지는 것이라고 하고, 경험론자들은, 심리적으로 말해서 인간은 공백의 석판으로 태어나서 심리조직은 전적으로 후천적인 경험에 의해 결정되는 것이지 유전적으로 이어받는 것이 아니라고 한다. 여하간 언어를 습득한 사람이라면 누구나 자유로이 언어를 구사할 수 있다. 이는 마치 운전을 배운 사람이면 누구나 운전할 수 있고, 스위치의 용법을 배운 사람

---

[11] Jean Aitchison(1999), Linguistics: Hodder and Stoughton Teach Yourself Books, 임지룡(2003) 역, 3면 참조.

은 라디오나 텔레비전을 시청할 수 있는 것과 같다. 즉, 차가 움직이는 원리를 모르고도 운전할 수 있고, 먼 곳에서 소리와 그림이 어떻게 작용하는가의 원리를 모르고도 말을 할 수가 있다.[12]

또한 언어는 대부분 심리적 현상이므로, 언어의 연구는 심리학의 한 부분이라고 일컬을 수도 있다. 인간심리를 적절히 설명하는 이론은 어떤 것이라도 우리의 사고 과정을 설명하지 않으면 안 된다. 언어는 이 점에 있어서 매우 중요한 것이다. 이는 수많은 우리의 사고가 언어형식을 취하기 때문이다. 우리들이 인식하는 개념의 대부분은 언어로써 명칭이 명명되므로, 언어와 개념형성 간의 관계는 심리학자들에게 매우 흥미 있는 것이다. 언어는 또한 심리조직의 이론을 유의적으로 시험하는 수단이기도 하다. 언어는 고도의 구조를 지니고 있으며, 우리는 그 구조의 정체를 제법 상세히 밝혀 기술할 줄 알게 되었다. 따라서 어떤 심리조직의 이론이라도 그것은 인간언어의 특유한 것으로 알려져 있는 그런 종류의 구조를 적절히 포함하지 않으면 안 된다. 자신을 알고 이해하기를 바라는 사람은 자기의 심리적, 사회적인 생활에 있어서 이러한 기본적인 역할을 하는 언어체계의 특성을 다소라도 이해하지 않으면 안 된다. 우리가 언어학을 배우고 연구하는 목적은 '언어가 거기에 있기 때문이다'라고 대답할 수밖에 없다.[13]

21세기 들어 한류 열풍과 더불어 한국어의 위상이 높아졌다. 그러나 우리의 모국어 사용의 실태는 매우 심각하다. 의도적인 맞춤법 파괴, 지나친 말 줄임 사용, 욕설 등 저품격 언어 사용으로 치닫고 있다. 이러한

---

[12] 김진우(1986:11), 『언어: 그 이론과 응용』에서 자동차나 텔레비전은 분해하고 재조립해 봄으로써 그 작동의 원리를 원하면 알아 볼 수 있지만, 언어는 기계가 아니기 때문에 이를 분해하고 재조립해 봄으로써 그 작동의 원리를 알아낼 수 없으므로 바로 여기에 언어 연구의 어려움이 있다고 했다.

[13] Ronald W. Langacker, Language and Its Structure, Harcourt, Brace & World, 1968, Inc., p.3-5 참조.

상황 속에서 모어 화자를 대상으로 하는 국어나, 외국인 및 우리 언어를 모르는 교포 등을 대상으로 하는 외국어로서의 한국어를 보존하고 발전시키려면 보다 체계적인 한국어 지식의 규칙을 이해해야만 한다. 즉, 훈민정음의 제자 원리를 기저로 한국어의 자음체계와 모음체계를 이해하고, 이들 결합에서 발견되는 음운규칙을 이해해야 한다. 또한, 유의미적 단위의 출발인 형태소와 단어를 중심으로 이루어지는 형태론과 구와 절 단위 이상의 문장을 연구하는 문장론의 제반 규칙을 학습해야 한다. 그리고 언어에서 중요한 요소는 형태론이든 문장론이든 형식에 의해 무엇을 담고 있는지를 알아야 하는데, 이 내용에 해당하는 것이 의미이므로 의미론에 대한 이해도 필요하다.

인간이 다른 동물과 구별되는 것 중 하나가 언어를 가졌다는 점이다. 물론 동물도 서로가 의사소통하는 데 문제가 없다. 그러나 동물의 언어는 매우 제한적이다. 인간의 언어는 분절음으로 창의적이고 규칙적이다. 따라서 보다 정확하고 체계적인 의사소통 전달이 필요하다. 본서는 모어 화자를 대상으로 하는 국어와 외국어로서의 한국어를 아우르는 대상의 학문으로서의 특징을 갖는다. 즉, 모어 화자를 대상으로 연구하는 국어학적인 의미와 외국어로서의 한국어학적 의미를 포함하는 데 그 의의가 있다.

언어는 사람이 살아가는 데에 없어서는 안 될 중요한 요소이며, 언어학(linguistics)은 인간 언어에 대한 과학적 연구를 말한다. 따라서 언어의 본질과 기능 그리고 변화 등을 연구 대상으로 하는 학문이다. 반면에 한국어학(Korean linguistics)은 한국어를 대상으로 연구하는 특수언어학이며 개별언어학이다. 한국어를 보존하고 발전시키려면 한국어학에 대한 기본적인 지식이 있어야 하며 올바르게 사용하도록 가꾸고 발전시켜 나가야 한다.

2) 한국어학의 연구 분야

가) 일반언어학과 개별언어학

언어학은 언어의 일반적 특성을 대상으로 하는가, 혹은 개별언어를 연구 대상으로 하는가에 따라 일반언어학과 개별언어학으로 나뉜다. 따라서 일반언어학(general linguistics)은 인간 언어에 나타나는 언어적 특징 가운데 인간 언어로서 반드시 내포되는 일반적 특성을 고찰하는 언어학으로 언어의 본질, 언어의 기능, 언어의 작용 등 언어의 일반적인 문제를 다루는 언어학이다. 반면에 개별언어학(particular linguistics)은 한국어의 구조나 변천사 등 개별어의 공통되는 구체적인 한국어의 언어체계를 다루는 것으로 일반언어학에 상대가 되는 언어학이다. 개별언어학은 일반언어학의 이론을 예견하지 않고서는 성립되지 못하며, 일반언어학은 개별언어학을 기초로 하지 않고서는 성립하지 못한다. 따라서 두 분야의 연구는 독립된 것이 아니라, 상호보완적인 것으로 언어의 일반적인 문제를 해결하기 위해서는 다양한 많은 언어들에서 정보를 얻어야 하고, 반면에 한국어라는 개별언어는 일반언어학적 개념과 원리 및 방법을 통해서 기술될 수 있다. 즉, 일반언어학은 대체로 명사와 동사를 갖는다는 보편적 이론에서 한국어학의 개별언어학은 일반언어학이 제공한 명사와 동사에 관한 보다 구체적이고 본질적인 개념에 입각해야 하는 것이다.

나) 이론언어학과 응용언어학

순수한 언어이론을 대상으로 하는가, 혹은 언어이론과 그 성과를 실용적으로 응용하는가에 따라 이론언어학과 응용언어학으로 나뉜다. 이론언어학(theoretical linguistics)은 언어 현상의 일반적인 원리 및 규칙을 밝히기 위해 언어를 연구하는 분야로 언어의 구조와 그 기능에 관한 이론을 수립하는 것을 목적으로 하는 언어학이다. 응용언어학(applied linguistics)은 이론언어학의 이론과 그 성과를 실용적으로 응용하려고 하는 언어학이다. 한국어의 교수법, 한국어의 활동 장애의 원인과 그 치료방법, 사전학, 언어공학, 전산학, 통신공학, 정보이론 등 언어학의 전문지식을 필요로 하는 분야가 많다. 이론언어학은 과학적 학문적 연구로서 언어사실을 있는 그대로 객관적으로 체계화하고 기술하는 분야로 비교언어학, 기술언어학, 변형·생성언어학 등을 들 수 있다.

다) 공시언어학과 통시언어학

언어를 일정한 시대상의 공간적 입장에서 보는가 혹은 역사적인 관점에서 보는가에 따라 공시언어학(共時言語學, synchronic linguistics)과 통시언어학(通時言語學, diachronic linguistics)으로 구별된다. 어느 특정 시기의 언어 상태를 공시태라고 하고, 역사의 변천 상황에서의 언어 상태를 통시태라고 한다. 따라서 15세기의 경기지방과 경주지방의 언어를 연구하는 것은 공시언어학적 방법이지만, 언어의 역사적 변천 방법으로 15세기와 17세기 사이에 나타난 변화를 연구하는 것은 통시언어학적 방법이다. 그러나 이 역시 상호보완적이다. 즉, 어떤 특정한 시대의 언어 상태를 기술하지 않고는 언어의 역사적인 발전과정을 알 수 없으며, 역사적인 변천 결과 없이는 어떤 특정 시기의 언어 상태를 알 수 없기 때문이다.

라) 비교언어학과 대조언어학

비교언어학(comparative linguistics)은 친족관계에 있는 언어들, 곧 알타이 공통어에서 분화된 한국어, 퉁구스어, 터키어, 몽골어 등의 상호간의 언어사실을 비교 연구하여 조어의 재구(再構)에 이바지하는 언어학이다. 예를 들어 한국어의 '미추홀'의 '홀(hol)'을 퉁구스어의 '홀로(holo)'와 비교함으로써 알타이어와의 친족관계가 밝혀지고 위치가 결정된다.

반면에 계통이 다른 언어의 구조적 특징을 대조하여 그 차이점을 연구하는 것을 대조언어학(constrastive linguistics)라고 한다. 한국어와 몽골어의 상적 특성에 따른 연구는 비교언어학의 방법이며, 한국어와 영어의 상적 특성에 따른 연구는 대조언어학의 방법이다.

제2장 한국어 음운론

언어 요소 중에서 말을 구성하는 가장 중요한 것은 소리이다. 말에 쓰이는 소리를 말의 소리, 음성(speech sound, sound of speech)이라 한다. 자연의 소리나 동물의 소리는 소리이기는 하되 말에 쓰이는 소리가 아니므로 역시 음성이라 하지 않는다. 이 같은 사람의 말소리를 연구하는 분야는 둘이 있다. 그 하나는 말소리가 어떤 발음기관의 어떠한 작용에 의하여 생성되며, 그것이 만들어 내는 음파의 특성은 어떠한가 등을 관찰하는 것이며, 다른 하나는 그 음성들이 언어에서 행하는 기능을 중심으로 파악하는 것이다. 앞의 것은 음성학(phonetics)이라 하고, 뒤의 것을 음운론(phonology)라 한다.

1. 음성과 발음기관

가. 음성

1) 음성의 개념

음성(phone, sound)은 소리를 내고 듣는 과정에서 나타나는 실제의 말소리를 뜻한다. 머릿속에 그러리라고 인식된 말소리가 아니고 물리적인 실험을 통하여 분석하고, 파악할 수 있는 소리를 가리킨다. '고기'에서 'ㄱ'으로 표기된 소리는 같은 소리로 인식하고 있는데, 실제의 말소리 측면에서 살펴보면 여러 소리가 있다. 첫음절의 'ㄱ'과 둘째 음절의 'ㄱ'은 혀와 입천장을 이용하여 공기의 흐름을 막았다(폐쇄)가 터뜨려낸다(파열)는 공통점이 있지만, 첫음절의 'ㄱ'은 무성음이고, 둘째 음절의 'ㄱ'은 유성음이라는 차이가 있다. '목'에서의 'ㄱ'은 '고기'의 첫 'ㄱ'과는 무성음이라는 공통점이 있지만 공기의 흐름을 폐쇄하기만 하고 파열하지 않는다는 점에서 다르다. 또한 같은 환경의 'ㄱ' 소리라고 하더라도 그것을 발음하는 사람(남녀노소)에 따라 다르며 더 엄격히 따지면 같은 사람이라도 'ㄱ'소리는 항상 같은 소리로 낼 수 없는 각각 다른 소리이다. 이와 같이 구체적인 소리 하나하나를 음성이라고 한다.

2) 음성학의 개념 및 유형

인간이 낼 수 있는 수많은 종류의 소리 중에서 언어에 이용되는 소리를 언어음(speech sounds)이라 하고, 이 언어음을 연구하는 것을 음성학이라고 한다. 음성학은 소리를 내고 듣는 과정만을 연구하는, 즉 소리의 존재에 대한 학문이다. 음성학의 연구 대상으로는 음성기관과 그 작용, 음성의 분류, 음성을 구성하는 소리 바탕 등이다.

음성학은 다음 세 가지의 연구 분야로 나누어진다. 조음음성학(articulatory)은 말소리를 내는 기관의 움직임을 면밀히 관찰하여 하나의 말소리가 어떤 음성기관을 어떻게 사용해서 만들어지는가를 기술하고, 그 음성의 분류를 위한 기틀을 제공한다. 즉 조음위치, 조음방법 등을 고찰하며 이 동작에 참여하는 인체 내의 생리기관의 구조를 고찰한다. 이와 같이 음성기관의 움직임을 연구하는 음성학을 생리적 발생적 측면에서 조음음성학, 발생음성학, 혹은 생리음성학(physiological phonetics)이라고 한다. 조음음성학은 음성학 연구의 대표적인 분야이며, 연구 방법의 역사도 오래되고 연구도 용이하다. 음향음성학(acoustic phonetics)은 말소리를 낼 때 공기 중의 진동으로서의 음파의 성질을 연구 대상으로 한다. 즉 음성의 전이 과정에서 일어나는 음성 자체의 물리적 구조를 살피고, 그 음파의 특성을 물리 기계의 도움으로 분석 기술한다. 음향음성학은 물리학의 지원을 받는다고 하여 일명 물리음성학(physical phonetics)이라고도 한다. 청취음성학(auditory phonetics)은 청자가 말소리를 듣고 청각 인상에 근거하여 말소리를 자세하게 기술하는 음성학의 한 분야이다. 청자의 관점에서 말소리를 연구한다면 말소리의 특성을 확인하는 데 필요한 객관적 기준이 마련되어 있지 않아 청자의 주관에 좌우되기 쉽다. 이는 마치 식물학자가 색깔과 냄새에 의하여 꽃과 나무를 판별하는 것과 같이 객관적이고 과학적인 면이 결여되어 있다. 따라서 청자의 귀로 감지한 음성을 연구하는 청취음성학은 고도의 경지에 이른 음성학자의 섬세하고 정확한 귀에 의존하게 된다. 이는 음성의 물리적 성질을 과학적으로 규명할 수 없다는 한계가 있다.

3) 음성의 분류

가) 자음과 모음

자음과 모음은 음성의 가장 큰 두 갈래이다. 자음은 발음할 때 폐로부터 나오는 공기가 구강이나 비강을 통과하면서 입안 또는 입안 어떤 자리의 작용을 받아 발음되는 소리이다. 모음은 발음할 때 날숨이 성대(목청) 사이를 지나면서 특정 부위의 작용을 별로 받지 않고 만들어지는 음성을 모음이라 한다. 공기가 특정 발음 기관에 닿아서 조음된다는 의미에서 자음을 닿소리라 하고, 자음에 비해 별로 장애를 받지 않고 홀로 조음된다는 의미에서 모음을 홀소리라고도 한다. 모든 모음은 성대의 진동을 수반하는 유성음이며, 자음 중에서는 'ㄴ, ㅁ, ㅇ, ㄹ'의 넷만 유성음이고 나머지는 무성음이다.

나) 유성음과 무성음

발음기관 가운데 소리(voice)를 내는 데 관여하는 부분이 성대(목청)이다. 허파에서 나오는 날숨은 기관을 통하여 밖으로 나오게 되는데, 그 중간에 두 쪽의 근육으로 된 성대 사이, 곧 성문(聲門)을 통과하게 된다. 이 성문을 통과할 때, 성대의 작용에 의해서 유성음과 무성음으로 나뉜다. 이때 성대를 진동시킴으로써 발음되는 소리를 유성음(voiced sound)이라 하고, 이를 수반하지 않는 음성을 무성음(voiceless sound)이라 한다. 모든 모음은 유성음이며, 자음 중에서도 비음 'ㄴ, ㅁ, ㅇ'과 유음 'ㄹ'의 넷은 유성음이다. 무성음 자음의 경우 실제 발음하는 음성 환경에 따라 유성음으로 발음되는 경우도 있다. 예를 들어 'ㄱ'은 성대가 울리지 않는 무성음이지만 '고기'에서 'ㄱ'은 발음되는 위치에 따라 첫음절의 'ㄱ'은 무성음으로 발음되고, 둘째 음절의 'ㄱ'은 유성음으로 발음된다.

다) 구음과 비음

음성을 발음할 때 호기(呼氣, 내쉬는 숨)가 흘러나오는 통로에는 입안과 코안이 있다. 하나는 목젖을 올려서 비강을 차단하고 구강 쪽으로 기류를 향하게 하여 산출되는 소리를 구음, 혹은 구강음이라고 한다. 다른 하나는 목젖을 아래로 내려서 기류 전체 혹은 일부를 코로 통하게 하여 비강에서 공명하여 산출되는 소리를 비음 혹은 비강음이라고 한다. 대부분의 음성이 구음이지만, 'ㄴ, ㅁ, ㅇ'의 세 자음은 비음이다.

라) 저지음과 공명음

조음방법에 따른 분류의 하나로서, 공기의 흐름을 이용하여 구강이나 비강에서 조음을 하게 될 때, 공기의 흐름을 저지함으로써 산출되는 소리를 저지음(obstruents) 혹은 장애음이라 한다. 폐쇄음, 마찰음, 파찰음 등이 이에 해당한다. 자음에 비해 비교적 이러한 장애를 입지 않고, 성도의 모양을 변형시켜 구강이나 비강에서 울림을 일으켜 산출되는 소리를 공명음(resonants)이라 한다. 공명음에는 반모음을 포함한 모든 모음, 비음 'ㄴ, ㅁ, ㅇ', 그리고 유음 'ㄹ'이 있다.

나. 발음기관

발음기관은 구체적인 말소리를 만들어 내는 데 관여하는 인체의 모든 기관을 뜻한다. 발음기관은 크게 발동부, 발성부, 조음부 세 부위로 나누어진다.

말소리는 공기를 움직이는 힘에 의해서 만들어진다. 숨을 쉴 때에 내뿜는 공기는 말소리를 내는 데 이용된다. 이와 같이 공기를 움직이게 하는 기관을 발동부(initiator)라 한다. 발동부에는 폐, 후두, 입안(뒤쪽) 등이 있다.

발성부(vocalizator)란 폐에서 나오는 공기에너지를 소리에너지로 바꾸는 구실을 하는 성대(목청)를 말한다. 성대의 작용을 살펴보면, 유성음을 발음하는 경우에는 성대를 가볍게 붙이고 폐에서 공기를 내뿜으면, 가볍게 맞붙은 두 성대는 떨어 울게 된다. 반면에 무성음을 발음하는 경우에는 목청을 열어 놓고, 허파에서 공기를 내뿜으면, 여기에서는 아무런 소리가 나지 않게 된다. 이와 같이 성대 진동의 유무에 따라 유성음과 무성음이 발음된다. 발성부에서는 유성음과 무성음을 실현시키는 특징이외에도 공기의 흐름이 성대에서 마찰을 일으키며 내는 소리가 있다. '하늘'의 [h] 소리가 이에 해당된다.

조음부(articulator)란 성대에서 발성된 소리를 조음하는 입안(구강)과 코안(비강)을 말한다. 조음되는 부위를 그림으로 살펴보면 다음과 같다.

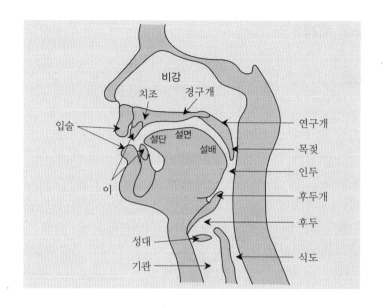

조음부의 서로 대응되는 부분 중, 어느 한 쪽은 거의 움직이지 않고 다른 한 쪽은 활발하지는 않지만 움직인다. 전자를 '고정부'라 하고, 후자를 '능동부'라 한다. 고정부는 조음기관에서 가장 큰 수축이 일어나는 조음위치를 나타내므로 조음점이라 하고, 능동부는 호기를 막거나 일변하는 데 사용하는 조음기관이므로 조음체라 하여 구별하기도 한다.

고정부에는 윗입술, 윗잇몸(치조 또는 치경), 경구개, 연구개 등이 속하고, 능동부에는 아랫입술, 혀끝(설단), 혓바닥(설면), 혀뒤(설배) 등이 속한다. 능동부의 중심 부위는 혀인데, 혀는 세 부분으로 나누어 앞부분을 설단, 가운데 부분을 설면, 뒤쪽 부분을 설배라고 한다. 입을 자연스럽게 다물었을 때 경구개와 자연스럽게 맞닿는 부분이 설면이고, 연구개와 맞닿는 부분이 설배이다. 설면과 설배는 각각 전설, 후설이라고도 한다. 이렇듯 고정부와 능동부가 움직이는 조음위치와 조음점에서 소리내는 모습에 따라 말소리는 여러 가지로 나뉘고, 대부분 말소리의 분류와 기술은 이에 따른다.

2. 음운 체계

가. 음운

1) 음운의 개념

음성이 실제의 구체적인 말소리인데 비하여 음운은 머릿속에 하나의 소릿값으로 인식하고, 이것이 말의 뜻을 구분하는 데 이용되는 가장 작은 소리의 단위이다. 예를 들어 '가곡'에서 'ㄱ'은 무성음 ㄱ[k], 유성음 ㄱ[g], 불파음 ㄱ[k']가 있어 서로 다른 음성이지만 한국인들은 이 셋을 하나의 소리로 인식한다. 상이한 음성을 비슷한 하나의 음성군으로 기억하는 까닭은 이들 음성이 말의 뜻을 구별하는 기능을 가지지 못하기 때문이다. 음성은 [ ]으로 표기하는 반면에, 음운은 / /로 표기하여 이 둘을 구별한다. 음성과 음운을 비교하면 다음과 같다.

[표] 음성과 음운의 비교

음성	음운
① 발음기관을 통하여 실제로 소리 나는 물리적인 소리	① 비슷한 음성군으로 기억되어 있는 관념적인 소리
② 한 개인이라도 때에 따라서 발음이 달라지는 구체적인 소리	② 모든 사람이 같은 소릿값으로 생각하는 추상적인 소리
③ 문자로 나타낼 수 없는 순간적이며 일시적인 소리	③ 문자로 나타낼 수 있는 역사적이며 전통적인 소리
④ 뜻의 차이를 구별할 수 없는 소리(변별적 기능이 없음)	④ 뜻을 구별하여 주는 가장 작은 음성 단위(변별적 기능이 있음)
⑤ 시대나 나라와 관계 없는 일반적인 소리	⑤ 일정한 음운체계와 관계가 있는 소리
⑥ 음성학의 단위	⑥ 음운학의 단위

2) 음운학의 개념 및 유형

음운은 음소(音素, phoneme)와 운소(韻素, prosody)로 나누어진다. 음

소는 자음과 모음처럼 분리되는 분절 음운을 말한다. 반면에 운소는 음소에 말뜻을 변별하는 기능을 가진 소리(길이, 강세, 높이, 억양 등)를 말한다.

음운을 연구 대상으로 하는 학문을 음운학이라 하는데, 음운학은 다시 두 가지 연구 분야로 나뉜다. 음소론(phonematics)은 음소를 연구하는 분야로, 음소의 설정, 음소의 실현과 대립, 음소의 조직, 음절 등을 연구 대상으로 한다. 운소론(prosody)은 운소를 연구하는 분야로, 말소리에 붙어 나타나는 소리의 길이, 강세, 높이, 억양 등의 연구 대상으로 한다.

3) 음소와 변이음

한국어의 음소에는 단모음 10개, 이중모음 11개, 자음 19개 총 40개가 있다.

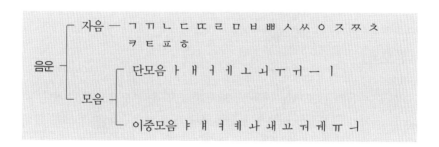

가. 굴-꿀-둘-물-불-뿔-술-줄
나. 발-벌-볼-불
다. 산-살-삼-삽-상-샅

(가) 단어들은 첫소리 'ㄱ, ㄲ, ㄷ, ㅁ, ㅂ, ㅃ, ㅅ, ㅈ'에 의하여 뜻이 다른 언어가 되므로 'ㄱ, ㄲ, ㄷ, ㅁ, ㅂ, ㅃ, ㅅ, ㅈ'은 음운이다. (나) 단어들은 가운뎃소리 'ㅏ, ㅓ, ㅗ, ㅜ'에 의하여 뜻이 다른 단어가 되므로

'ㅏ, ㅓ, ㅗ, ㅜ'은 단어의 뜻을 변별해 주는 음운이다. (다) 단어들은 받침소리 'ㄴ, ㄹ, ㅁ, ㅂ, ㅇ, ㅌ'에 의해 뜻이 다른 단어가 되므로 'ㄴ, ㄹ, ㅁ, ㅂ, ㅇ, ㅌ'은 상이한 음운이다. (가, 나, 다)에 제시된 단어들은 초성, 중성, 종성 중 하나만 다르고 나머지는 모두 같다. 이처럼 동일한 환경에서 하나의 음소만이 달라져서 의미가 변별되는 단어의 짝을 '최소대립어'라 한다.

한편 하나의 음소는 음성 환경에 따라서 음성적으로 실현되는 소리가 여러 가지가 있을 수 있다. '가곡'에서 'ㄱ'이라는 음소는 각각의 음성 환경에 따라 무성음 ㄱ[k], 유성음 ㄱ[g], 불파음 ㄱ[kˈ]으로 발음되지만 뜻을 구별짓는 일을 하지 못한다. 이처럼 하나의 음소가 음성 환경에 따라 다른 음성으로 실현되는 경우 각각의 음성을 변이음(變異音 또는 이음)이라 한다. 이들 변이음은 음성 환경 또는 조건에 따라 달리 쓰인 것으로, 이들 변이음은 서로 배타적이어서 한 변이음이 쓰인 자리에 다른 변이음이 올 수 없는 '상보적 분포'를 가진다.

나. 모음

한국어 음소는 소리는 내는 방법에 따라 자음과 모음으로 나뉜다. 자음은 공기가 구강이나 비강을 통과하면서 특정 부위 자리를 완전히 막거나 좁히거나 하는 등의 작용을 받아 나는 소리이고, 모음은 폐로부터 나오는 공기가 성대를 진동시킨 후, 특별한 장애를 받지 않고 구강을 통과하면서 조음되는 음성이다. 모음에는 모음을 발음하는 동안 입술 모양이나 혀의 위치가 달라지지 않는 소리인 단모음(단순모음)과 소리를 내는 도중에 입술 모양이나 혀의 위치가 달라지는 소리인 이중모음이 있다.

단모음은 혀의 앞뒤 위치, 혀의 높낮이, 입술의 모양에 따라 나뉜다. 단모음은 혀의 앞뒤의 위치에 따라 전설모음과 후설모음으로 나뉜다. 전설모음은 혀의 위치가 앞쪽에 있는 모음이고, 후설모음은 혀의 위치가 뒤쪽인 모음이다. 'ㅣ, ㅔ, ㅐ, ㅚ, ㅟ'는 전설모음이고 'ㅡ, ㅓ, ㅏ, ㅜ, ㅗ'는 후설모음이다. 또한 혀의 높낮이에 따라 고모음, 중모음, 저모음으로 나뉜다. 고모음은 혀의 높이가 높은 모음이고, 중모음은 혀의 높이가 중간인 모음이고, 저모음은 혀의 높이가 낮은 모음을 말한다. 혀의 높이가 높을수록 입이 적게 벌어지고, 혀의 높이가 낮아질수록 입이 크게 벌어지므로 고모음을 폐모음, 저모음을 개모음이라고도 부른다. 'ㅣ, ㅚ, ㅡ, ㅜ'는 고모음이고, 'ㅔ, ㅚ, ㅓ, ㅗ'는 중모음, 'ㅐ, ㅏ'는 저모음이다. 그리고 입술의 모양에 따라 원순모음과 평순모음으로 나뉜다. 원순모음은 입술 모양이 동그랗게 모아지는 모음이고, 그렇지 않은 모음은 평순모음이다. 'ㅚ, ㅟ, ㅜ, ㅗ'는 원순모음이고, 'ㅏ, ㅓ, ㅡ, ㅣ, ㅔ, ㅐ'는 평순모음이다. 지금까지 살펴본 세 가지 기준, 즉 혀의 앞뒤 위치, 혀의 높이, 입술 모양을 함께 모아서 제시하면 다음과 같이 된다.

혀의 위치 입술 모양 혀의 높이	전설모음		후설모음	
	평순모음	원순모음	평순모음	원순모음
고모음	ㅣ	ㅟ	ㅡ	ㅜ
중모음	ㅔ	ㅚ	ㅓ	ㅗ
저모음	ㅐ		ㅏ	

참고 현실 단모음 체계

한국어의 표준 발음법 규정에는 한국어의 단모음을 /ㅣ, ㅔ, ㅐ, ㅟ, ㅚ, ㅡ, ㅓ, ㅏ, ㅜ, ㅗ/의 10개로 보고 있으나 서울, 경기도를 중심으로 한 현실 발음에서 'ㅟ'와 'ㅚ'는 이중모음으로 발음되고 'ㅔ'와 'ㅐ'는 구별되지 않는다. 그러므로 현실 발음을 기준으로 볼 때, 한국어의 단모음에는 /ㅣ, ㅔ, ㅡ, ㅓ, ㅏ, ㅜ, ㅗ/의 7개가 있다고 할 수 있다.

단모음은 소리를 아무리 길게 내더라도 한가지로만 나는 소리인데 반하여, 이중모음은 단모음이 반모음과 결합하여 하나의 소리처럼 느껴지는 소리로서, 그 소리를 길게 내면, 그 나는 동안에 앞뒤 소리가 달라지는 소리이다.

반모음이란 모음 [i]나 [u] 위치에서 다른 모음의 위치로, 또는 다른 모음의 위치에서 각각 [i] 또는 [u] 모음의 위치로 이동하는 과정에서 만들어지는 소리이다. 이를 과도음 또는 활음이라고도 한다. 전자는 [j]로 표기하고 후자를 [w]로 표기하고, [j]로 시작하는 이중모음을 'j계(ㅣ계) 이중모음'이라 하고 [w]로 시작하는 이중모음을 'w계(ㅜ계) 이중모음'이라고 한다. 한국어의 이중모음은 소리를 내는 위치의 이동에 따라 다음과 같이 나뉜다.

가. j계 이중모음: ㅑ, ㅕ, ㅛ, ㅠ, ㅖ, ㅒ, ㅢ
나. w계 이중모음: ㅘ, ㅝ, ㅞ, ㅙ, ㅚ, ㅟ

(가), (나)처럼 반모음이 단모음 앞에 온 것을 '상향(식) 이중모음'이라 하고, 반모음이 단모음 뒤에 오는 것을 '하향(식) 이중모음'이라고 한다. 'ㅢ'는 상향식 구성 방식인 '반모음+단모음'의 형식으로 설명하면 반모음 'ㅡ'를 새로 설정해야 하고, 일반적으로 사용하는 반모음 j를 사용하여 설명하면 '단모음+반모음'으로 이루어진 하강식 이중모음의 형식을 취하는 단 하나의 소리가 된다.

참고 'ㅢ' 발음

자음을 첫소리로 가지고 있는 음절의 'ㅢ'는 [ㅣ]로 발음한다.

늴리리	닝큼	무늬	띄어쓰기	씌어
틔어	희어	희떱다	희망	유희

단어의 첫음절 이외의 '의'는 [ㅣ]로, 조사 '의'는 [ㅔ]로 발음함도 허용한다.

주의[주의/주이]   협의[혀븨/혀비]
우리의[우리의/우리에]   강의의[강 : 의의/강 : 이에]

다. 자음

한국어의 자음은 조음 위치에 따라 양순음, 치조음, 경구개음, 연구개음, 후음 등으로 나뉜다. 양순음(labial)은 두 입술이 붙었다가 떨어지면서 나는 소리(ㅂ, ㅃ, ㅍ, ㅁ)이고, 치조음(alveolar)은 혀끝이 치조(윗잇몸)에 닿았다가 떨어지거나 가까이 다가가서 나는 소리(ㄷ, ㄸ, ㅌ, ㅅ, ㅆ, ㄴ, ㄹ)이고, 경구개음(palatal)은 혓바닥의 앞쪽이 경구개 부분에 닿았다가 떨어지며 나는 소리(ㅈ, ㅉ, ㅊ)이고, 연구개음(velar)은 혓바닥의 뒤쪽이 연구개에 닿았다가 떨어지며 나는 소리(ㄱ, ㄲ, ㅋ, ㅇ)이고, 목청소리인 후음(glottal)은 후두의 성대 사이를 좁혀 마찰을 일으키며 나는 소리(ㅎ)이다.

한국어의 자음은 조음 방법에 따라 크게 장애음과 공명음으로 나뉜다. 장애음은 입안에서 공기의 흐름이 방해를 받는 소리를 말하고, 파열음, 마찰음, 파찰음이 이에 해당한다. 파열음(plosive or stop)은 폐에서 나오는 공기의 흐름을 완전히 막았다가 터트리면서 발음하는 소리(ㅂ, ㅃ, ㅍ, ㄷ, ㄸ, ㅌ, ㄱ, ㄲ, ㅋ)를 말한다. 파열음은 일반적으로 음성 기관의 어떤 자리를 막는 상태의 닫음(폐쇄)에서부터 시작하여 터뜨리기 직전의 이음(지속)을 거쳐서 터짐(파열)이 있는 세 단계를 거친다. 파열음은 공기의 흐름을 막는 단계에 중점을 두어 명명할 때에는 폐쇄음이라고도 한다. 마찰음(spirant or fricative))은 입안이나 목안의 좁혀진 통로로 공기를 통과시켜 갈아내면서 내는 소리(ㅅ, ㅆ, ㅎ)이다. 파찰음(affricate)은 파열음처럼 공기의 흐름을 완전히 막았다가 터트릴 때에는 마찰음처럼 좁은 틈으로 공기를 내보내면서 내는 소리(ㅈ, ㅉ, ㅊ)이다.

이와 같은 저지음(파열음, 마찰음, 파찰음)은 그 내는 힘에 따라 예사소리, 된소리, 거센소리 등으로 나뉜다. 예사소리는 근육에 힘을 들이지 않고 공기를 세게 하지 않고 약하게 하여 내뿜는 소리로, /ㄱ, ㄷ, ㅂ, ㅈ, ㅅ/가 이에 해당한다. 거센소리는 예사소리를 발음할 때보다 더 많은 공기를 압축했다가 내보내면서 생기는 소리이다. 즉, 성문 아래에서 '기(氣 aspiration)'를 압축하였다가 공기를 세게 내뿜어서 거세게 터뜨려 실현하며, /ㅋ, ㅌ, ㅍ, ㅊ/ 소리가 이에 해당한다. 된소리는 예사소리를 발음할 때보다 후두 근육에 긴장을 주어 내는 소리로, /ㄲ, ㄸ, ㅃ, ㅉ, ㅆ/가 이에 해당한다. 예사소리는 평음이라고도 하며, 된소리는 경음, 거센소리는 격음 혹은 유기음이라고도 한다. 이러한 예사소리와 된소리, 거센소리의 구별은 한국어 자음의 발음에서 가장 중요한 특징이 된다.

공명음은 입 안이나 코 안에서 울림이 있는 소리로서, 비음과 유음이 있다. 비음(nasal)은 공기가 코를 통해서 밖으로 나오면서 내는 소리(ㄴ, ㅁ, ㅇ)를 말한다. 유음(liquid)은 혀끝이 잇몸에 잠깐 닿았다가 떨어지면서 발음되거나 혀끝을 잇몸에 대고 혀의 양 옆으로 공기를 흘려보내는 소리(ㄹ)를 말한다. 유음은 다시 탄설음과 설측음으로 나뉜다. 탄설음은 '나라'의 /ㄹ/의 소리처럼 혀끝을 치조를 살짝 한 번 치면서 내는 소리이다. 설측음은 '달', '물도'의 /ㄹ/소리처럼 혀끝이 치조에 닿아 있는 상태에서 기류를 혀의 양 옆으로 계속 흘러 내보내면서 내는 소리이다. 한국어에서 유음 'ㄹ'은 음절 종성에 나타날 때는 설측음으로, 초성에 나타날 때는 탄설음으로 발음된다.

지금까지 살펴본 조음위치와 조음방법, 소리 내는 힘에 따른 한국어 자음의 분류를 정리하면 다음과 같다.

조음방법 \ 조음위치			양순음	치조음	경구개음	연구개음	후음
장애음	파열음	예사소리	ㅂ	ㄷ		ㄱ	
		된소리	ㅃ	ㄸ		ㄲ	
		거센소리	ㅍ	ㅌ		ㅋ	
	마찰음	예사소리		ㅅ			ㅎ
		된소리		ㅆ			
	파찰음	예사소리			ㅈ		
		된소리			ㅉ		
		거센소리			ㅊ		
공명음	비음		ㅁ	ㄴ		ㅇ	
	유음			ㄹ			

라. 운소

소리의 길이, 성조, 강세, 억양 등의 운율적 요소가 뜻을 구별하는 기능을 갖는 경우, 이러한 운율적 요소를 '운소'라 한다.

운소 가운데 한국어에서는 장모음과 단모음이 변별적이다. 소리의 길고 짧은 특성이 단어의 뜻을 변별하는 것을 음장(length)이라고 한다.

가. 긴소리는 일반적으로 단어의 첫째 음절에 나타난다.

밤(夜) - 밤:(栗), 발(足) - 발:(簾), 굴(貝類) - 굴:(窟)

솔(松) - 솔:(옷솔), 눈(目) - 눈:(雪), 벌(罰) - 벌:(蜂)

배(梨) - 배:(倍), 거리(街) - 거:리(距離),

말다(卷) - 말:다(勿), 업다(包) - 없:다

걷다(치우다) - 걷:다(두 다리로)

나. 본래 길게 나던 단어도, 둘째 음절 이하에 오면 짧게 발음한다.

    함박+눈: → 함박눈, 알+밤: → 알밤

    한국+말: → 한국말, 옷+솔: → 옷솔

3. 음절

음절(音節, syllable)은 화자와 청자가 한 뭉치로 생각하는 발화의 단위이다. 음절은 모음을 중심으로 이루어지는데, 모음 단독으로 또는 하나의 모음 앞 또는 뒤에 자음이 결합되어 음절을 이룬다. 한국어에서 가능한 음절 구조 유형은 다음과 같다. 여기에서 자음은 C(Consonant), 모음은 V(Vowel)로 표시한다.

    모음(V)

    자음＋모음(CV)

    모음＋자음(VC)

    자음＋모음＋자음(CVC)

음절을 분석하는 경우 부등식 부호를 사용한다. 개구도 혹은 가청도에 따라 어느 쪽이 더 크고 어느 쪽이 더 작은가를 따져 뒤쪽이 더 크면 <, 더 작으면 >와 같이 표시한다. 개구도는 자음이나 모음을 발음할 때 입을 벌리는 정도이고, 가청도는 소리들이 동일한 조건, 즉 같은 크기, 세기, 길이로 발음되었을 때 얼마나 더 멀리 들리는가를 나타내는 정도이다. 개구도와 가청도는 거의 평행적이어서 입을 많이 벌리고 발음하는 소리일수록 그만큼 멀리 들리는 관계에 있다.

    '남대문' ＜ ＞ ＞ ＜ ＞ ＜ ＞ ＞

        ㄴ ㅏ ㅁ ㄷ ㅐ ㅁ ㅜ ㄴ

< > 와 같은 모양의 오른쪽 >이 놓이는 음이 모음이다. '남대문'에서 음절의 중심을 이루는 모음은 'ㅏ, ㅐ, ㅜ'이다. 음절을 이루는 그 중심음을 음절핵(音節核)이라 하고 음절의 경계는 > <와 같은 모양을 이루는 두 음 사이가 된다.

한 음절을 구성하는 자음은 모음 앞뒤에 여러 개가 존재해도 괜찮지만, 한 음절 내에 음절의 중심이 되는 모음이 여럿 존재할 수는 없다. 즉, 음절핵 자리에 단모음 혹은 단모음과 반모음이 같이 오는 이중모음이 여러 개가 나란히 존재할 수 없다. 음절은 받침 유무에 따라 모음으로 끝나는 음절을 개음절(開音節, open syllable)이라 하고, 자음으로 끝나는 음절을 폐음절(閉音節, closed syllable)이라고 한다.

4. 소리의 변동

형태소나 단어나 문장을 발음할 때 원래의 발음이 달라지는 현상을 음운현상(phonological phenomenon)이라고 한다. 그 가운데 통시적(通時的)으로 일어난 음운현상을 음운변화라고 하고, 공시적(共時的)으로 일어난 음운현상을 음운변동 혹은 변이라고 한다.

가. 텬>천(天), 불휘>뿌리   (음운변화)
나. 꽃+만→[꼰만], 백로→[뱅노]   (음운변동)

음운변동에는 어떤 음운이 형태소의 끝에서 다른 음운으로 바뀌는 교체, 한쪽의 음운이 다른 쪽 음운의 성질을 닮는 동화, 형태소가 합성될 때 그 사이에 음운이 덧붙는 첨가, 두 음운 중 하나가 없어지는 탈락, 두 개의 음운이 하나의 음운으로 합쳐지는 축약 등이 있다. 여기에서는 공시적 현상인 음운변동을 중심으로 살펴보고, 통시적 현상인 음운변화는 한국어사에서 살펴보기로 한다.

가. 받침의 발음

1) 음절의 끝소리 규칙

음절의 끝 자음(종성)은 휴지나 자음 앞에서 'ㄱ, ㄴ, ㄷ, ㄹ, ㅁ, ㅂ,
ㅇ' 일곱 중 하나로만 발음된다. 음절 끝에 일곱 소리 이외의 자음이 오
면 이 일곱 자음 중 하나로 바뀌어 발음하는데, 이러한 음운의 교체를
음절의 끝소리 규칙 혹은 종성 규칙, 말음 법칙이라 한다. 어말 위치에서
또는 자음으로 시작된 조사나 어미 앞에서 'ㄲ, ㅋ', 'ㅅ, ㅆ, ㅈ, ㅊ,
ㅌ' 및 'ㅍ'은 각각 [ㄱ, ㄷ, ㅂ]으로 발음한다. 받침 'ㄴ, ㄹ, ㅁ, ㅇ'은
변화 없이 본음대로 각각 [ㄴ, ㄹ, ㅁ, ㅇ]으로 발음한다.

- ○ 박[박] 밖[박] 부엌[부억]
- ○ 안[안]
- ○ 낫[낟] 낮[낟] 낯[낟] 낱[낟 :] 났다[낟따]
- ○ 달[달]
- ○ 밤[밤]
- ○ 집[집] 짚[집]
- ○ 강[강]

대부분의 음소들은 서로 대립하지만, '낫, 낮, 낯'처럼 일부 음소들은 특정 위치에서 대립하지 않는다. 이렇게, 서로 변별되는 음소들이 특정 위치에서 변별력이 없어지는 현상을 중화(中和, neutralization)라 한다.

또한 우리말의 자음들은 종성으로 발음될 때는 모두 폐쇄음으로 발음되는데, 이것은 오랜 발음 관습에 의해서 굳어진 현상이다. 파열음, 마찰음, 파찰음의 발음은 폐쇄음으로 발음하게 되면, 같은 계열의 파열음의 예사소리로 바뀐다. 또한 유성 자음들도 음소에는 변동이 없으나 폐쇄음으로 발음된다. 이런 까닭에 음절 끝소리 규칙을 평폐쇄음화라고도 한다.

2) 겹받침의 발음

음절구조제약에 따라 한국어 종성에는 자음이 하나만 올 수 있다. 이 제약에 의해 '흙', '닭'과 같이 자음군을 가지고 있는 형태소들은 각각 [흑], [닥]으로 발음된다. 그리고 그 한 개의 자음은 앞서 살펴본 7개의 자음(ㄱ, ㄴ, ㄷ, ㄹ, ㅁ, ㅂ, ㅇ) 중 하나이어야 한다. 명사 또는 동사나 형용사의 어간의 말음이 자음 둘로 이루어진 자음군일 때 그러한 자음군이 음절말 위치에 오면 두 자음 중에 하나가 탈락한다. 이것을 자음군단순화라고 한다.

표준발음법에서 제시된 한국어 자음군은 11개이다. 형태소의 종성에 자음군이 위치하는 경우 휴지나 자음 앞에서 자음군은 앞의 것으로 발음되거나 뒤의 것으로 발음된다. 겹받침 'ㄳ', 'ㄵ', 'ㄼ, ㄽ, ㄾ', 'ㅄ'은 어말 또는 자음 앞에서 각각 [ㄱ, ㄴ, ㄹ, ㅂ]으로 발음한다. 겹받침 'ㄺ, ㄻ, ㄿ'은 어말 또는 자음 앞에서 각각 [ㄱ, ㅁ, ㅂ]으로 발음한다.

가) 자음군의 앞의 것이 발음되는 경우
① 겹받침 'ㄳ', 'ㄵ', 'ㄼ, ㄽ, ㄾ', 'ㅄ'은 어말 또는 자음 앞에서 각각 [ㄱ, ㄴ, ㄹ, ㅂ]으로 발음한다.

넋[넉]   넋과[넉꽈]   앉대[안따]

여덟[여덜]   넓대[널따]   외곬[외골]

핥대[할따]   값[갑]   없대[업:따]

② '밟-'은 자음 앞에서 [밥]으로 발음하고, '넓-'은 다음과 같은 경우
에 [넙]으로 발음한다.

 (1) 밟다[밥:따]   밟소[밥:쏘]   밟지[밥:찌]

  밟는[밥:는 → 밤:는] 밟게[밥:께]   밟고[밥:꼬]

 (2) 넓-죽하다[넙쭈카다] 넓-둥글다[넙뚱글다]

나) 자음군의 뒤의 것이 발음되는 경우

① 겹받침 'ㄺ, ㄻ, ㄿ'은 어말 또는 자음 앞에서 각각 [ㄱ, ㅁ, ㅂ]으로
발음한다.

닭[닥] 흙과[흑꽈] 맑대[막따] 늙지[늑찌]

삶[삼:] 젊대[점:따] 읊고[읍꼬] 읊대[읍따]

② 용언의 어간 말음 'ㄺ'은 'ㄱ' 앞에서 [ㄹ]로 발음한다. 즉 동사나
형용사의 자음군 중 'ㄺ'의 경우 뒤에 오는 자음이 'ㄱ'이면 'ㄹ'이
남고, 그 이외의 자음이면 'ㄱ'이 남는다.

맑게[말께] 묽고[물꼬] 얽거나[얼꺼나]

다) 자음군단순화는 다른 음운현상, 비음화, 유음화, 경음화 등과 밀접
한 관계를 맺고 있다. 규칙 적용의 선후관계가 존재하므로 이 점에
유의해야 한다.

흙만[흑만→흥만], 밟는[밥ː는→밤ː는]

넓네[널네→널레], 닳는[달는→달른], 뚫는[뚤는→뚤른]

맑고[맑꼬→말꼬], 넓고[넓꼬→널꼬]

3) 연음 규칙과 절음 규칙

자음으로 끝나는 형태소가 모음으로 시작하는 형태소와 결합할 때 음절 구조에 변동이 일어난다. 이때 모음으로 시작하는 형태소의 종류에 따라 발음 방식이 두 가지로 나뉜다. 첫째, 자음을 가진 형태소가 모음으로 시작되는 형식형태소와 연결될 경우 그 끝 자음은 뒤 음절의 첫소리로 옮겨 발음된다. 둘째, 자음을 가진 형태소가 모음 'ㅏ, ㅓ, ㅗ, ㅜ, ㅟ'들로 시작되는 실질형태소가 연결되는 경우 그 끝 자음은 음절의 끝소리 규칙이 적용된 이후에 연음이 일어난다.

가) 자음을 가진 형태소 뒤에 모음으로 시작하는 형식형태소가 연결되는 경우

① 홑받침이나 쌍받침이 모음으로 시작된 조사나 어미, 접미사와 결합되는 경우에는, 제 음가대로 뒤 음절 첫소리로 옮겨 발음한다.

깎아[까까]   옷이[오시]   있어[이써]   낮이[나지]

꽃을[꼬츨]   쫓아[쪼차]   밭에[바테]   앞으로[아프로]

② 겹받침이 모음으로 시작된 조사나 어미, 접미사와 결합되는 경우에는, 뒤엣것만을 뒤 음절 첫소리로 옮겨 발음한다.(이 경우, 'ㅅ'은 된소리로 발음함.)

넋이[넉씨]   앉아[안자]   닭을[달글]   젊어[절머]

핥아[할타]   읊어[을퍼]   값을[갑쓸]   없어[업ː써]

나) 자음을 가진 형태소 뒤에 모음으로 시작하는 실질형태소가 연결되
  는 경우
① 받침 뒤에 모음 'ㅏ, ㅓ, ㅗ, ㅜ, ㅟ'들로 시작되는 실질 형태소가
  연결되는 경우에는, 대표음으로 바꾸어서 뒤 음절 첫소리로 옮겨
  발음한다. 이 규칙은 합성어나 파생어를 이루는 경우(겉옷, 헛웃음)
  와 휴지 없이 단어 경계를 넘어서 적용되는 경우(밭 아래, 꽃 위)에
  도 적용된다.

겉옷[거돋]   헛웃음[허두슴]   젖어미[저더미]
밭 아래[바다래]   늪 앞[느밥]   꽃 위[꼬뒤]

② '맛있다, 멋있다'는 [마딛따], [머딛따]로 발음하는 것이 합리적이지
  만, 실제 발음을 고려하여 [마싣따], [머싣따]로도 발음한다.

참고 한글 자모 이름의 받침

한글 자모의 이름의 받침은 연음을 하되, 'ㄷ, ㅈ, ㅊ, ㅋ, ㅌ, ㅍ, ㅎ'의 경우
에는 특별히 다음과 같이 발음한다.

디귿이[디그시]   디귿을[디그슬]   디귿에[디그세]
지읒이[지으시]   지읒을[지으슬]   지읒에[지으세]
치읓이[치으시]   치읓을[치으슬]   치읓에[치으세]
키읔이[키으기]   키읔을[키으글]   키읔에[키으게]
티읕이[티으시]   티읕을[티으슬]   티읕에[티으세]
피읖이[피으비]   피읖을[피으블]   피읖에[피으베]
히읗이[히으시]   히읗을[히으슬]   히읗에[히으세]

나. 음운의 동화

동화되는 음운의 종류에 따라 자음동화와 모음동화로 나뉜다. 자음동화란 자음으로 끝나는 형태소가 자음으로 시작하는 형태소와 결합될 때 어느 한 쪽 자음이 다른 쪽 자음을 닮아서 그와 비슷한 성질의 자음이나 같은 자음으로 바뀌기도 하고, 양쪽이 서로 닮아서 두 자음이 모두 바뀌는 현상을 말한다. 자음동화에는 크게 비음동화와 유음동화가 있다.

1) 비음동화

비음동화란 비음이 아닌 자음이 비음(ㅁ, ㄴ, ㅇ)으로 바뀌는 현상을 말한다. 비음동화는 다시 두 가지로 나뉜다. 첫째, 장애음 'ㄱ, ㄷ, ㅂ'이 비음 'ㅁ, ㄴ' 앞에 오면 각각 같은 계열의 비음으로 바뀌는 경우와 둘째, 'ㄹ' 음은 'ㄹ' 이외의 자음 뒤에서 'ㄴ'으로 바뀌는 경우가 있다.

가) 받침 'ㄱ(ㄲ, ㅋ, ㄳ, ㄺ), ㄷ(ㅅ, ㅆ, ㅈ, ㅊ, ㅌ, ㅎ), ㅂ(ㅍ, ㄼ, ㄿ, ㅄ)'은 'ㄴ, ㅁ' 앞에서 [ㅇ, ㄴ, ㅁ]으로 발음한다.

먹는[멍는]	깎는[깡는]	키읔만[키응만]
몫몫이[몽목씨]	긁는[긍는]	흙만[흥만]
닫는[단는]	짓는[진 : 는]	옷맵시[온맵씨]
있는[인는]	맞는[만는]	젖멍울[전멍울]
쫓는[쫀는]	꽃망울[꼰망울]	붙는[분는]
놓는[논는]	잡는[잠는]	밥물[밤물]
앞마당[암마당]	밟는[밤 : 는]	읊는[음는]
없는[엄 : 는]	값매다[감매다]	책 넣는다[챙넌는다]
흙 말리다[흥말리다]	옷 맞추다[온맏추다]	
밥 먹는다[밤멍는다]	값 매기다[감매기다]	

(가)의 비음동화는 한국어의 음절 종성 'ㄱ, ㄷ, ㅂ'와 음절 초성 'ㄴ, ㅁ'은 연결되지 않는다는 음절연결제약으로 인해 발음의 변동이 생기게 되는 것이므로, 이와 같은 환경에서는 무조건 일어나는 발음 현상이다. (가)에 제시된 단어는 비음화만 일어나는 경우(먹는, 국물 등), 음절의 끝소리 규칙이 먼저 적용되고 비음화가 일어나는 경우(깎는, 키읔만 등), 자음군단순화가 먼저 적용되고 비음화가 일어나는 경우(몫몫이, 긁는, 밟는 등) 등이 있다.

나) 'ㄹ' 음은 'ㄹ' 이외의 자음 뒤에서 'ㄴ'으로 바뀐다. 이는 다시 두 가지로 나뉜다. 첫째, 받침 'ㅁ, ㅇ' 뒤에 연결되는 'ㄹ'은 [ㄴ]으로 바뀌는 경우, 둘째, 받침 [ㄱ, ㅂ] 뒤에서 'ㄹ'이 [ㄴ]으로 바뀐 후 다시 앞 음절 종성이 비음으로 바뀐다.

담력[담:녁]   침략[침냑]
강릉[강능]   항로[항:노]
막론[막논→망논]   백리[백니→뱅니]
협력[협녁→혐녁]   십리[십니→심니]

참고 치조비음화 현상

'ㄴ'은 'ㄹ'의 앞이나 뒤에서 [ㄹ]로 발음한다. 다만, 다음과 같은 단어들은 'ㄹ'을 [ㄴ]으로 발음한다. 이때 'ㄹ'이 [ㄴ]으로 발음되는 현상을 '치조비음화 현상'이라고 한다.

의견란[의:견난]   임진란[임:진난]   생산량[생산냥]
결단력[결딴녁]   공권력[공꿘녁]   동원령[동:원녕]
상견례[상견녜]   횡단로[횡단노]   이원론[이:원논]
입원료[이붠뇨]   구근류[구근뉴]

2) 유음동화

유음동화란 'ㄴ' 음이 'ㄹ' 음 앞에 오거나 뒤에 오면 'ㄹ' 음으로 바뀌는 현상을 말한다. 유음동화에는 'ㄴ+ㄹ'의 환경에서 'ㄴ'이 'ㄹ'로 바뀌는 역행적 유음동화와 'ㄹ+ㄴ'의 환경에서 'ㄴ'이 'ㄹ'로 바뀌는 순행적 유음동화가 있다.

난로[날:로]	신라[실라]	천 리[철리]
칼날[칼랄]	물난리[물랄리]	할는지[할른지]
닳는[달른]	뚫는[뚤른]	핥네[할레]

'ㅀ, ㄾ' 등의 자음군 뒤에 'ㄴ'이 연결되는 경우 이 'ㄴ'이 'ㄹ'로 바뀌는 경우를 설명하고 있다. 이 경우 자음군단순화 규칙이 먼저 적용된 이후 유음동화가 적용된다.

참고 동화 과정의 유형

음소가 이웃하는 소리들의 음성적 특성을 띠게 되는 과정을 동화라고 한다. 동화는 크게 동화의 방향, 정도에 따라 분류된다.

(1) 동화의 방향에 따라 순행동화와 역행동화로 분류된다.

① 순행동화: a+b → a+a(또는 a')

종로[종노], 칼날[칼랄]

② 역행동화: a+b → b(또는 b')+b

국민[궁민], 신라[실라]

(2) 동화되는 정도에 따라 완전동화와 부분동화로 분류된다.

① 완전동화: a+b → a+a(또는 b+b)

난로[날로]

② 부분동화: a+b → a+a'(또는 b'+b)

국물[궁물], 먹는[멍는]

3) 구개음화

구개음화(口蓋音化, palatalization)란 치조음으로 끝나는 실질형태소 다음에 모음 'ㅣ'나 반모음 'ㅣ'로 시작하는 형식형태소가 오는 경우 치조음을 경구개음 'ㅈ, ㅊ'으로 발음하는 현상을 말한다. 즉, 실질형태소의 받침 'ㄷ, ㅌ(ㄹㅌ)'을 조사나 접미사의 모음 'ㅣ'와 결합되는 경우에는 [ㅈ, ㅊ]으로 바꾸어서 뒤 음절 첫소리로 옮겨 발음한다.

곧이듣다[고지듣따]   굳이[구지]   미닫이[미다지]
땀받이[땀바지]   밭이[바치]   벼훑이[벼훌치]

또한, 'ㄷ' 뒤에 접미사 '히'가 결합되어 '티'를 이루는 것은 [치]로 발음한다.

굳히다[구치다]   닫히다[다치다]   묻히다[무치다]

한편, 구개음화는 모든 'ㅣ'에서 일어나는 것은 아니다. 구개음화 현상은 어근에 접사가 결합하는 파생어, 체언과 조사가 결합하는 곡용의 경우에 일어나는 음운현상이다. (가)와 같이 '밭'과 두둑을 의미하는 실질형태소인 '이랑'이 결합하는 경우에는 구개음화 현상이 일어나지 않아서 [반니랑]으로 발음된다. 반면에 (나)처럼 '밭'과 형식형태소인 접속조사 '이랑'이 결합하는 경우에는 구개음화가 일어나서 [바치랑]으로 발음된다.

가. 밭-이랑[반니랑]을 만들었다.
나. 밭-이랑[바치랑] 논이랑 다 매야 한다.

음절 '디, 티'를 '지, 치'로 발음하는 현상은 17세기에서 18세기로 넘어

올 무렵 일어났는데, 형태론적 조건에 상관없이 일괄적으로 일어났다. 당시 구개음화 현상은 (가)와 같이 'ㅣ'가 이어지는 경우뿐만 아니라 'j' 계 이중모음이 이어지는 경우에도 일어났고, 한 개의 형태소 안에서도 일어나기도 했다. (나)처럼 변화 당시 구개음화의 조건이 아니었던 단어들은 구개음화 현상이 일어나지 않았다.

> 가. 오딕>오직, 티다>치다 / 둏다>좋다, 텬디>천지
> 나. 느틔나무>느티나무, 마듸>마디, 버틔다>버티다, 잔듸>잔디

4) 모음동화(전설모음화)

전설모음화란 후설모음 'ㅏ, ㅓ, ㅗ, ㅜ'가 후행하는 전설모음 'ㅣ'음의 영향으로 'ㅐ, ㅔ, ㅚ, ㅟ'로 변하는 현상이다. 이때 'ㅣ'음의 조음 위치에 가까운 전설모음으로 교체되기 때문에 이를 'ㅣ' 모음 역행동화(움라우트, Umlaut)라고도 한다.

> 남비>냄비, 손잡이>손잽이, 아기>애기, 아지랑이>아지랭이, 창피>챙피, 먹이다>멕이다, 고기>괴기, 시골내기>시골내기, 올창이>올챙이, 죽이다>쥑이다

5) 모음조화

모음조화는 모음동화의 일종으로 양성모음은 양성모음끼리 음성모음은 음성모음끼리 어울리는 현상이다. 중세 국어에서는 발음의 편의를 위해 모음조화가 철저하게 지켜졌지만, 현대 국어로 내려오면서 모음조화 현상이 많이 붕괴되었다. 현재에는 용언의 활용과 상징어 일부에서 남아 있다. (가)처럼 용언 어간에 붙는 어미는 대부분 모음조화를 지키고 있으나, (나)의 '가까워, 괴로워, 아름다워' 등 다음절 어간의 경우는 모음조

화가 파괴된 어형을 표준 어형으로 인정한다. (다)처럼 의성어나 의태어의 경우는 모음조화가 지켜지고 있다. 그러나 '깡충깡충'의 경우는 예외로 현실 발음을 따라 '깡충깡충'이 표준 어형으로 인정하였다.

    가. 막아/먹어, 막았다/먹었다, 막아라/먹어라
    나. 가까워, 괴로워, 아름다워 / 잡아, 짧아
    다. 졸졸/줄줄, 캄캄하다/컴컴하다, 찰랑찰랑/철렁철렁

다. 음운의 첨가

음운 첨가란 일정한 환경에서 두 음운 사이에 새로운 음운이 삽입되는 것을 말한다. 새롭게 첨가되는 음운의 종류에 따라 사잇소리 첨가, ㄴ 첨가, 반모음 첨가 등이 있다.

1) 사잇소리 현상

두 명사가 결합하여 합성명사를 이룰 때, 두 단어 사이에 사잇소리가 첨가되는 경우가 있는데 이를 사잇소리 현상이라고 한다. 이때 뒷말의 첫소리 유형에 따라 뒷말의 첫소리가 된소리로 나는 경우, 뒷말의 첫소리 'ㄴ, ㅁ' 앞에서 [ㄴ] 소리가 덧나는 경우, 뒷말의 첫소리 모음 앞에서 [ㄴㄴ] 소리가 덧나는 경우가 있다.

    가. 뒷말의 첫소리가 된소리로 날 때
        ① 귓밥, 나룻배, 나뭇가지, 머릿기름, 아랫집, 선짓국, 조갯살, 햇볕
        ② 귓병, 샛강, 아랫방, 전셋집, 콧병, 탯줄, 핏기, 햇수, 횟가루
    나. 뒷말의 첫소리 'ㄴ, ㅁ' 앞에서 [ㄴ] 소리가 덧날 때
        ① 아랫니, 뒷머리, 잇몸, 냇물, 빗물
        ② 곗날, 제삿날, 훗날, 수돗물, 툇마루

다. 뒷말의 첫소리 모음 앞에서 [ㄴㄴ] 소리가 덧날 때
　　① 뒷일, 베갯잇, 깻잎, 나뭇잎
　　② 가욋일, 예삿일, 훗일

　　합성명사를 이루면서 이와 같은 음운론적 현상이 나타나는 경우에는 사이시옷을 사용하여 표기하는데, 이때 합성명사를 이루는 구성 요소 중에 적어도 하나는 고유어여야 하고, 구성 요소 중에 외래어가 없어야 한다. 구성 요소 중에 외래어가 하나라도 있으면 '핑크빛[핑크삗]', '로마자[로마짜]'처럼 사이시옷을 받치어 적을 다른 조건을 모두 갖추고 있다고 하더라도 사이시옷이 들어가지 않는다.

　　가. *전세집/전셋집, 전세방/*전셋방
　　나. 곳간(庫間), 셋방(貰房), 숫자(數字), 찻간(車間), 툇간(退間), 횟수(回數)

　　(가)의 경우 '전세'와 '집'이 결합된 '전셋집'은 한자어와 고유어의 합성명사로 사이시옷을 받쳐서 '전셋집'으로 적지만, '전세'와 '방'이 연결된 '전세방'은 다른 조건을 갖추었어도 한자어로만 구성된 합성명사이므로 사이시옷을 받치어 적지 않는다. 그러나 (나)의 6개의 한자어는 예외적으로 사이시옷을 받치어 적는다.
　　사이시옷을 받치어 적는 경우를 요약하면 다음과 같다.

1. 합성명사를 이루어야 한다. 단일어나 파생어에서는 사이시옷 현상이 나타나지 않는다.
2. 합성명사 중 적어도 한 성분이 고유어여야 한다.
3. 사이시옷은 앞말이 모음으로 끝나면서, ① 뒷말의 첫소리가 된소리로 실현되는 경우, ② 뒷말 'ㄴ, ㅁ' 앞에서 ㄴ 소리가 덧나는 경우, ③ 뒷말의 모음 앞에서 ㄴㄴ소리가 덧나는 경우에 쓴다.

2) ㄴ첨가 현상

ㄴ첨가란 합성어 및 파생어에서, 앞 형태소가 자음으로 끝나고 뒤 형태소의 첫소리가 'ㅣ'나 반모음 'ㅣ'(ㅑ, ㅕ, ㅖ, ㅛ, ㅠ)로 시작하는 어휘 형태소인 경우 그 사이에 'ㄴ'이 첨가되는 현상을 말한다.

    맨-입[맨닙]   솜-이불[솜니불]   콩-엿[콩녇]

ㄴ첨가 현상은 유음화, 비음화, 음절 끝소리 규칙, 자음군단순화 등과 밀접한 관계를 맺고 있다. (가)는 앞말의 종성이 [ㄹ]이면 ㄴ첨가 이후 [ㄹ]의 영향을 받아 유음화가 적용된 경우이고, (나)는 앞말의 종성이 [ㄱ, ㄷ, ㅂ]이면 ㄴ첨가 이후 비음화가 적용된 경우이다. ㄴ첨가는 (다)처럼 두 단어를 이어서 한 마디로 발음하는 경우에도 일어난다.

    가. 솔-잎[솔립]   물-약[물략]   서울-역[서울력]
        물-엿[물렫]   휘발-유[휘발류]   유들-유들[유들류들]
    나. 색-연필[생년필]   부엌-일[부엉닐]   삯-일[상닐]
        꽃-잎[꼰닙]   밭-일[반닐]   홑-이불[혼니불]
        영업-용[영엄뇽]   앞-일[암닐]   앞-이마[암니마]
    다. 한 일[한닐]   옷 입다[온닙따]   서른 여섯[서른녀섣]

3) 반모음 첨가

반모음 첨가란 'ㅣ' 모음으로 끝나는 어간에 'ㅓ, ㅗ'로 시작되는 어미가 결합될 때 반모음 'ㅣ'가 첨가되기도 한다. 이를 'ㅣ' 모음의 영향으로 'ㅓ, ㅗ'로 시작되는 어미가 'ㅕ, ㅛ'로 바뀌는 것으로 보고, 'ㅣ' 모음 순행동화라고도 한다.

가. 드디어>드디여, 참이었다>참이였다

　　아니오[anio]>아니요[anijo], 가시오>가시요

*나. 보아>보와, 주어>주워

이러한 현상은 필수적인 것이 아니고 수의적인 현상으로 [어]와 [오]로 발음하는 것을 원칙으로 하되, (가)처럼 [여]와 [요]로 발음하는 것을 허용한다. 하지만 (나)처럼 발음하는 것은 허용하지 않는다.

라. 탈락과 축약

1) 탈락

탈락이란 두 형태소가 만날 때에 두 개의 자음이 이어지거나 두 개의 모음이 이어질 때, 하나가 탈락하는 현상을 말한다. 자음 탈락에는 자음군 단순화, 'ㄹ' 탈락, 'ㅎ' 탈락 등이 있고, 모음 탈락에는 'ㅏ/ㅓ' 탈락, 'ㅡ' 탈락 등이 있다.

　　가. 자음 탈락

　　　① 흙→[흑], 값도→[갑또], 젊다→[점따]

　　　② 솔+나무→[소나무], 딸+님→[따님], 달+달+이→[다다리],

　　　　말+소→[마소], 울+짖다→[우짇따]

　　　③ 낳+은→[나은]

　　나. 모음 탈락

　　　① 가아→[가], 서었다→[섣따], 개었다→[갣따]

　　　② 끄어→[꺼], 뜨어→[떠], 따르+아→[따라]

(가①)처럼 자음군이 음절 말 위치에 올 때 두 자음 중에 하나가 탈락하거나 (가②)처럼 어간 말 자음 'ㄹ'이 'ㄴ, ㄷ, ㅅ, ㅈ' 앞에서 탈락하고,

(가③)처럼 어간 말 자음 'ㅎ'이 모음으로 시작되는 어미나 접미사 앞에서 탈락하는 현상이 일어난다. 모음은 (나①)처럼 어간 모음 'ㅏ, ㅓ'와 어미 모음 'ㅏ, ㅓ'가 결합하면 어간 모음 'ㅏ, ㅓ'가 탈락하고, 어간 모음 'ㅐ, ㅔ'와 어미 모음 'ㅓ'가 결합하면 어미 모음 'ㅓ'가 탈락한다. (나②)처럼 어간 끝 모음 'ㅡ'나 '르'가 어미 모음 'ㅏ/ㅓ'와 결합하면 어간 모음 'ㅡ'는 탈락한다.

2) 축약

축약(contraction)이란 두 형태소가 서로 만날 때 앞뒤 두 음운이 마주칠 경우 두 음운이 하나로 줄어드는 현상을 말한다. 축약에는 자음 축약('ㅎ' 축약)과 모음 축약이 있다.

'ㅎ' 축약은 마찰음 'ㅎ'이 예사소리 'ㄱ, ㄷ, ㅂ, ㅈ'와 마주칠 때 'ㅋ, ㅌ, ㅍ, ㅊ'으로 합쳐지는 현상이다. 이를 격음화, 또는 유기음화, 거센소리되기라고도 한다. 'ㅎ' 축약이 일어나는 경우는 받침 'ㅎ(ㄶ, ㅀ)'이 뒤에 'ㄱ, ㄷ, ㅈ'와 결합하는 경우와 받침 'ㄱ(ㄺ), ㄷ(ㅅ, ㅈ, ㅊ, ㅌ), ㅂ(ㄼ), ㅈ(ㄵ)'이 뒤 음절 첫소리 'ㅎ'과 결합하는 두 가지로 나뉜다.

가. 놓고[노코]　　좋던[조:턴]　　쌓지[싸치]
　　많고[만:코]　　않던[안턴]　　닳지[달치]
나. 각해[가카]　　밝히다[발키다]　　맏형[마텽]
　　숱하다[수타다]　　좁히다[조피다]　　넓히다[널피다]
　　꽂히다[꼬치다]　　앉히다[안치다]
다. 옷 한 벌[온 한 벌/오탄벌]
　　꽃 한 송이[꼳 한 송이/꼬탄송이]

'ㅎ' 축약은 둘 또는 그 이상의 단어를 이어서 한 마디로 발음하는 경우에도 적용된다. (다)의 '옷 한 벌'의 경우 단어마다 끊어서 발음할 때에는 [온 한 벌]과 같이 발음하고, 단어와 단어를 연결해서 한 마디로 발음할 때에는 [오탄벌]로 발음한다.

모음으로 끝나는 어간에 '아, 어'로 시작하는 모음 어미가 결합하면 두 모음 중 하나가 반모음으로 바뀌기도 하는데, 이때 한 음절로 축약된다. 이를 모음 축약이라 한다.

괴어→[괴어/괘 :], 두어→[두어/둬 :], 가리어→[가려]

'괴다', '두다'와 같이 단음절이고 모음으로 끝나는 어간에 어미 '아, 어'가 결합하는 경우 어간 모음이 반모음으로 바뀌면서 한 음절로 축약된 어형은 긴소리(장음)로 발음하게 되는데, 이를 보상적 장음화라고 한다.

제3장 한국어 형태론

형태론(morphology)의 어원은 그리스어의 'morphē(shape)'+'logy (logos≒study)'이며, 그 의미는 단어의 형태 현상을 연구하는 학문을 말한다. 오늘날 형태론은 어형론(word-formation)과 유사한 개념으로 사용되고 있으나 오늘날 우리가 말하는 형태론과 완전히 등식 관계에 있는 것은 아니다. 우리가 말하는 형태론은 '형태론적 과정의 여러 언어 현상들(구성 방식과 그 제약, 기능)을 연구 대상으로 하는 학문'이다.

1. 형태소와 이형태

가. 형태소의 개념

형태소란 일정한 뜻을 가진 가장 작은 말의 단위를 말한다.

철수가 창문을 열었다.

위 예문은 문장의 주어부인 '철수가'와 문장의 서술어부인 '창문을 열었다'로 나눌 수 있다. 서술어부인 '창문을 열었다.'는 다시 목적어인 '창문을'과 서술을 해 주는 '하였다.'로 나누어진다. 여기에서 이것을 더 작은 단위로 쪼개는 것이 가능하다.

철수-가 // 창-문-을 / 열-었-다

'철수가'는 '철수'와 '-가'로, '창문을'은 '창', '문', '-을'로, '하였다'는 '하-', '-였-', '-다'로 각각 쪼갤 수 있다. 이렇게 쪼개진 단위에는 각각 일정한 뜻이 있다. 곧 '철수', '창', '문', '열-' 등에는 어휘적인 뜻이 있고, '-가', '-을', '-었-', '-다' 등에는 문법적인 뜻이 있다. 그렇지만, '철수'를 '철'과 '수'로 더 쪼개게 되면 '철수'가 본래부터 가지고 있던 어휘적인 뜻이 사라지고 만다. 이와 같이 더 이상 쪼개면 본래부터 가지고 있던 뜻을 잃게 되는, 뜻을 가진 가장 작은 말의 단위를 형태소라고 한다.

나. 이형태와 교체

형태소는 항상 같은 모습으로 나타나는 것이 아니라 놓이는 환경에 따라 다른 모습으로 실현되기도 한다. 형태소는 어떤 뜻을 가지고 있는 단위를 추상적으로 부를 때 사용하는 용어라면, 한 형태소가 주위 환경에 따라 음상이 달라지는 현상을 교체(交替, alternation) 또는 변이(變異, variation)라고 한다. 교체에 의한 다른 종류들을 그 형태소의 '이형태', '변이형태', '형태'라고 부른다.

가. {흙}
① {흙}+모음→/흘ㄱ/　　　(예) 흙+이→/흘기/
② {흙}+자음(비음 제외)→/흑/　(예) 흙+도→/흑또/
③ {흙}+자음(비음)→/흥/　　(예) 흙+만→/흥만/
④ {흙}+단어 경계(#)→/흑/　(예) 흙#모래→/흑#모래/

나. {-어라 ~ -아라}

① 가+{-거라} → 가거라

② 오-+{-너라} → 오너라

③ 하-+{-여라} → 하여라

(가)에서 {흙}은 모음 앞, 비음을 제외한 자음 앞과 단어 경계 앞, 그리고 비음 앞 등의 환경에 따라 /흘ㄱ/, /흑/, /흥/ 등으로 음상이 바뀌었다. 이때, 바뀐 형태인 /흘ㄱ/, /흑/, /흥/ 등을 형태소 {흙}의 이형태라고 한다. (나)에서 {-어라 ~ -아라}는 각각 '가-', '오-', '하-' 뒤에서 /-거라/, /-너라/, /-여라/로 음상이 바뀌었다. 이 경우에도 바꾸어진 형태인 /-거라/, /-너라/, /-여라/ 등을 형태소 {-어라 ~ -아라}의 이형태라고 한다.

그런데 (가)와 (나)에서 이형태를 실현하는 방법은 다르다. (가)에서는 앞뒤 환경에 어떤 소리가 오는가에 따라 변이형이 선택되었고, (나)에서는 앞에 오는 형태소의 형태 그 자체에 따라 변이형이 선택되었다. (가)에서처럼 앞뒤 환경에 어떤 소리가 오는가, 곧 이웃에 어떤 음운들이 분포하는가에 따라 교체가 일어나는 것을 '음운적 조건에 의한(phonemically conditioned) 교체'라고 한다. (나)에서처럼 교체가 음운적으로 설명되지 않고 앞에 오는 형태소의 형태 그 자체에 따라 교체가 일어나는 것을 '형태적 조건에 의한(morphemically conditioned) 교체'라고 한다. 음운적 조건에 의한 이형태는 '~'를 사용하여 나타내고, 형태적 조건에 의한 이형태는 '∞'를 사용하여 나타낸다. (가나)를 기호를 사용하여 나타내면 다음과 같다.

가. {흙}: /흘ㄱ~흑~흥/

나. {-어라~-아라}: /(-어라~-아라) ∞ -거라 ∞ -너라 ∞ -여라/

한편, 하나의 형태소가 여러 개의 이형태를 가질 때 이형태 중 하나를 대표 로 정하여 이를 '기본형'이라 부른다. 기본형은 사전에 올림말을 정하는 기준이 된다. 위에서 형태소 {흙}과 {-어라 ～ -아라}는 여러 이형태들 가운데 대표 형태인 기본형이다. 기본형은 대체로 이형태의 교체를 설명하기 쉬운 것을 선택하거나 역사적으로 먼저 나온 형태를 선택한다.

참고 형태소 식별법: 계열 관계와 통합 관계

형태소는 일반적으로 계열을 이루는 언어 단위를 이용하는 방법과 문장에서 서로 결합될 수 있는 관계에 의해 식별된다.

철수가 빵-을 먹-었-다
① ②③④⑤⑥⑦

① 영희, 순이, 그, 너, 우리...
② 는, 도, 만, 까지, 부터...
③ 밥, 떡, 라면, 케이크, 떡볶이...
④ 도, 만, 까지, 부터, 조차 ...
⑤ 들-, 보-, 사, 숨기-, 줍-
⑥ -겠-, -더-, -었었-...
⑦ -느냐, -는구나, -지...

다. 형태소의 종류

형태소는 몇 가지 기준에 따라 나눌 수 있다. 형태소는 자립성의 여부에 따라 문장에서 단독으로 나타날 수 있으면 자립형태소, 반드시 다른 형태소와 결합하여야만 나타날 수 있으면 의존형태소로 나누어진다. 또한 의미가 실질적인가 형식적인가에 따라 어휘적이고 실질적인 개념 의미를 나타내면 실질형태소, 실질적인 개념의 의미는 없고 문법적인 관계만을 표시해주면 형식형태소로 나누어진다. 여기에서 실질적인 의미라 하는 것은 구체적인 대상이나 동작 또는 상태와 같은 어휘적인 의미를 일컫는 것이다. 따라서 실질형태소를 '어휘형태소'라고도 부른다. 그리고 형식형태소는 말 사이의 형식적인 관계를 나타내어 문법적인 의미를 가진다고 하여 '문법형태소'라고도 한다.

가. '철수가 착한 일을 했다'의 형태소 개수는 9개이다.
나. <u>철수</u>-<u>가</u> 착하-ㄴ 일-을 하-였-다
　① 　② 　③ 　④⑤⑥⑦⑧⑨

먼저 형태소를 분석하는 경우에는 준말은 본디말로 바꾸어야 한다. (가)에서 '했다'는 '하-', '-였-', '-다' 세 개의 형태소로 나누어진다.

(나)에서 ①, ⑤는 자립성이 있어 홀로 쓰일 수 있는 자립형태소이다. 반면, ②, ③, ④, ⑥, ⑦, ⑧, ⑨ 등은 자립성이 없어 다른 형태소에 붙어서만 쓰일 수 있는 의존형태소이다. 의존형태소에는 ' - '와 같은 표시가 붙는다. 곧 '-가', '-ㄴ', '-을', '-다' 등은 앞에 다른 형태소가 붙어야 온전히 쓰일 수 있고, '착하-', '하-'는 뒤에 다른 형태소가 붙어야 온전히 쓰일 수 있으며, '-였-'은 앞뒤에 다른 형태소가 붙어야 온전히 쓰일 수 있다.

(나)에서 ①, ③, ⑤, ⑦ 등은 그 자체의 실질적인 고유한 의미를 가지고 있는 실질형태소이다. 반면, ②, ④, ⑥, ⑧, ⑨ 등은 그 자체의 실질적인 고유한 의미를 가지고 있지 않고, 앞의 실질형태소에 붙어 문법적인 관계를 나타내는 형식형태소이다.

일반적으로 명사, 대명사, 수사, 관형사, 부사, 감탄사 등은 자립형태소에 속하고, 조사, 어간, 어미, 파생접사 등은 의존형태소에 속한다. 자립형태소 모두와 용언의 어간 등은 실질형태소에 속하고, 문법적인 관계를

나타내 주는 조사 및 어미와 단어 형성의 기능을 하는 파생접사 등은 형식형태소에 속한다.

한편, 형태소 가운데 단 하나의 형태소와 결합하는 경우가 있다. (가)와 (나)에서 '부슬'은 오로지 '비'와 결합하고, '아름-'은 '-답다'와, '착-'은 '-하다'와만 결합하고, 다른 형태소와는 결합하지 않는다. 이처럼 단 하나의 형태소와 결합하는 형태소를 '유일형태소' 혹은 '특이형태소'라고 한다.

가. 부슬-비, *부슬-눈, *부슬-바람, *부슬-안개, *부슬-연기
나. 아름-답다, 착-하다

2. 단어의 형성

가. 단어의 개념

단어란 최소의 자립 형식(minimal free form)을 말한다. 따라서 자립형태소는 모두 하나의 단어가 된다. 한국어의 명사, 대명사, 수사, 관형사, 부사, 감탄사는 한 단어가 된다. 그리고 의존형태소끼리 결합하여 자립성을 발휘하는 것도 하나의 단어가 된다. 한국어의 동사나 형용사가 이에 해당하는데, 이와 같은 경우 반드시 어간과 어미가 결합되어야만 한 단어가 된다.

조사의 경우는 자립성이 없다는 점에서 단어로 볼 수 없으나, 조사가 단어뿐만 아니라 구나 문장에 붙고 다소의 분리성을 인정할 수 있는가 하면, 때로는 생략될 수도 있고 어미보다 자립성이 인정되어 단어에 가까운 성질이 있다고 보아 학교문법에서는 단어로 보고 있다. 조사와 어미를 비교해 보면, 조사는 선행 형태소가 자립형태소이지만 어미는 선

행형태소가 의존형태소이다. 조사는 분리성이 있으나 어미는 분리성이 없다. 그래서 조사는 어미에 비해 자립성이 있다고 본다. 이와 같은 이유로 조사는 단어로 인정하지만 어미는 그것만으로는 단어로 인정하지 않는다.

한편, 단어는 그 내부에는 휴지(休止)를 허용하지 않지만, 그 앞뒤에 휴지를 허용하는 언어 단위로 규정되기도 한다. 아래 문장에서 '철수', '가', '창문', '을', '열었다'는 그 내부에 휴지를 허용하지 않지만, 그 앞뒤에 휴지를 허용하는 언어 단위이므로 각각 단어로 규정된다.

철수가 창문을 열었다.

여기에서 '창문'과 같은 합성어는 하나의 단어임은 분명하지만 이 전체가 최소의 자립 형식은 아니다. '창문'은 '창'과 '문'이라는 두 개의 자립 형식으로 나누어진다. 여기에서 단어의 또 다른 특성인 '분리성'에 주목할 필요가 있다. 하나의 단어는 내부에 휴지를 둘 수 없고 다른 단어를 넣어 내부를 분리할 수도 없다. '창'과 '문'은 자립성이 인정되지만, 이들이 합하여 새로운 하나의 단어를 형성할 때에는 '창'과 '문'의 의미가 없어져서 각각의 자립성이 인정되지 않기 때문이다. 정리하면, 한국어에서 단어는 자립형태소 모두와 조사, '어간+어미'의 결합, 그리고 합성어와 파생어로 된 형태이다.

> **참고** **단일어와 복합어 구별 시 유의할 점**
>
> 단어는 단일어와 복합어로 나뉘는데, 단일어는 하나의 형태소로 이루어진 것이고, 복합어는 둘 이상의 형태소로 이루어진 것이다. 복합어는 다시 합성어와 파생어로 나누어진다. 이때, 어떤 단어가 단일어냐, 복합어냐를 구별할 때 굴절어미에 속하는 어말어미와 선어말어미는 제외된다.

가. 하늘, 땅, 꽃, 높다, 읽다, 읽었다　　　　　　(단일어)

나. 강산, 집안, 소나무, 밤낮, 어깨동무, 굳세다　　(합성어)

다. 맏아들, 빗나가다, 풋과일, 부채질, 어른스럽다 (파생어)

나. 어형성법

새로운 단어를 만드는 방법을 어형성법(語形成法), 다른 말로 조어법
이라고 한다. 형태론적 과정에 나타나는 단어 형성 방법은 다음과 같다.

　　○ 어기　　　　　　　(예) 틀
　　○ 어기+어기　　　　　　산-돼지
　　○ 어기+접사(파생접사)　　올-벼, 짓-밟-
　　○ 어기+접사(굴절접사)　　돼지-가, 벼-를, 밟-았-다

형태소가 단어를 형성할 때 단어의 중심부를 담당하는 부분은 어기(語
基, base)라 하고, 그 주변부를 형성하는 형태소는 접사(接詞, affix)라
한다. 접사에는 새로운 단어를 파생시키는 파생접사(派生接辭, derivational
affix)와 한 단어의 굴절만을 담당하는 굴절접사(屈折接辭, inflectional
affix)가 있다. 굴절접사는 다시 곡용접사(조사)와 활용접사(어미)로 나누
어진다. 파생접사와 굴곡접사 중에서 어형성법에 직접적으로 관계되는
것은 파생접사이다.

형태론의 연구 대상은 다음과 같다.

　[형태론의 연구 대상]
　　○ 조어론
　　　합성법 ⋯⋯⋯⋯⋯⋯ 어기+어기(어근+어근)
　　　파생법 ⋯⋯⋯⋯⋯⋯ 어기+파생접사(어근+파생접사)

참고 어근, 어간

어근과 어간이 모두 실질형태소이기 때문에 어근과 어간 두 용어가 혼동되는 경우가 있다.

단어를 형태소로 분석했을 때 실질적인 의미를 나타내는 중심이 되는 부분인 실질형태소를 어근이라고 한다. 어간은 굴절접사인 어미가 붙을 수 있는 부분으로서 단어의 중심부를 말한다. 그러므로 어간과 어미는 용언의 활용과 관련되는 것이지, 조어법과 관련되는 것이 아니다.

가. 사랑-스럽-다
  • 어근: 사랑-
  • 어간: 사랑스럽-   (어근 + 파생접사)
  • 어미: -다   (굴절접사)
나. 글썽-이-다, 드-넓-다, 아름-답-다, 짓-누르-다, 훌쩍-대-다

다. 파생어

파생어는 어근(혹은 어기)에 파생접사가 붙어 만들어진 단어를 말한다. 파생접사가 어근 앞에 오는 것을 접두사에 의한 파생어, 파생접사가 어근 뒤에 오는 것을 접미사에 의한 파생어라고 한다. 파생어를 만드는 파생 접사는 그 기능에 따라 의미만을 첨가하는 접사를 한정적 접사, 품사를 바꾸어 주는 접사를 지배적 접사로 나누기도 한다.

1) 접두사에 의한 파생어

접두사에 의한 파생은 접두사가 뒤에 놓이는 어근의 의미를 제한하는 구실만 하고 어근이 원래 가지고 있는 품사를 바꾸는 일은 없다. 따라서 접두사에 의한 파생어의 품사는 접두사 뒤에 오는 어근에 의해 결정된다.

한국어에 자주 나타나는 접두사와 그 접두사에 의한 파생어의 예를 들어 보면 다음과 같다.[14]

군-: 군말, 군불, 군소리
들-: 들개, 들소, 들쥐, 들국화, 들장미
맨-: 맨몸, 맨손, 맨입
수: 수탉, 수캐, 숫양, 숫쥐
시(媤)-: 시부모, 시어머니
풋-: 풋고추, 풋과일, 풋사랑
참-: 참깨, 참나물, 참사랑
되-: 되감다, 되새기다, 되찾다
새/샛/시/싯-: 새빨갛다, 샛노랗다, 시뻘겋다, 싯누렇다
헛-: 헛기침, 헛소문, 헛되다, 헛디디다

그런데 접두사는 명사 앞에 붙으면 관형사처럼 기능하고, 동사나 형용사의 앞에 붙으면 부사처럼 기능한다. 이와 같은 이유로 접두사는 관형사나 부사와 구별이 어려운 경우가 있다. 접두사는 관형사 부사와 분포상의 제약, 다른 단어의 개입 여부 등으로 구별할 수 있다.

첫째, 접두사는 특정 어근과 결합하지만, 관형사와 부사는 그 뒤에 놓이는 단어에 제약을 받지 않는다. 둘째, 접두사와 어근 사이에 다른 단어를 삽입할 수 없지만, 관형사나 부사는 후속하는 명사와의 사이에 다른 단어를 삽입할 수 있다.

---

[14] '군말, 군불, 군소리'에서 '군-'은 '쓸데없는'의 뜻을 더하는 접두사이고, '군고 구마'에서 '군'은 '굽다'의 의미를 지닌 어근이다. '군'과 같이 형태는 동일하지만 어근, 접사로 쓰임이 다르게 사용되는 경우가 있어 주의해야 한다.

가. 덧문, 덧저고리, *덧과제, *덧수건, *덧책

　새 문, 새 저고리, 새 과제, 새 수건, 새 책

나. *덧나무문 / 새 나무 문

　*덧노랑저고리 / 새 노랑 저고리

2) 접미사에 의한 파생어

접미사에 의한 파생은 접두사처럼 어근의 의미를 제한하는 구실도 하고 어근의 품사를 바꾸는 일을 하기도 한다. 접미사는 보통 그 접미사가 결합하여 만들어진 파생어의 품사에 따라 분류하는 것이 보통이다. 접미사가 붙어 만들어지는 단어의 종류로는 파생명사, 파생동사, 파생형용사, 파생부사 등이 있다. 대표적인 파생접미사와 파생어의 예를 들어 보면 다음과 같다.

가. 명사파생접미사

　-가(등산가, 예술가), -자(과학자), -장이/쟁이(칠장이, 겁쟁이), -질(가위질, 곁눈질), -개(날개, 지우개), -게(지게, 집게), -음(웃음, 울음, 기쁨), -이(넓이, 길이, 높이)

나. 동사파생접미사

　-하-(일하다, 공부하다), -거리/대-(머뭇거리다/머뭇대다, 흔들거리다/흔들대다), -이-(끌썩이다), -되-(지배되다), -뜨리/트리-(깨뜨리다/깨트리다), -이/히/리/기/우/구/추-(사동사: 높이다, 넓히다, 돌리다, 남기다, 비우다, 돋구다, 낮추다), -이/히/히/기-(피동사: 덮이다, 먹히다, 밀리다, 감기다)

다. 형용사파생접미사

　-하-(고요하다, 다정하다), -답-(정답다, 학생답다), -되-(복되다, 참되다), -롭-(향기롭다), -스럽-(자랑스럽다), -지-(멋지다), -다랗-(가느다랗다)

라. 부사파생접미사

　-이-(길이, 깨끗이), -히-(가만히, 고요히), -오/우(너무, 자주), 가뜩-이나, 다시-금, 마음-껏, 겨우-내, 쉽-사리

한편, 명사파생접미사는 명사형어미로 비춰질 수도 있어 주의할 필요가 있다. 주어진 문장 안에서 서술성이 있으면 명사형어미이지만, 서술성이 없으면 명사파생접미사가 된다.

> 가. 철수는 <u>보기</u>(보다)가 즐겁다.
> 나. 다음 <u>보기</u>(*보다)에서 고르세요.

(가)는 서술적인 의미를 지니므로 명사형어미, (나)는 그렇지 않으므로 명사 파생접미사이다.

라. 합성어

합성어란 둘 이상의 어근이 모여서 이루어진 단어이다. 합성어 중에는 구성 요소들을 합하기만 하면 그 뜻이 잘 드러나는 것도 있지만 어떤 합성어는 구성 요소들의 개별 의미가 그대로 유지되지 않는 경우도 있다. 합성어는 구성 요소들의 배열 방식을 기준으로 한국어의 일반적인 단어 배열 방식과 같은가 다른가에 따라 통사적 합성어와 비통사적 합성어로 나누어진다. 또한 합성어의 두 어근의 의미 관계를 기준으로 대등합성법어 종속합성어, 융합합성어로 나누어진다.

1) 단어 배열법에 따른 합성어 유형: 통사적 합성어와 비통사적 합성어

합성어를 만드는 경우 우리말의 단어 배열법이 관여한다. 우리말은 단어를 배열할 때 일정한 순서를 지킨다.

> <u>하얀 목련이</u> 활짝 피었다.
> 그는 서류를 <u>찢어 버렸다.</u>

위 문장은 '주어+서술어', '주어+목적어+서술어', '관형어+체언', '부사어+용언', '어간+연결어미+어간'의 배열 순서를 보여 주고 있다. 이처럼 우리말은 문장을 이룰 때 단어가 일정한 순서에 의해 배열된다. 이때 그 일정한 순서를 잘 지킨 것을 '통사적'이라 하고, 지키지 않은 것을 '비통사적'이라 한다. 우리말에서는 조사 생략이 빈번히 일어난다. 하지만 어떤 경우에서도 어미의 생략은 불가능하다. 따라서 조사가 생략된 것은 통사적인 것이 되고, 어미가 생략된 것은 비통사적인 것이 된다.

합성어를 만들 때 구성 요소의 배열이 우리말의 단어 배열법에 일치하는 것을 '통사적 합성어'라고 하고, 우리말의 단어 배열법에 일치하지 않는 것을 '비통사적 합성어'라고 한다.

통사적 합성어에는 첫째, '명사+명사', '관형사+명사', '관형사형어미+명사', 의 구성을 이루어 합성명사가 된 것, 둘째, '주어+서술어', '목적어+서술어', '부사어+서술어', '본동사+연결어미+보조동사'의 구성을 이루어 합성동사가 된 것, 셋째, '명사+명사', '부사+부사'의 구성을 이루어 합성부사가 된 것 등이 있다.

　　가. 합성명사
　　　　① 명사+명사: 돌다리, 집안, 보름달, 파랑새
　　　　② 관형사+명사: 새해, 첫사랑, 헌신짝
　　　　③ 관형사형어미+명사: 군밤, 작은형, 큰집, 건넌방, 젊은이
　　나. 합성동사
　　　　① 주어+서술어: 힘들다, 겁나다, 재미나다, 정들다
　　　　② 목적어+서술어: 힘쓰다, 애쓰다, 노래부르다
　　　　③ 부사어+서술어: 가로막다, 마주서다, 앞서다, 뒤서다
　　　　④ 본동사+연결어미+보조동사: 알아보다, 돌아가다, 살펴보다, 찾아보다
　　다. 합성부사
　　　　① 명사+명사: 여기저기, 밤낮
　　　　② 부사+부사: 곧잘, 곧바로, 울긋불긋, 철썩철썩

비통사적 합성어에는 첫째, '어간+명사', '부사+명사'의 구성을 이루어 합성명사가 된 것, 둘째, '어간+어간'의 구성을 이루어 합성동사가 된 것, 셋째, '어간+어간'의 구성을 이루어 합성형용사가 된 것 등이 있다. 우리말의 형태소와 단어는 '어간+어미', '부사+용언'의 배열로 자연스럽게 이러지기 때문에, '어간+어간', '어간+명사', '부사+명사' 등과 같은 경우는 비통사적인 구성으로 다루어진다.

가. 합성명사
　① 어간+명사: 검버섯, 늦가을, 늦잠, 접칼
　② 부사+명사: 산들바람, 부슬비, 똑딱단추, 촐랑새
나. 합성동사
　① 어간+어간: 굶주리다, 날뛰다, 뛰놀다, 오르내리다, 여닫다
다. 합성형용사
　① 어간+어간: 굳세다, 검푸르다, 높푸르다

2) 의미에 따른 합성어 유형: 병렬합성어, 종속합성어, 융합합성어

합성어는 합성 과정에서 발생하는 의미 관계에 따라 병렬합성어, 종속합성어, 융합합성어로 나눌 수 있다. 병렬합성어는 두 개의 어근이 대등한 의미를 지니는 것이고, 종속합성어는 앞의 어근이 뒤의 어근을 수식하는 관계가 되어 앞의 어근의 의미가 뒤의 어근의 의미에 포함되는 것이며, 융합합성어는 두 개의 어근이 본 의미를 상실하고 새로운 의미를 가지게 되는 것이다. 아래에서 (가)는 병렬합성어, (나)는 종속합성어, (다)는 융합합성어이다.

가. 손발, 마소, 앞뒤, 오르내리다
나. 물굽이, 부삽, 소나무, 안집, 돌다리
다. 밤낮, 춘추, 큰집, 돌아가다

합성어와 구는 휴식성(붙여쓰기와 띄어쓰기)의 유무, 서술성의 유무, 분리성의 유무, 의미 차이에 따라 구별할 수 있다.

> 가. 휴식성이 없는 것이 합성어이고, 휴식성(띄어쓰기)이 있는 것이 구이다.
> 큰형 / 큰 형(큰#형)
> 나. 서술성이 없는 것이 합성어이고, 서술성이 있는 것이 구이다.
> *형이 키가 크다. / 형이 키가 크다.
> 다. 분리성이 없는 것이 합성어이고, 서술성이 있는 것이 구이다.
> *큰 우리 형 / 키가 큰 민호네 형
> 라. 의미의 특수화가 일어나는 것이 합성어이고, 일어나지 않는 것이 구이다.
> '맏형'의 의미 / '키가 크다'의 의미

3. 품사

품사란 공통된 성질을 지닌 단어끼리 모아 놓은 단어의 갈래를 말한다. 일반적으로 품사는 형태, 기능, 의미라는 세 가지 기준에 의해 분류된다. 형태란 단어의 형태적 특성을 뜻한다. 즉, 단어가 형태 변화를 하느냐 하지 않느냐를 따지는 것을 뜻한다. 형태 변화를 하지 않는 것을 불변어 혹은 불변화사라고 하고, 형태 변화를 하는 것을 가변어 혹은 변화사라고 한다. 형태 불변어에는 명사, 대명사, 수사, 조사, 관형사, 부사, 감탄사가 있고, 가변어에는 동사, 형용사, 서술격 조사('이다')가 있다.

기능이란 문장 안에서 한 단어가 다른 단어와 갖는 관계를 뜻한다. 즉, 단어가 문장 안에서 담당하고 있는 구실(역할)을 뜻한다. '기능'에 의해 체언, 관계언, 용언, 수식언, 독립언 등으로 나누어진다. 체언은 주로 문장에서 뼈대가 되는 자리에 많이 쓰이므로 붙여진 이름이다. 체언은 일반적으로 개념을 드러내는 단어로서, 조사와 결합하여 여러 가지 문장 성분을 형성하는 기능을 한다. 관계언은 자립형태소에 붙어서 그 말과 다른 말의 문법적 관계를 표시하는 기능을 한다. 용언은 문장의 주체를 서술하는 기능을 하고, 수식언은 체언이나 용언 앞에 와서 그들을 수식하는 기능을 하며, 독립언은 홀로 쓰여 놀람이나 느낌, 부름, 대답, 입버릇 등을 나타내는 기능을 한다.

의미란 단어 자체의 어휘적 의미를 뜻하는 것이 아니라 단어들이 공통적으로 가지고 있는 의미에 따라 하나의 유개념으로 묶은 것을 말한다. 그러나 유개념의 기준 자체가 명확하지 않아서 이를 기준으로 한 품사 분류는 주관적으로 될 위험성이 있다. 따라서 품사 분류에 있어서는 형태나 기능을 중심으로 하고, 의미는 보조적인 수단으로만 사용한다. 형태와 기능을 고려하여 의미를 기준으로 품사를 나누면 다음과 같다.

○ 형태 : 불변어 - 명사, 대명사, 수사, 조사, 관형사, 부사, 감탄사
　　　　　가변어 - 동사, 형용사, 서술격조사('이다')
○ 기능 : 체언 - 명사, 대명사, 수사
　　　　　관계언 - 조사
　　　　　용언 - 동사, 형용사, 서술격조사('이다')
　　　　　수식언 - 관형사, 부사
　　　　　독립언 - 감탄사
○ 의미 : 명사 - 사람이나 사물의 이름
　　　　　대명사 - 명사의 대신함
　　　　　수사 - 사물의 수량이나 순서
　　　　　조사 - 형식적인 의미
　　　　　관형사 - '어떤'이라는 의미
　　　　　부사 - '어떻게'라는 의미
　　　　　동사 - 동작과 과정
　　　　　형용사 - 성질과 상태
　　　　　감탄사 - 부름, 대답, 놀람, 느낌의 의미

가. 체언: 명사, 대명사, 수사

체언은 형태의 변화가 없으며, 문장에서 주로 주어, 목적어, 보어 등 문장의 뼈대가 되는 자리에 오며, 조사와 결합한다. 체언에는 명사, 대명사, 수사가 있다.

1) 명사

명사는 의미상 사람이나 사물, 개념 등을 나타내는 단어의 묶음을 말한다. 명사는 다음과 같은 특징을 지닌다. 첫째, 명사는 조사와 결합되어 여러 문장 성분으로 쓰인다(가), 둘째, 명사는 주로 관형어의 수식을 받는다(나), 셋째, 명사에 복수접미사가 붙어 명사의 복수형을 나타낸다(다).

> 가. 이것은 고양이가 마당에서 쥐를 잡는 그림이다.
> 나. ① 그는 새 차를 몰고 나갔다. / 나는 헌 책을 구하려고 애썼다.
>   ② 그 집을 구해 주세요. / 집을 구해 주세요.
> 다. ① 운동장에 {학생들이 / 학생이} 많이 모여 있다.
>   ② 운동장에 그 학생들이 많이 모여 있다.
>   ③ *철수들, *인천들

(나①)처럼 명사는 보통 '새, 헌, 이, 그, 저' 등과 같은 관형사의 수식을 받으며 문장에 쓰이지만 (나②)와 같이 관형사의 수식을 받지 않고도 문장에 쓰일 수 있다.

(다①)처럼 한국어에서는 복수를 표현하기 위해 단어에 접미사 '-들'을 붙이기도 하나 꼭 '-들'을 붙여야 하는 것은 아니다. 그런데 (다②)처럼 명사가 '이, 그, 저'와 같은 지시관형사의 수식을 받는 경우에는 복수 표지 '-들'을 꼭 붙여야 한다. 한편 (다③)와 같이 셀 수 없는 명사나 장소

표시의 고유명사에는 '-들'을 붙일 수 없다.

　주어가 복수일 때에는 주어뿐만 아니라 그 문장의 부사어나 서술어에도 '-들'을 붙여 쓸 수 있다. 주어를 말하지 않고도 주어가 복수라는 것을 나타내고자 할 때 '-들'을 사용한다. 이런 경우 '-들'은 접미사가 아니다. (나~라)에서 '-들'이 대명사, 부사, 용언의 어미 뒤에 분포한다는 점을 고려하면 이 형태는 보조사이다.

　　가. 사람들이 여기 잠자코 앉아 있다.
　　나. (사람들이) <u>여기들</u> 잠자코 앉아 있구나.
　　다. (사람들이) 여기 <u>잠자코들</u> 앉아 있구나.
　　라. (사람들이) 여기 잠자코 <u>앉아들</u> 있구나.

　명사는 여러 기준에 따라 분류된다. 먼저 명사는 고유성의 여부에 따라 고유명사와 보통명사로 나뉜다. 고유명사는 어떤 특정한 사람이나 일 또는 사물을 지시하는 명사를 말하고, 보통명사는 같은 성질을 지닌 사람이나 사물에 두루 쓰이는 명사를 말한다. 고유명사는 대체로 해당 항목이 하나밖에 없기 때문에 복수를 갖지 않으며, 관형어와의 어울림에서 제약을 받는다. 특히 여러 개 중에 하나를 선택하는 의미를 나타내는 '어느, 이, 그' 등이나 복수 개념을 나타내는 '여러, 많은' 등의 결합에 제약된다.

　　가. *한국에는 한라산들이 유명하다.
　　나. 어느 산이 더 유명하니? / *어느 한라산이 더 유명하니?
　　다. 여러 사람이 왔다. / *여러 세종대왕이 / *많은 세종대왕들이

　명사는 유정성의 유무에 따라 유정명사와 무정명사로 나뉜다. 유정명사는 감정을 지닌 명사로 사람이나 동물이 이에 포함되고, 무정명사는

감정을 지니지 않은 명사로 식물이나 무생물이 이에 포함된다.

> 가. <u>친구들에게</u> 합격 사실을 알렸다.
> 나. 한국이 <u>일본에</u> 이겼다. / *한국이 <u>일본에게</u> 이겼다.
> 다. 꽃에 물을 주어라. / *<u>꽃에게</u> 물을 주어라.
> 라. *<u>미국에게서</u> 왔다.

(가)에서 '친구들'은 유정물이므로, 유정물에 쓰이는 조사 '에게'를 붙이고, (나)와 (다)에서 '일본'과 '꽃'은 무정물이므로 무정물에 쓰이는 조사 '에'를 붙인다. (라)에서 조사 '-에게서'는 무정명사 '미국'과 결합되어 비문이 되었다. 조사 '-에게서'도 유정명사와 결합한다.

명사는 자립성의 여부에 따라 자립명사와 의존명사가 있다. 자립명사는 문장에서 관형어의 도움 없이도 홀로 쓰일 수 있는 명사를 말하고, 의존명사는 문장에서 혼자서 쓰일 수 없고, 반드시 그 앞에 관형어가 와야 쓰일 수 있는 명사를 말한다. 의존명사의 종류에는 보편성 의존명사, 주어성 의존명사, 서술성 의존명사, 부사성 의존명사, 단위성 의존명사가 있다.

> 가. 보편성 의존명사: 모든 성분에 두루 쓰이는 의존명사(것, 데, 바, 분, 이 등) (예) 영희는 웃는 <u>것</u>이 참 예쁘다.
> 나. 주어성 의존명사: 문장에서 주격조사와 결합하여 주어로만 쓰이는 의존명사(나위, 리, 수, 지, 턱 등) (예) 철수가 떠난 <u>지</u> 삼 년이 되었다.
> 다. 부사성 의존명사: 부사어로 쓰이는 의존명사(김, 대로, 듯, 양, 채, 체, 척 등) (예) 그는 배운 <u>대로</u> 가르쳤다.
> 라. 서술성 의존명사: '이다'와 결합하여 서술어로만 쓰이는 의존명사(나름, 따름, 뿐, 터 등) (예) 네가 열심히 하기 <u>나름</u>이다.
> 마. 단위성 의존명사: 앞에 오는 명사의 수량을 단위의 이름으로 가리키는 의존명사(개, 그루, 마리, 말, 분, 섬, 자루, 책 등) (예) 나무 한 <u>그루</u>

단위성 의존명사는 사람이나 사물을 세는 단위를 나타내는 말로, 앞에 오는 관형어는 수사나 수관형사와 같은 종류들이다. 이와 같이 수량을 나타내는 의존 명사를 분류사라고도 부른다. 그런데 분류사에는 단위성 의존명사만 있는 것은 아니다. 단위성 의존명사나 분류사 중에는 기원적으로 일반명사에서 온 것이 많다. 이 중에서 '마리'처럼 자립성을 완전히 잃어버리고 의존명사로만 쓰이는 것도 있고, '되'나 '말'처럼 자립명사와 의존명사의 기능을 동시에 가지는 것들도 있으며, '사람'이나 '뿌리'처럼 일반명사가 문맥에 따라 분류사의 구실을 하는 것들이 있다.

참고 의존명사와 조사 띄어쓰기

의존명사와 조사 가운데 형태가 동일한 것이 있다. 이런 경우 단어가 체언에 붙으면 조사이고, 관형형어미의 수식을 받으면 의존명사이다. 단어의 쓰임에 따라 의존명사인 경우에는 앞 단어와 띄어 쓰고, 조사인 경우에는 앞 단어와 붙여 쓴다.

가. ① 그는 웃고만 있을 뿐이지 싫다 좋다 말이 없다. (의존명사)
　　② 우리 민족의 염원은 통일뿐이다. 　　　　　　　(조사)
나. ① 너는 본 대로 느낀 대로 말하면 된다. 　　　　　(의존명사)
　　② 이 일은 약속대로 처리한다. 　　　　　　　　　(조사)
다. ① 친구가 도착한 지 두 시간 만에 떠났다. 　　　　(의존명사)
　　② 하루 종일 잠만 잤더니 머리가 띵했다. 　　　　(조사)

---

2) 대명사

대명사는 명사가 쓰일 자리에 대신하여 쓰이는 단어들의 묶음이다. 대명사는 크게 지시 대상이 사람, 사물, 장소냐에 따라 인칭대명사와 지시대명사로 나뉜다. 인칭대명사는 다시 1인칭, 2인칭, 3인칭 대명사 등으로 나뉘고, 지시대명사는 사물대명사와 처소대명사로 나뉜다.

인칭대명사는 사람을 가리키는 데만 쓰이는 대명사이다. 이는 다음과 같이 작은 갈래로 다시 나뉜다. 1인칭대명사는 화자가 자기 자신을 가리키는 대명사이고, 2인칭대명사는 화자가 청자를 가리키는 대명사이며, 3인칭대명사는 화자와 청자 이외의 제삼자를 가리키는 대명사이다.

○ 인칭대명사의 종류
가. 1인칭(단수): 나(내), 저(제), 본인
　　1인칭(복수): 우리, 저희
나. 2인칭(단수): 너, 자네, 당신, 그대
　　2인칭(복수): 너희, 자네들, 당신들, 그대들, 여러분
다. 3인칭(단수): 그, 그이, 그녀 / 이분, 그분, 저분 / 이이, 그이, 저이 /
　　　　　　　　이애, 저애, 그애
　　3인칭(복수): 그들, 그이들, 그녀들 / 이분들, 그분들, 저분들 /
　　　　　　　　이이들, 그이들, 저이들 / 이애들, 저애들, 그애들

3인칭대명사는 말하는 사람과 듣는 사람 이외에 이야기나 대화에 등장하는 사람을 가리킨다. 3인칭대명사는 다시 '이분, 그분, 저분'처럼 가리키는 대상이 명확한 정칭대명사와 앞에서 언급한 대상을 다시 가리키는 재귀대명사로 나뉜다. 재귀대명사는 동일한 단어의 중복을 피하기 위하여 그 단어를 대신하여 가리키는 대명사이다. 재귀대명사는 3인칭에만 나타나고, '저, 저희, 자기, 당신' 등이 이에 해당한다.

가. 철수는 <u>저</u>밖에 모른다.
나. 철수는 <u>자기</u> 이름도 못 쓴다.
다. 이 물건은 선친께서 물려주신 건데, <u>당신</u>이 무척 아끼시던 물건이었다.

한국어 대명사의 용법에서 특이한 것은 한국어 대명사 '우리'는 단순히 '나'의 복수만을 뜻하는 것이 아니라 '나'의 뜻으로 쓰기도 한다는 점이다. 즉, 자신이 속한 가족이나 소속 단체 등을 말하는 경우 가족이나 단체와 공유한다고 생각하여 단수가 아니라 복수형을 쓰는 경우가 많다. 예를 들어 '나의 집, 나의 엄마' 등으로 표현하지 않고 '우리 집, 우리 엄마' 등으로 표현한다.

지시대명사는 사물이나 방향, 장소 등을 가리키는 대명사를 말하고, 이는 다시 사물대명사와 장소대명사로 나뉜다.

○ 지시대명사의 종류
가. 사물대명사: 이, 그, 저, 이것, 저것, 그것, 무엇
나. 장소대명사: 여기, 거기, 저기, 이리, 그리, 저리, 어디

지시대명사는 화자와 청자와의 거리에 따라 근칭, 중칭, 원칭으로 나뉜다. 근칭대명사는 주로 '이'가 붙은 이것, 여기, 이리 등으로 화자에게 가깝거나 화자의 관심 대상을 가리킨다. 중칭대명사는 '그'가 붙은 그것, 거기, 그리 등으로 청자의 관심에 있거나, 청자에게 가까운 대상을 가리킨다. 원칭대명사는 주로 '저'가 붙은 저것, 저기, 저리 등으로 청자와 화자에게 모두 떨어져 있으면서 화자와 청자로부터 비슷하게 멀리 떨어진 대상을 가리킨다.

이 밖에 미지칭대명사와 부정칭대명사가 있다. 미지칭대명사는 대상은 정해져 있으나 누구인지 정확하게 모를 때 사용하는 대명사를 말하고, 누구, 아무, 아무개, 어느, 무엇 등이 있다. 부정칭대명사는 특정한 지시 대상이 없을 때 사용하는 대명사이고, 아무, 아무개 등이 있다. '누구'를 미지칭, '아무, 아무개'를 부정칭으로 구별하기도 하는데, 둘은 차이 없이

쓰이기도 하므로 둘을 묶어 부정칭으로 이해하기도 한다. 실제로 미지칭은 '(이)나'나 '도'와 같은 보조사가 결합하게 되면 부정칭으로 쓰이기도 한다.

> 가. 미지칭
> 　질문: 누구(강세) 기다리세요? ↘
> 　대답: 미영이를 기다려요.
> 나. 부정칭
> 　질문: 누구 기다리세요? ↗
> 　대답: 아니요, 그냥 쉬고 있어요.

　미지칭과 부정칭은 억양에 따라 달라지기도 한다. (가)의 '누구'는 미지칭이고, (나)의 '누구'는 부정칭이다. 미지칭으로 쓰이는 대명사는 주로 강세를 받으며 그 문장의 억양은 끝이 내려가는 경우가 많고, 부정칭의 대명사는 강세를 받지 않으며 그 문장의 끝이 올라가는 경우가 많다.
　대명사는 다음과 같은 특징을 지닌다. 첫째, 대명사는 조사와 결합되어 여러 문장 성분으로 쓰인다(가), 둘째, 대용성을 지닌다(나), 셋째, 상황 지시성을 지닌다(다), 넷째, 대명사는 관형사의 수식을 받는 데 제약이 있다(라).

> 가. 너가 그녀를 저기에서 만나는 것을 본 사람이 나이다.
> 　주어 목적어 부사어　　　　　　　　　서술어
> 나. 이민호, 이것이 나의 이름이다. / 너 언제 왔어? / 그는 유명한 배우이다.
> 　(이민호 = 나, 너, 그)
> 다. 나는 대한민국 사람이다.
> 　(나 = 김한글, 김대한, 김만세 …)
> 라. ① *저 그는 모범적인 국문과 학생이다.
> 　② *저 그들 / 젊은 그들

(다)에서 대명사 '나'는 상황에 따라 김한글일 수 있고, 김대한, 김민국, 김만세 등일 수도 있다. 이처럼 대명사는 화자를 중심으로 화자 자신이나 그 주변의 것을 지시하는 성질을 갖기 때문에 상황에 따라 다르게 해석된다. 이를 '상황 지시성'이라 한다. (라①)처럼 대명사는 관형사와 결합하지 않는다. 다만 (라②)처럼 대명사가 복수접미사 '-들'과 결합한 경우에는 용언의 관형사형어미와 결합하는 것이 가능하다.

3) 수사

수사는 명사의 수량이나 순서를 나타내는 단어들의 묶음이다. 수사는 통사적인 기능 면에서 명사와 유사하지만, 사물의 실질 개념을 나타내지 못하고 상황에 따라 특정한 명사의 수를 대신해서 나타낸다. 수사에는 수량을 나타내는 양수사와 순서를 나타내는 서수사가 있다. 양수사와 서수사는 둘 다 고유어 계열과 한자어 계열이 있다.

○ 수사의 종류
가. 양수사
  고유어계: 하나, 둘, 셋, 넷, 다섯, 여섯, 일곱, 여덟, 아홉, 열, ...
  한자어계: 일, 이, 삼, 사, 오, 육, 칠, 팔, 구, 십, ...
나. 서수사
  고유어계: 첫째, 둘째, 셋째, 넷째, 다섯째, 여섯째, 일곱째, 여덟째, 아홉
          째, 열째, 열한째, 열두째, ...
  고유어계: 제일, 제이, 제삼, 제사, 제오, 제육, 제칠, 제팔, 제구, 제십, ...

고유어 서수사는 '둘째, 셋째, 넷째, 다섯째'처럼 수량을 나타내는 말 다음에 '-째'를 붙여 만든다. 다만 '첫째, 열한째, 열두째, 스무째, 스물두째'처럼 그 모습이 조금 달라지는 것도 있다. 한자어 서수사는 보통 수량을 나타내는 한자어 수사 앞에 '제(第)-'를 붙여서 만든다.

수사는 다음과 같은 특징을 지닌다. 첫째, 수사는 조사와 결합되어 여러 문장 성분으로 쓰인다(가), 둘째, 수사는 복수접미사와 결합하지 않는다(나), 셋째, 수사는 체언이지만 관형사와 관형사형어미의 수식을 받지 않는다(다), 넷째, 수사는 명사의 앞이나 뒤에 자유롭게 놓일 수 있다(라), 다섯째, 수사가 단위성 의존명사와 함께 쓰이는 경우, '명사+수사+단위성 의존명사' 순서나 '수사+단위성 의존명사+의+명사' 순서로 연결되어 쓰인다(마).

가. ① 우산 셋이 나란히 걸어갑니다. (수사)
　　② 사과 한 개를 먹었다.　　　　(수관형사)
나. *하나들이 있다. / *첫째들이 있다.
다. *새 하나 / *첫 둘
라. ① 다섯 학생이 왔다.　(수사+명사)
　　② 학생 다섯이 왔다.　(명사+수사)
마. ① 구두 한 켤레　　　(명사+수사+단위성 의존명사)
　　② 한 켤레의 구두　　(수사+단위성 의존명사+의+명사)

나. 관계언: 조사

조사는 품사 가운데 유일한 의존 형태이다. 조사는 자립성이 없는 만큼, 문장에서 자립형태소에 붙어 그 말과 다른 말과의 문법적 관계를 나타내거나 특별한 뜻을 더해주는 단어의 묶음이다. 조사는 형태상으로 활용하지 않지만, 서술격조사는 활용한다. 의미상으로 격조사와 접속조사는 구체적인 의미가 없으나 보조사는 구체적인 의미가 있다. 기능상으로 격조사는 붙는 말이 서술어에 대해서 가지는 문법적인 기능을 나타내고, 접속조사는 두 단어를 같은 자격으로 이어주는 역할을 담당한다.

1) 격조사

격이란 한 문장의 구성 성분이 되는 명사 또는 명사 구실을 하는 말이 서술어에 대해서 가지는 문법적 역할 또는 기능을 말하고, 이러한 격을 표시해 주는 문법 형태를 격조사라고 한다. 한국어 격조사에는 주격, 서술격, 목적격, 보격, 관형격, 부사격, 호격 조사가 있다. 주격, 서술격, 목적격(대격), 보격, 관형격조사(속격)는 문법적인 관계만을 나타내는데 반하여 부사격조사와 호격조사는 의미적 관계를 함께 나타내기도 한다.

가. 주격조사: 문장의 주어를 표시해 주는 표지로, '이/가, 께서, 에서'가 있다.
나. 서술격조사: 체언 뒤, 때로는 부사, 용언 뒤에 쓰여 서술어임을 표시해 주는 표지로, '이다'가 있다.
다. 목적격조사: 서술어의 목적어가 되는 성분을 표시해 주는 표지로, '을/를'이 있다. 목적격조사는 서술어인 '어찌한다'의 대상이나 상대, 선택물 등을 나타내는 '무엇을'의 자리에 놓인다.
라. 보격조사: 문장의 보어 성분을 표시해 주는 표지로 '이/가'가 있다.
마. 관형격조사: 앞에 오는 명사나 명사 구실을 하는 말이 뒤에 오는 명사를 수식하는 기능을 나타내는 표지로, 관형격 조사는 '의' 하나뿐이다. 관형격조사는 많은 경우에 생략되나, 생략되지 않는 경우도 있다.
바. 부사격조사: 명사나 명사 구실을 하는 말이 용언을 수식하는 기능을 함을 나타내는 표지이다. 부사격조사에는 처소(에, 에서, 한테, 께, 에게), 도구(로서, 로), 자격(로, 로서), 지향점(로, 에), 원인(에), 시간(에), 소재지(에), 낙착점(에, 에게), 출발점(에서, 에게서, 한테서), 비교(처럼, 만큼, 대로, 하고, 와/과, 보다), 여동(하고, 와/과), 변화(으로, 이/가), 인용(고, 라고) 등이 있다.
사. 호격조사: 부름을 나타내는 표지로서 '아/야, 이여, 이시여' 등이 있다.

서술격조사 '이다'는 다음과 같은 특징을 지닌다. 첫째, 서술격조사는 다른 조사와는 달리 '이고, 이며, 이니' 등으로 활용한다(가), 둘째, 선행어의 말음이 모음인 경우에는 활용에서 활용 어간이 생략 가능하다(나), 셋째, 체언이 아니더라도 '이다'가 붙으면 서술어 기능을 하게 된다(다).

> 가. 영수는 {학생이다, 학생이고, 학생이며, 학생이니}
> 나. 이 나무는 소나무(이)다.
> 다. ① 출발은 집에서부터(이)다.
>   ② 그녀가 좋아서(이)다.

둘 이상의 명사로 이루어진 명사구 구성에서 관형격조사는 생략이 되기도 하지만 그렇지 않은 경우도 있다. '의'를 넣으면 어색하여 '의'를 생략하는 명사구 구성이 있고, '의'가 수의적으로 생략되거나 혹은 '의'가 반드시 있어야 하는 명사구 구성이 있다.

> 가. 담임 선생님, 구두 끈, 한국 요리
> 나. 어머니(의) 성경책, 서울(의) 거리, 청소년(의) 언어문화
> 다. 민수의 책, 그의 얼굴, 책의 저자, 제복의 단점, 계절의 여왕, 한국 경제의 문제점

아래 예문 (가)에서 조사 '가'는 주격조사지만, 상황에 따라서는 '강조'의 의미를 가지기도 한다. 이러한 의미는 (나)에서도 확인된다. 여기에서 '를'은 목적격 기능을 하는 것이 아니라 일종의 어휘성을 지녀 강조의 의미를 나타낸다.

> ○ 강조의 격조사: '이/가, 을/를'이 주어나 목적어가 아닌데도 붙는 경우가 있는데, 이는 격의 기능이 아니라 강조의 기능을 나타낸다.
> 가. 이 집 음식은 맛있지가 않다.
> 나. 오늘 날씨는 덥지를 않다.

참고 '이다'를 설명하는 다양한 견해가 있다.

가. '이다'는 체언이 서술어로서의 기능을 하는 것을 나타내는 서술격조사로
   보는 견해

나. '학생이다'에서 '이'는 선행어인 '학생'을 용언으로 바꾸어주는 접미사
   로 보는 견해

다. '이것은 책이다.', '이것은 책이 아니다.'의 '이다, 아니다'를 하나의 품사인
   지정사로 보는 견해. 이런 경우 '이-', '아니-'는 어간, '-다'는 어미가 된다.

1963년에 제정된 문교부의 《학교문법통일안》에는 '이다'가 서술격조사
로 처리된 이후, 국어교과서에는 서술격조사로 설명되고 있다. '아니다'는
자립성을 갖는 형용사로 설명한다.

2) 보조사

보조사는 앞말에 특별한 의미를 덧붙이거나 말하는 사람의 태도를 표
시할 때 사용한다. 보조사는 체언뿐만 아니라 부사나 어미, 어근에도 붙
을 수 있다.

가. 우리만 놀이동산에 가서 미안하다.
나. 비가 몹시도 내린다.
다. 공부하겠다는 마음을 먹어는 보았다.
라. 방이 깨끗도 하다.

한편, 보조사가 있는 문장 성분은 그 보조사를 격조사로 바꾸어 살펴
야 한다.

가. 사과는 맛이 있다.   (주어)
나. 내가 사과는 좋아한다. (목적어)
다. 이것이 사과는 아니다. (보어)

보조사는 여러 기준에 따라 분류된다. 먼저 의미에 따라 표별조사와 협수조사로 나뉜다. 표별조사는 부류들과 다름을 나타내는 조사이고, 협수조사는 부류등과 같음을 나타내는 조사이다. 대표적인 보조사로 다음과 같은 것들이 있다.

○ 표별조사
은/는(주제, 대조); 만, 뿐(단독); 부터(시작); 밖에(더없음); 이나/나, 이든지/든지, 이라도/라도(선택); 이나마/나마(불만); 이야(말로)/야(말로)(특수); 은커녕/는커녕(물론); 인들/들(비특수); 을랑/랑(지적)

○ 협수조사
도(동일); 까지(미침); 마다(균일); 마저, 조차(추종); 서껀(여럿), 대로, 같이(같음)

위에 제시된 보조사 가운데 보조사 '은/는'의 용법을 살펴보면 다음과 같다. 첫째, 보조사 '은/는'과 주격조사 '이/가'를 대비하여 보면, '이/가'가 새로운 정보를 전달해 주는 기능을 갖는데 비하여 '은/는'은 이미 알려진 정보를 나타낸다. 이와 같은 '은/는'의 특성을 한정성(definiteness)이라 하는데, 앞에서 언급되었거나 묵시적으로 화자와 청자가 이미 인식하고 있는 대상에 '은/는'이 연결되어 쓰이면 주제어(혹은 화제)가 된다. 둘째, 문두에서라도 강조되어 발음되거나, 문장 중간에서 쓰이거나, 부사나 용언의 활용형에 연결되는 '은/는'은 '대조(對照)'를 나타낸다. 셋째, '은/는'은 내포문의 주어 자리에 연결되지 않는다.

가. 사람은 이성적 동물이다.
나. 산은 높고, 바다는 넓다.
다. 어제 {민호가, *민호는} 시험에 합격했다는 소식을 들었다.

보조사는 붙는 위치에 따라 문장 성분 뒤에 오는 성분보조사, 문장 끝에 붙는 종결보조사, 그리고 문장 성분에도 붙고 문장 끝에도 붙는 통용보조사로 나뉜다.

가. 여기에서는 낚시를 하면 안 됩니다.　　(성분보조사)
나. 눈이 옵니다그려.　　　　　　　　　(종결보조사)
다. 제가요, 지금요, 선생님께요, 갈게요.　(통용보조사)

3) 접속조사

접속조사는 두 단어를 대등하게 이어주는 조사를 말한다. 접속조사에는 '과/와', '하고', '이고', '이며', '이랑', '에', '하며' 등이 있다. '와/과'는 구어와 문어에서 두루 사용되고, '하고', '이고', '이며', '이랑', '에', '하며' 등은 주로 구어에서 사용된다.

가. 철수는 밥과 떡을 먹었다.
나. 철수는 밥하고 떡하고 먹었다.
다. 밥이고 떡이고 다 먹었다.
라. 밥이며 떡이며 다 먹었다.
마. 밥이랑 떡이랑 많이 먹었다.
바. 밥에 떡에 없는 게 없더라.
사. 밥하며 떡하며 많이 먹었다.

(가~사)처럼 접속조사는 동등한 자격의 명사 '밥'과 '떡'을 이어줄 때 사용된다. 이때 '와/과'는 마지막 명사에는 붙지 않지만, '하고', '이랑' 등은 마지막 명사에 붙을 수도 있고 붙지 않을 수도 있다.

가. *철수는 밥과 떡과 먹었다.
나.　철수는 밥하고 떡을 먹었다.
다.　밥이랑 떡을 많이 먹었다.

조사 '와/과'는 서술어에 따라 쓰임이 다르기 때문에 주의해야 한다.

　가. ① 철수는 영희와 결혼했다. (여동부사격)
　　　② 철수와 영희는 결혼했다. (접속조사)
　나. ① 배는 사과와 다르다.　　(비교부사격)
　　　② 배와 사과는 다르다.　　(접속조사)

다. 용언: 동사, 형용사

　용언은 문장의 주체를 서술하는 기능을 하는 단어이다. 용언은 어미 '-다'가 붙는 기본형을 갖고, 어간에 다양한 어미가 결합하는 특징이 있다. 또한 용언은 부사어의 수식을 받을 수 있다. 용언에는 동사와 형용사가 있다.

1) 동사

　동사는 주어가 되는 말의 움직임이나 작용을 나타내는 단어들의 묶음이다. 동사는 다시 움직임이 주어에만 미치는 자동사와 주어 이외의 목적어에도 미치는 타동사로 나뉜다.

　가. 아기가 <u>잔다</u>.　　　　(자동사)
　나. 아기가 밥을 <u>먹는다</u>.　(타동사)

　동사는 그 어간이 여러 가지 형태로 굴절하여 다양한 문법적 기능을 담당하는 것이 주요 특징이다. 한 언어에서 하나의 동사가 가질 수 있는 활용형의 수는 대개 일정하며 이 활용형들의 집합을 계열이라고 한다. 그런데 동사 중에는 동사가 갖는 활용형을 다 갖지 못하고 몇 가지와만 결합하여 불완전한 계열을 갖는 동사가 있다. 이를 '불완전동사'라고 한다. 불완전동사의 예로는 '가로다, 데리다, 달다, 더불다' 등이 있다. '가로다'는 '말하다, 이르다'의 의미를 갖는 자동사로 '가로되'로만 활용하고, '데리다'는 '거느리다, 있게 하다'의 의미를 갖는 타동사로, '데리고, 데리어/데려라'로만 활용한다. '달다'는 해라체의 명령형으로 '다오, 달라'로만 활용한다. '더불다'는 '더불고, 더불어, 더불어서'로만 활용한다.

2) 형용사

형용사는 사람이나 사물의 속성이나 상태를 나타내는 단어들의 묶음이다. 형용사는 성상형용사와 지시형용사로 나뉜다. 성상형용사는 주체의 성질이나 상태를 나타내는 형용사이고, '곱다, 달다, 아름답다, 향기롭다' 등이 이에 속한다. 지시형용사는 사물의 성질이나 모양, 수량 따위가 어떠하다는 것을 형식적으로 나타내는 형용사이다. '이러하다, 그러하다, 저러하다' 등은 지시하는 대상이 분명한 것이고, '어떠하다, 아무러하다 (아무렇다)' 등은 지시 대상이 불명확한 것이다.

　　가. 딸기가 달다.
　　나. 꽃냄새가 향기롭다.
　　다. 사람의 하는 일은 언제나 이러하다.
　　라. 세상 일이 다 그렇다.
　　마. 책의 내용이 어떠합니까?

참고 **동사와 형용사 구별**

　가. '-ㄴ(는)다'(현재형)와 결합 유무
　　　밥을 먹는다(동사) / *산이 높는다(형용사)
　나. 관형사형 '-는'의 활용 유무
　　　밥을 먹는 사람(동사) / *높는 산의 아름다움(형용사)

다. '-어라'와의 결합 의미

　먹어라(명령형) / 아름다워라(감탄형)

다. 청유형인 '-자'와 결합 유무

　가자(동사) / *성실하자(형용사)

라. '-려'(의도)나 '-러'(목적)와 결합 유무

　공을 차려 한다. 책을 사러 간다. (동사)

　*아름다우려, *예쁘러 화장을 한다. (형용사)

마. '-고 있-'(진행)과 결합 유무

　밥을 먹고 있다(동사) / *산이 높고 있다(형용사)

참고 있다, 없다, 계시다 품사 구별

'있다, 없다, 계시다'와 같은 단어의 품사가 문제가 되고 있다. 이들 단어의 품사를 구별하기 위해서 활용법을 적용해 보면 된다.

단어	평서형	의문형	명령형	청유형	판정
있다	*있는다	있느냐?	있거라	있자	동사
계시다	계신다	계시느냐?	계십시오	계시자	동사
없다	*없는다	없느냐?	*없어라	*없자	형용사

'있다, 계시다'는 의문형, 명령형, 청유형이 다 가능하나 '없다'는 그것 중 일부가 불가능하다. 따라서 '있다(머물다)', '계시다'는 동사, '없다'는 형용사로 판정한다. 다만, '있다'가 존재하는 상태의 의미일 경우에는 형용사이다. (예) *신이 있어라. *증거가 있자.)

3) 보조용언: 보조동사, 보조형용사

본용언은 문장에서 의미의 중심이 되는 용언으로서 스스로 자립하여 실질적인 의미를 나타내는 용언을 말하고, 보조용언은 자립성이 없어 반드시 다른 용언의 뒤에 붙어서 그 의미를 더하여 주는 용언을 말한다.

본용언과 보조용언의 구별 방법은 다음과 같다. 첫째, 활용어가 두 개이상 연이어 있는 경우, 앞에 있는 활용어는 본용언이다(가), 둘째, 둘째이하의 활용어가 단독으로 서술어가 될 수 없으면 보조용언이다(나), 셋째, 본용언에 다른 어미가 결합하거나 다른 성분의 단어가 삽입될 수 있으면 '본용언+본용언' 구성이다.

가. 아마 <u>책인가</u> <u>보다</u>
나. 철수를 따라가고 <u>싶다</u>. → *철수를 <u>싶다</u>.
다. ① 민호는 잘못된 서류를 찢어 버렸다.
　　② 민호는 잘못된 서류를 찢어서 휴지통에 버렸다.

본용언과 보조용언은 '-아/어, -고, -지' 등으로 연결되고, 보조용언에는 동사처럼 활용하는 보조동사와 형용사처럼 활용하는 보조형용사가 있다. 대표적인 보조용언을 제시하면 다음과 같다.

○ 보조동사
① 부정: (-지) 아니하다, 못하다, 말다
② 사동: (-게) 하다, 만들다
③ 피동: (-어) 지다, 되다
④ 진행: (-어) 가다, 오다, (-고) 있다
⑤ 종결: (-어) 나다, 내다, 버리다
⑥ 봉사: (-어) 주다, 드리다, 바치다, 달다
⑦ 시도: (-어) 보다
⑧ 강조: (-어) 대다
⑨ 보유: (-어) 두다, 놓다, 가지다
⑩ 소망: (-고) 싶어하다

⑪ 단행: (-지) 말다

○ 보조형용사
① 희망: (-고) 싶다, 지다
② 부정: (-지) 아니하다, 못하다
③ 추측: (-는가, -나) 싶다, 보다
④ 상태: (-어) 있다

보조동사와 보조형용사도 구별할 수 있다. 이들 역시 동사와 형용사의 일반적인 구별 방법을 적용해 보면 된다. 즉, '-는-, -ㄴ-'이나 '-고 있-'이 붙을 수 있으면 보조동사이고, 그렇지 못하면 보조형용사이다.

가. 책을 읽어 보다.   (보조동사)
나. 더운가 보다. 가는가 보다.   (보조형용사)

이때 동사 뒤에는 보조동사, 형용사 뒤에는 보조형용사가 반드시 오는 것만은 아니다. 동사 뒤에도 보조형용사, 형용사 뒤에도 보조동사가 올 수 있다.

가. 잠을 자고 싶다.   (동사+보조형용사)
나. 높이를 높게 한다.   (형용사+보조동사)

한편, '아니하다, 못하다'는 본용언의 품사에 따라 보조동사와 보조형용사가 된다.

가. 가지 못하다.   (가다:동사, 못하다:보조동사)
나. 곱지 못하다.   (곱다:형용사, 못하다:보조형용사)

4) 용언의 활용

용언이 일정한 문법적 관계를 나타내기 위하여 어간에 어미를 여러 가지로 바꾸는 현상을 '활용'이라고 한다. 활용할 때 어휘적인 의미를 가지며 변하지 않는 부분을 '어간'이라 하고, 문법적 의미를 담당하며 변하는 부분을 '어미'라고 한다. 활용하는 단어에는 동사, 형용사, 서술격 조사 '이다'가 있다.

활용형은 문장에서의 기능에 따라 종결형, 연결형, 전성형으로 나뉜다. 종결형은 문장을 끝맺는 활용을 말하고 연결형은 문장을 연결시키는 활용을 말하며 전성형은 문장의 기능을 전성시키는 것을 말한다.

가. ① 무궁화가 <u>예쁘다</u>.
　　② 무궁화가 <u>예쁘냐</u>?
나. ① 무궁화가 <u>예쁘고</u> 아름답다.
　　② 무궁화가 참 <u>예쁘기도</u> 하다.
다. ① <u>예쁜</u> 무궁화가 많이 피었다.
　　② 무궁화가 <u>예쁘게</u> 피었다.

(가)는 종결형에서의 활용, (나)는 연결형에서의 활용, (다)는 전성형에서의 활용을 보여 주고 있다.

활용하는 경우 어간은 항상 같은 형태를 유지하고, 문법적 기능을 담당하는 어미만 교체된다. 이와 같이 활용할 때 어간과 어미의 형태가 달라지지 않는 활용을 '규칙 활용'이라고 한다. 활용에서 어간이나 어미가 정상에서 벗어나는 경우라도, 거기에 음운규칙으로 설명할 수 있는 것은 규칙 활용으로 규정한다. 그런데 용언에 따라서는 활용할 때, 어간이 변하거나 어미가 기본 형태에서 벗어나는 경우가 있다. 이러한 활용을 '불규칙 활용'이라 한다. 불규칙 활용은 어간이 바뀌는 것, 어미가 바뀌는 것, 어간과 어미가 함께 바뀌는 것이 있다.

'어간 + -다'의 형태를 용언의 기본형이라고 한다. 예컨대, '먹다, 놀다, 먹이다, 먹히다, 깨뜨리다, 먹고, 먹지, 놀고, 놀지, 깨뜨리고, 깨뜨리지'에서 기본형만 고르면 '먹다, 놀다, 먹이다, 먹히다, 깨뜨리다'이다.

가) 어간의 바뀜

종류	바뀜의 양상	불규칙	규칙
'ㅅ' 불규칙	어간의 끝소리 ㅅ이 모음 앞에서 탈락 (예) 긋+어→ 그어	긋다, 낫다, 붓다, 잇다, 젓다, 짓다	벗다→벗어 빼앗다, 씻다, 솟다
'ㄷ' 불규칙	어간의 끝소리 'ㄷ'이 모음 앞에서 'ㄹ'로 바뀜 (예) 걷+어→걸어	걷다, 깨닫다, 듣다, 묻다(누구에게), 싣다	닫다→닫아 묻다(땅에), 믿다, 쏟다, 얻다
'ㅂ' 불규칙	어간의 끝소리 'ㅂ'이 모음 앞에서 '우/오'로 바뀜 (예) 굽+아→구워, 돕+아→도와	굽다, 눕다, 돕다, 줍다	뽑다→뽑아 씹다, 입다, 잡다, 접다
'르' 불규칙	어간의 끝소리 'ㅡ'가 떨어지면서 'ㄹ'이 덧생김 (예) 흐르+어→흘러	고르다, 기르다, 모르다, 오르다, 이르다, 빠르다, 흐르다	치르다(값을)→치러, 따르다
'우' 불규칙	어감의 '우'가 모음 어미 앞에서 탈락 (예) 푸+어→퍼	푸다	주다→주어

나) 어미의 바뀜

종류	바뀜의 양상	불규칙	규칙
'여' 불규칙	어미의 첫소리 '어'가 '여'로 바뀜 (예) 하+어→하여	'하다'와 '하다'와 결합한 모든 용언	막다→막아

종류	바뀜의 양상	불규칙	규칙
'러' 불규칙	어미의 첫소리 '어'가 '러'로 바뀜 (예) 이르+어→이르러	이르다, 누르다 [黃], 노르다, 푸르다	치르다→치러
'너라' 불규칙	명령형 어미 '어라'가 '너라'로 바 뀜 (예) 오+아라→오너라	오다	울다→울어라
'오' 불규칙	명령형 어미 '아라'가 '오'로 바뀜 (예) 달+아라 (→ 달+오) → 다오	달다	주다→주어라

다) 어간과 어미가 바뀜

종류	바뀜의 양상	불규칙	규칙
'ㅎ' 불규칙	어간의 'ㅎ'이 탈락하고 어미의 모습이 바뀜 (예) 파랗+아→파래, 파랗+ㄴ→ 파란	파랗다, 노랗다, 하얗다	좋다→좋아 많다→많아

　　불규칙 활용은 규칙활용이 전제된 상태에서 그 규칙에 어긋나는 활용을 하는 것을 말한다. '으' 탈락과 'ㄹ' 탈락은 어간의 형태가 바뀌지만 이러한 변화가 음운 규칙에 따른 것이어서 규칙활용으로 처리한다.

　○ '으' 탈락 규칙
　모음 '으'로 끝나는 동사의 어간 뒤에 자음으로 시작하는 어미가 붙으면 '으'는 탈락하지 않는다. 반면 '아/어'로 시작되는 어미가 그 뒤에 붙으면 '으'가 탈락한다. 이는 어미 '아/어' 앞에서 모음 충돌을 막기 위해 어간의 일부인 '으' 소리를 떨어뜨린 것이다.

　　쓰어>써, 끄어>꺼, 담그아>담가, 아프아>아파, 따르아>따라 등

○ 'ㄹ' 탈락 규칙

'ㄹ'로 끝나는 동사의 어간 뒤에 어미 '-ㄴ, -ㅅ'으로 시작하는 어미나 '-ㄹ' 관형사형 어미, 그리고 '-ㅂ니다, -오' 등으로 시작되는 어미가 붙으면 이 'ㄹ'이 탈락한다.

울+는→우는, 울+니→우니, 울+ㅂ니다→웁니다, 울+오→우오,

울+시+고→우시고, 울+세→우세, 울+ㄹ수록→울수록

울다, 알다, 살다, 놀다, 불다, 갈다 등

5) 어미

어미에는 어말어미와 선어말어미가 있다. 어말어미(語末語尾)란 단어 끝에 와서 단어를 완성시키는 어미를 말하고, 선어말어미(先語末語尾) 란 어간과 어말어미 사이에 오는 어미로서 단어를 완성시키지는 못하는 어미를 말한다. 어말어미에는 종결어미, 연결어미, 전성어미 등이 있고, 선어말어미에는 시제 선어말어미, 높임 선어말어미 등이 있다.

가) 어말어미

○ 종결어미: 문장을 끝맺는 어미
• 간다 / 가는구나 / 가느냐 / 가라 / 가자

○ 연결어미: 문장이나 단어를 연결하는 어미
• 대등적 연결어미: 산은 높다. + 물은 맑다.→ 산은 높고 물은 맑다.
• 종속적 연결어미: 봄이 온다. + 꽃이 핀다.→ 봄이 오면 꽃이 핀다.
• 보조적 연결어미: 본용언과 보조용언을 있어 주는 어미이다.
　　　　　　　　'-아/어, -게, -지, -고' 네 개가 있다.
　　　　　　　　철수는 집에 가게 되었다.

○ 전성어미: 한 문장의 성격을 바꾸는 어미
- 명사형: 철수는 학원에 가기 싫어한다.
- 관형사형: 예쁜 꽃이 활짝 피었다.
- 부사형: 꽃이 아름답게 피었다.

나) 선어말어미

선어말어미는 개방 형태소로 어간과 어말어미 사이에 들어가며, 높임이나 시간 표현과 같은 문법범주를 형성하는 데 참여한다. 선어말어미는 '가다'처럼 없는 경우도 있고, '가시었겠고'처럼 여러 개로 이루어질 수도 있다. 사동, 피동, 강세의 접사가 단어형성에 참여하는 것과 비교하면 차이가 있다.

○ 높임 선어말어미의 갈래

기능	형태	예
주체 높임	-(으)시-	가시다, 연구하시다, 좋으시다
공 손	-삽-[15]	먹삽고, 받자웁고, 하오니

○ 시제 선어말어미의 갈래

기능	형태	동사 예	형용사 예
현재	-는-/-ㄴ-	잡는다, 온다	*좋는다, *덥는다
과거	-았-/-었-	잡았다, 왔다	좋았다, 더웠다
미래	-겠-	잡겠다, 오겠다	좋겠다, 덥겠다
과거(회상)	-더-	잡더라, 오더라	좋더라, 덥더라

---

[15] '-삽-'은 '-읍-', '-오-', '-사옵-', '-잡-' 등의 이형태를 가지고 있다.

선어말어미의 차례는 고정되어 있다. 즉, '가시었다'처럼 높임의 선어말어미는 시간의 선어말어미보다 앞서야 한다.

라. 수식언: 관형사, 부사

수식언은 관형사와 부사처럼 다른 말을 수식하는 기능을 가진 말을 일컫는다. 관형사는 체언 앞에서 주로 명사를 꾸며 주며, 부사는 용언이나 문장을 수식하는 기능을 한다.

1) 관형사

관형사란 주로 체언 앞에 놓여서 그 내용을 꾸며주는 말로서 어미 변화를 하지 않는 불변화사이다. 그리고 관형사에는 조사가 붙을 수 없다.

관형사는 성상관형사(性狀冠形詞), 지시관형사(指示冠形詞), 수관형사(數冠形詞)로 나뉜다. 성상관형사는 체언이 가리키는 사물의 성질이나 상태를 꾸며 주는 관형사를 말하고, 지시관형사는 지시성이 있는 관형사이며, 수관형사는 뒤에 오는 명사나 의존 명사와 어울려 앞에 오는 명사의 수량을 표시하는 관형사이다.

> 가. <u>새</u> 마음, <u>헌</u> 옷, <u>첫</u> 학기, <u>옛</u> 노래　　　　　　　　　(성상관형사)
> 나. {<u>이, 그, 저</u>} 아이, {<u>이런, 그런, 저런</u>} 일, 어떤, 무슨, 다른 (지시관형사)
> 다. <u>한</u> 사람, 배 <u>두</u> 척, 강아지 <u>세</u> 마리, <u>모든</u> 학생, <u>전</u> 생애　　(수관형사)

관형사는 다음과 같은 특징을 지닌다. 첫째, 관형사는 문장 성분상 관형어로만 쓰인다(가), 둘째, 체언을 수식하는 관형사들은 일정한 순서를 따르게 된다. (나), 셋째, 관형사는 대명사와 형태가 같다(다), 넷째, 관형사는 수사와 형태가 유사하다(라), 다섯째, 관형사와 용언의 관형사형이 같은 형태일 수 있다(마), 여섯째, '-的'이 붙어 된 말은 관형사, 명사, 부사로 사용된다(바).

가. 새 마음, 의 아이, 한 사람
나. ① 철수는 의 새 옷을 좋아한다.   (지시관형사+성상관형사)
　　② 의 두 사람이 내 친구야.   (지시관형사+수관형사)
　　③ 할머니께서는 흘러간 모든 옛 노래를 즐겨 부르셨다.
　　　　　　　　　　　　　　　(수관형사+성상관형사)
　　④ 의 모든 새 돈이 내 것이었으면 좋겠다.
　　　　　　　　　　　　　(지시관형사+수관형사+성상관형사)
다. ① 의보다(대명사) / ② 의 사람(관형사)
라. ① 사람 다섯이(수사) / ② 다섯 사람(관형사)
마. ① 다른 나라에서 유입된 문화는 우리 전통 문화와는 다른 점이 있다.
　　　관형사　　　　　　　　　　　　　　　　　형용사
　　② 영미는 첫 학기라 새 마음으로 등교하였다.   (관형사)
　　③ 노란 장미와 빨간 장미가 화단 가득히 피었다. (형용사)
바. ① 적극적 연구 활동이 활발하다.   (관형사)
　　② 적극적으로 계획을 추진하였다.   (명사)
　　③ 비교적 좋다, 가급적 빨리 오너라.   (부사)

(나)처럼 관형사는 다른 관형사를 꾸며주지는 못하지만 명사 앞에 여러 개의 관형사가 연달아 나타날 수 있다. 하나의 명사를 여러 개의 관형사가 연달아 꾸미는 경우에는 '지시관형사+성상관형사', '지시관형사+수관형사', '수관형사+성상관형사', '지시관형사+수관형사+성상관형사'로 순서로 연결된다.

(다)에서 보듯이 '이, 그, 저'는 대명사와 관형사의 형태가 동일하다. 이때 조사가 붙을 수 있으면 대명사이고, 조사가 붙을 수 없으면 관형사이다. (라)에서 보듯이 수관형사는 '다섯'을 사나타낼 때 수사와 형태가

동일하다. 이 경우도 조사가 붙을 수 있으면 수사이고, 조사가 붙을 수 없으면 관형사이다.

(마)에서 '다른'은 둘 다 뒤에 오는 명사를 꾸미는 관형어이다. 하지만 품사는 다르다. '다른'이 서술성이 있으면 형용사가 관형사형 전성어미가 결합된 형태이고, 서술성이 없으면 관형사가 된다. (바)에서 '-的'이 붙어 된 말에 조사가 결합하지 않으면 관형사이고(①), 조사가 결합하면 명사이다(②). 그리고 용언 또는 부사 앞에 오면 부사이다(③).

> **참고** 수사, 수관형사
>
> 수사와 수관형사는 대체로 동일한 체계로 되어 있다. 단, 수관형사는 형태론적 변이를 겪는 변이형태가 많이 쓰인다는 점이 수사와 다르다.
>
> 가. 양수사
> * 하나, 둘, 셋, 넷, 다섯, 여섯, 일곱, 여덟, 아홉, 열,..
> * 일, 이, 삼, 사, 오, 육, 칠, 팔, 구, 십,..
> 나. 서수사
> * 첫째, 둘째, 셋째, 넷째, 다섯째, 여섯째, 일곱째, 여덟째, 아홉째, 열째,..
> * 제일, 제이, 제삼, 제사, 제오, 제육, 제칠, 제팔, 제구, 제십,..
> 다. 수관형사
> * 한, 두, 세, 네, 다섯, 여섯, 일곱, 여덟, 아홉, 열,...
> * 서 + 돈, 말, 발, 푼
> * 석 + 냥, 되, 섬, 자

2) 부사

부사는 주로 뒤에 오는 용언을 꾸며 주는 말로서, 어미 활용을 하지 않는 불변화사이다. 부사에는 조사가 붙을 수 없지만 보조사는 붙을 수 있다.

　부사는 한 문장의 성분을 꾸며 주는 성분부사(成分副詞)와 문장 전체와 관련이 있는 문장부사(文章副詞)로 나뉜다. 그리고 성분부사는 다시 피수식어를 '어떻게'의 방식으로 수식하는 성상부사(性狀副詞)와 장소, 시간, 앞에 나온 말을 가리키는 지시부사(指示副詞), 소리나 모양을 흉내 내는 의성·의태부사, 그리고 용언의 의미를 부정하는 부정부사(不定副詞)로 나뉜다. 문장부사는 화자의 태도와 관련된 양태부사(樣態副詞)와 문장이나 단어를 있어 주는 접속부사(接續副詞)로 나뉜다.

　　가. 오늘은 날씨가 <u>매우</u> 차다.　　　　　　　　　　　(성상부사)
　　나. <u>이리</u> 오너라. <u>내일</u> 만납시다.　　　　　　　　　(지시부사)
　　다. 파도 소리가 <u>철썩철썩</u> 들린다. <u>울긋불긋</u> 물든 산　(의성·의태부사)
　　라. 아직 <u>안</u> 일어나다. <u>못</u> 보았다.　　　　　　　　(부정부사)
　　마. <u>설마</u> 거짓말이야 하겠니?　　　　　　　　　　　(양태부사_의혹)
　　바. ① 지구는 돈다. <u>그러나</u> 아무도 믿지 않았다.　　(문장 접속)
　　　　② 비행기 <u>또는</u> KTX로 가는 것이 좋다.　　　　(단어 접속)

　부사는 다음과 같은 특징을 지닌다. 첫째, 부사는 형태상으로 보면 접미사에 의하여 파생된 부사와 접미사가 없는, 본래부터 부사인 것이 있다(가), 둘째, 부사는 본래 조사를 덧붙여 쓰이지 않으나, 어떤 뜻을 더하거나 강조하기 위하여 보조사를 취할 수 있다(나), 셋째, 부사는 용언(동사, 형용사), 부사, 명사, 수사, 관형사, 구, 절 등도 수식한다(다), 넷째, 부사는 수식을 받는 말 바로 앞에 오는 것이 원칙이다. 그러나 부사와 수식을 받는 말이 떨어져 있는 경우도 있다(라).

　　가. ① 깨끗이, 가까이, 틈틈이, 극히, 정확히　(파생부사)
　　　　② 매우, 겨우, 아주, 여기　　　　　　　(부사)

나. 그는 밥을 잘도 먹는다.

다. ① 철수는 학교에 빨리 왔다.   (동사)

    ② 밥 먹는 모습이 참 예쁘다.   (형용사)

    ③ 비가 몹시 많이 온다.   (부사)

    ④ 철수는 매우 부자다.   (명사)

    ⑤ 철수는 겨우 하나를 먹었다.   (수사)

    ⑥ 아버지께서는 아주 새 차를 사셨다. (관형사)

    ⑦ 들에 핀 꽃이 여간 탐스럽지 않다.   (구)

    ⑧ 과연 그게 사실일까?   (문장)

라. ① 당신을 정말로 사랑해.

    ② 정말로 당신을 사랑해.

    ③ 당신을 사랑해 정말로.

마. 독립언: 감탄사

독립언에는 감탄사 외에도 '영희야'처럼 체언에 호격조사가 붙는 경우와 '청춘, 이는 듣기만 하여도'처럼 제시어를 포함된다.

아, 아름다운 밤이에요.   (감탄사)

영희야, 어디 가니?   (체언+호격 조사)

청춘, 이는 듣기만 하여도 가슴이 설렌다. (제시어)

감탄사는 화자 자신의 놀람이나 느낌, 부름, 응답 따위를 나타내는 단어의 묶음이다. 감탄사는 형태가 변하지 않으며, 조사도 붙지 않는다.

감탄사는 그 나타내는 뜻에 따라 감정감탄사, 의지감탄사, 말버릇·말더듬 감탄사로 나뉜다. 감정감탄사(感情感歎詞)는 상대방을 의식하지 않고 감정을 나타내는 말로, '하하, 허허, 아이고, 에구머니, 만세, 좋다, 글쎄, 아뿔사' 등이 있다. 의지감탄사(意志感歎詞)는 상대방을 의식하며 자신의 감정을 표시하는 말로, '아서라, 여보, 여보세요, 쉿, 그래, 옳소, 글쎄, 천만에' 등이 있다. 말버릇·말더듬 감탄사는 단순히 입버릇으로 섞어 내거나 말이 얼른 안 나올 때 더듬거리는 아무 뜻 없는 말로, '머, 말이지, 음, 거시기, 에헴' 등이 있다.

감탄사는 다음과 같은 특징을 지닌다. 첫째, 독립성이 강하다. 감탄사는 특별한 단어에 의지함이 없이 화자의 느낌이나 의지 등을 직접적으로 표시하는 품사이다. 따라서 문장 속의 다른 단어와 관계를 맺지 않는다 (가), 둘째, 감탄사 단독으로 독립된 문장을 이룰 수 있다(나), 셋째, 문장 내에서의 위치가 자유롭다(다).

가. 그래, 그것 참 잘됐다.
나. A: 이가 너무 아파요.
　　B: 어머나.
다. ① 쉿, 조용히 해라.
　　② 목소리가 크네, 쉿, 작게 말하렴.
　　③ 누가 듣겠다, 쉿.

(가)에서 '그래'는 문장 앞에서 그것을 수식하는 것처럼 보이나, 그 관계가 긴밀하지 않다. (나)에서 '어머나'는 다른 말이 계속되지 않더라도 하나의 문장의 구실을 하고 있다. (다)처럼 감탄사는 문장의 처음뿐만 아니라 가운데나 끝에도 놓일 수 있다.

제4장 한국어 문장론

통사론(統語論, syntax)의 어원은 그리스어의 'syntassein'로, 그 의미는 단어를 체계적으로 배열하여 의미 있는 문장을 만들어 내는 법칙이라는 뜻이다. 다시 말해서 통사론은 둘 이상의 단어가 결합하여 구, 절, 문장을 형성하는 원리를 탐구하는 학문 분야이다. 이때 통사론을 '문장론, 구문론, 통어론' 등으로도 부르기도 하는데, 일반적으로 '통사론'이라는 용어를 사용한다.

하나의 완결된 사상이나 감정을 나타내는 말의 단위를 문장이라고 한다. 문장은 일정한 문법적 기능을 하는 몇 개의 요소로 구성된다. 문장을 구성하는 요소를 '문장 성분', 또는 줄여서 '성분'이라고 한다. 하나의 문장 성분으로 기능할 수 있는 것은 단어, 구, 절 등 다양하다.

단어는 문장의 성분이 된다. 이때 조사는 자립성이 없어서 홀로 문장 성분이 될 수 없다. 그래서 반드시 명사, 대명사, 수사 등에 결합되어 그들과 한 덩어리가 되어서 성분이 된다. 구는 중심이 되는 단어와 그것에 부속되는 단어를 한데 묶은 언어 형식을 말하며, 중심이 되는 단어의 품사에 따라 구분된다. 절은 두 개 이상의 어절이 모여 하나의 의미 단위를 이룬다는 점에서 구와 비슷하지만 따로 독립하면 문장이 되는 주어와 서술어를 온전히 갖춘 구성이라는 점에서 구와 다르다. 다시 말해서 절은 완전히 끝나지 않고, 문장 속의 어떤 성분으로 안겨 있는 언어

형식을 말하며, 절의 종류에는 명사절, 서술절, 관형절, 부사절, 인용절 등이 있다.

가. <u>나의 꿈은</u> 한국어 선생님이 되는 것이다.	(명사구)
나. 나는 운동장을 <u>천천히 걸었다.</u>	(동사구)
다. 한국의 가을 풍경은 <u>매우 아름답다.</u>	(형용사구)
라. 그는 <u>아주 새</u> 옷을 입고 왔다.	(관형사구)
마. 기차가 <u>매우 느리게</u> 간다.	(부사구)
바. 선생님께서는 <u>보검이가 모범생임을</u> 잘 알고 계신다.	(명사절)
사. 나는 <u>코스모스가 좋다.</u>	(서술절)
아. 이 책은 <u>내가 읽은/읽는/읽을/읽던</u> 책이다.	(관형절)
자. 산 그림자가 <u>소리도 없이</u> 다가온다.	(부사절)
차. 나는 <u>인성이가 학교에 간다고</u> 말했다.	(인용절)

1. 문장 성분

한국어 문장을 이루는 성분에는 주성분, 부속성분, 독립성분이 있다. 주성분은 문장의 골격을 이루는 필수성분으로 '주어, 목적어, 보어, 서술어'가 있다. 부속성분은 주성분의 내용을 수식하는 것으로 '관형어, 부사어'가 있다. 그리고 주성분이나 부속성분에 직접적인 관계가 없이 문장에서 따로 떨어져 독립해 있는 독립성분인 '독립어'가 있다.

가. 주성분

1) 주어

주어는 '무엇이 어찌하다', '무엇이 어떠하다', '무엇이 무엇이다'와 같은 문장에서 '무엇이', '누가'에 해당하는 것으로, 문장의 주체를 나타내는 말이다. 주어는 체언이나 명사구, 명사절 등에 주격조사 '이/가'를 붙여서 표시한다. 높임 명사인 경우에는 주격조사 '께서'가 결합하고, 단체 무정명사인 경우에는 주격조사 '에서'가 결합하기도 한다.

가. <u>철수가</u> 학교에 간다.　　　　　(체언+주격조사)
나. <u>새 차가</u> 아저씨의 것이다.　　　　(명사구+주격조사)
다. 사막에는 <u>비가 오기가</u> 쉽지 않다.　(명사절+주격조사)
라. <u>할아버지께서</u> 지난 주말에 오셨다.　(높임 명사+께서)
마. <u>우리 학교에서</u> 우승을 했다.　　　(단체 무정명사+에서)
마'. <u>우리 학교에서</u> 명문 대학으로 유명하다.　(×)

　단체 무정명사인 경우라도 모두 주격조사 '에서'와 결합하여 주어를 나타내는 것은 아니다. (마)처럼 서술어가 동작성을 갖고 있는 경우에는 '에서'와 결합할 수 있지만, (마')처럼 서술어가 동작성을 갖지 않을 경우에는 '에서'를 붙일 수 없다.
　주어는 (가)처럼 주격조사가 생략된 형태로 체언 단독으로 나타나기도 하고, (나)처럼 주격조사 위치에 보조사가 올 수도 있다. (다)처럼 말하는 사람과 듣는 사람 모두 주어를 알고 있거나 앞 문장에서 나왔던 주어가 뒤 문장에서 반복적으로 나타나는 경우에는 자주 생략된다.

가. <u>너</u> 어디 가니?　　　(주격조사 생략)
나. <u>영희도</u> 학교에 가요.　(주격조사 위치에 보조사가 옴)
다. (　) 학교에 가요.　　　(주어 생략)

　또한 주격조사는 문장이나 부사에 붙기도 한다.

가. <u>사느냐 죽느냐가</u> 문제이다. (문장+주격조사)

나. <u>설마가</u> 사람 잡는다.   (부사+주격조사)

2) 서술어

서술어는 '무엇이 어찌하다', '무엇이 어떠하다', '무엇이 무엇이다'와 같은 문장에서 '어찌하다, 어떠하다, 무엇이다'에 해당하는 것으로, 주어의 행위나 상태, 성질, 속성을 표현하는 말이다. 일반적으로 동사와 형용사가 서술어로 사용되며, 체언+서술격조사(이다)도 서술어 자리에 쓰인다. 서술격조사 '이다' 앞에는 흔히 체언이 오지만, (라)처럼 체언이 아니더라도 '이다'가 붙으면 서술어 기능을 하게 된다.

가. 아이가 <u>웃는다</u>.   (어찌하다-동사)

나. 하늘이 <u>높다</u>.   (어떠하다-형용사)

다. 그들은 우리 학교 <u>농구 선수들이다</u>. (체언+서술격조사)

라. 서울은 <u>여기서부터입니다</u>.

또한 서술어는 '본용언+보조용언'의 형태로 나타나기도 하고, 하나의 절이 서술어가 되기도 한다. 신문 기사나 광고 등의 특수한 상황에서는 서술격조사 '이다'와 접미사 '하다'가 생략된 형태로 나타나기도 한다.

가. 문제를 <u>풀어 보았다</u>.   (본용언+보조용언)

나. 철수는 <u>키가 크다</u>.   (서술절)

다. 대학은 학문의 <u>전당</u>.   ('이다' 생략)

라. 박지성이 첫 골을 <u>기록</u>.   ('하다' 생략)

한 문장 안에서 서술어는 그 성격에 따라 필요로 하는 문장 성분의 개수가 다른데, 이를 '서술어의 자릿수'라고 한다. 자릿수의 대상이 되는 성분은 주어, 목적어, 보어, 필수부사어이다.

> 가. 진달래가 <u>핀다</u>.   (주어)
> 나. 동생이 책을 <u>본다</u>.   (주어, 목적어)
> 다. 그 사람은 학자가 <u>아니다</u>.   (주어, 보어)
> 라. 기후가 농사에 <u>적합하다</u>. (주어, 필수부사어)
> 마. 철수는 나에게 만년필을 <u>주었다</u>. (주어, 필수부사어, 목적어)
> 바. 그는 옷을 베개로 <u>삼았다</u>.   (주어, 필수부사어, 목적어)

(가)에서 '핀다'는 주어를, (나)에서 '본다'는 주어와 목적어를, (다)에서 '아니다'는 주어와 보어를, (라)에서 '적합하다'는 주어와 필수 부사어를, (마)에서 '주었다'는 주어와 목적어, 필수부사어를 필요로 한다. 이때 주어 하나만을 필수적으로 가지는 것을 '한 자리 서술어'라고 하고, 주어 외에 또 다른 한 성분을 필수적으로 가지는 것을 '두 자리 서술어'라고 하고, 주어를 포함하여 세 성분을 필수적으로 가지는 것을 '세 자리 서술어'라고 한다. 위 예문에서 '핀다'는 한 자리 서술어, '본다', '아니다', '적합하다'는 두 자리 서술어, '주었다'는 세 자리 서술어이다. 일반적으로 서술어가 필요로 하는 최소 자릿수를 제시하면 다음과 같다.

> 가. 한 자리 서술어 : 주어
> 나. 두 자리 서술어 : ① 주어, 목적어
>   ② 주어, 보어
>   ③ 주어, 필수부사어
> 다. 세 자리 서술어 : 주어, 목적어, 필수부사어

> ※ 수여(-에게/에) 동사: 주다, 드리다, 바치다, 가르치다/얹다, 넣다, 놓다
>   삼다(-으로) 동사: 여기다, 만들다, 간주하다

그런데 용언에 따라서 자릿수를 달리하는 것이 있다.

　가. 바람이 <u>분다</u>.
　가′. 아이가 풍선을 <u>분다</u>.
　나. 아이들이 잘 <u>논다</u>.
　나′. 아이들이 윷을 잘 <u>논다</u>.

(가)에서 '분다'는 한 자리 서술어이지만 (가′)에서 '분다'는 두 자리 서술어이다. 그리고 (나)에서 '논다'는 한 자리 서술어이지만 (나′)에서 '논다'는 두 자리 서술어이다. 이처럼 용언에 따라서는 그 개별적 특성에 따라 자릿수를 달리하는 서술어가 있다.

한편, 서술어는 쓰임에 제약이 있다. '서술어 선택 제약'은 일반적으로 용언의 의미와 그 앞뒤에 쓰이는 어휘의 의미가 일치하지 않음으로써 일어나는 현상이다.

　*민수는 <u>눈을 다물었다</u>.

'*민수는 눈을 다물었다'가 비문법적 문장이 되는 것은 '다물다'가 '입'을 목적어로 취할 수는 있으나 '눈'을 목적어로 취할 수 없는 성질이 있기 때문이다. 이 경우 서술어는 앞에 오는 어휘의 의미적 성질에 의해 제약을 받는다. 이렇게 두 말이 서로 어울릴 수 있거나 그렇지 못한 관계를 두 말 사이의 '선택 제약'이라고 한다.

3) 목적어

목적어는 표현하는 대상이 되는 말로, 문장에서 '무엇을(누구를)'에 해당하는 말이다. 두 자리 서술어인 타동사로 표현되는 행위의 대상이다.

목적어는 체언이나 명사구, 명사절에 목적격조사 '을/를'이 붙어서 표시된다. 한국어에서 목적어는 보통 주어 뒤에, 서술어 앞에 위치한다.

  가. 나는 밥을 먹는다.   (체언+목적격조사)
  나. 사람들은 여전히 기다리기를 좋아한다.   (명사구+목적격조사)
  다. 나는 그가 돌아오기를 기대했다.   (명사절+목적격조사)

또한 (가)처럼 목적격조사가 생략된 형태로 성립될 수 있으며, (나, 다)처럼 목적격조사 대신에 보조사가 쓰여 성립하기도 한다. 이 경우 보조사 가운데 목적격조사를 수반하는 것(-만, -까지)과 수반하지 않는 것(-는, -도)이 있다.

  가. 동생은 과일(을) 좋아해.   (목적격조사 생략)
  나. 동생은 과일도 좋아해.   (보조사)
  다. 동생은 과일만(을) 좋아해.   (보조사+목적격조사)

그리고 '방향, 처소'를 나타내는 말, '위치'나 '시간'을 나타내는 말에 목적격조사가 붙기도 한다.

  가. 철수야, 어디를 가느냐?   (목적어)
  나. 철수야, 어디에 가느냐?   (부사어)
  다. 영호는 지난 3월에 학교를 들어갔다.
  라. 지유는 낮에 두 시간을 잤다.

한 문장에 목적어가 하나 있는 것이 보통이지만, 목적어가 둘 이상 나타나는 경우가 있다. 이를 '이중목적어'라고 한다.

가. 미영이는 <u>책을 두 권을</u> 샀다.　(수량)

나. 인성이가 <u>나를 손을</u> 잡아끈다. (부분)

다. ① 윤호가 그 <u>책을 너를</u> 주었니?

　　② 윤호가 그 <u>책을 너에게</u> 주었니?

라. ① 수지는 <u>책을 두 권을</u> 더 달라고 했다.

　　② 수지는 <u>책을 두 권</u> 더 달라고 했다.

　　③ 수지는 <u>책 두 권을</u> 더 달라고 했다.

(가)에서 목적어 '두 권을'은 앞에 온 목적어 '책을'의 수량을 나타내고, (나)에서 목적어 '손을'은 앞에 온 목적어 '나를'의 한 부분을 나타낸다. 대체로 목적어가 둘 이상일 때에는 대개 뒤에 오는 목적어가 앞에 오는 목적어의 수량이거나 한 부분 나타낸다. (다, 라)처럼 목적어가 겹치는 것을 피하기 위하여 이중목적어로 나타나는 것 가운데 어느 한 목적어를 다른 문장 성분으로 바꾸거나 어느 한 목적어의 조사를 생략한다.

4) 보어

서술어를 보충해 주는 말을 보어라고 한다. 보어를 필요로 하는 용언은 동사 '되다'와 형용사 '아니다'이다. 보어는 명사, 대명사, 수사, 명사구, 명사절 등과 같이 체언의 구실을 하는 말에 보격조사 '이/가'가 붙어서 표시된다.

가. 물이 <u>얼음이</u> 되었다.

나. 영미는 <u>학생이</u> 아니다.

다음 예문에는 보어는 아니지만 보어의 기능을 갖는 성분이 있다.

가. 영미는 <u>학생은</u> 아니다.
나. 물이 <u>얼음으로</u> 되었다.
다. 우정은 <u>보석과</u> 같다.
라. 선생님께서 <u>영수에게</u> 상을 주셨다.

(가, 나)에서 서술어는 '아니다', '되다'이지만 '학생-은', '얼음-으로'의 조사가 '이/가'가 아니기 때문에 보어가 아니다. (다, 라)에서 '보석과', '영수에게'는 필수부사어로 주어를 보충해 설명해주는 역할을 하지만 보어는 아니다. 의미상 보어와 같은 기능을 하므로 넓은 의미의 보어로 보자는 의견도 있지만, 이들을 보어로 인정한다면 보어를 필요로 하는 서술어 목록 선정뿐만 아니라 보격조사를 확대하여 격조사의 혼란을 초래할 수 있다.

나. 부속성분

1) 관형어

관형어는 체언이 나타내는 성분 앞에 높여 이를 수식하는 문장 성분으로 문장을 이루는 필수 성분이 아니다. 관형어는 관형사 단독, 체언+관형격조사 '의', 용언의 어간+관형형어미, 관형절, 체언 단독 등의 방식으로 실현된다.

가. 그는 <u>옛</u> 친구를 다시 만났다.   (관형사)
나. 그는 <u>겨울산의</u> 설경을 좋아한다.   (체언+의)
다. 혜교는 화단 가득 <u>빨간</u> 장미를 심었다.   (어간+관형형어미 ㄴ)
라. 그는 <u>우리가 돌아온</u> 사실을 아직 모르고 있었다. (관형절)
마. 부모님의 <u>자식 사랑</u>은 끝이 없다.   (체언 단독)

관형격조사 '의'는 다음과 같은 특징을 지닌다.

    가. 의미상 주어: 할아버지의 사진(할아버지가 찍으시거나 간직하신 사진)
    나. 의미상 목적어: 할아버지의 사진(할아버지를 찍은 사진)
    다. 의미상 부사어: 할아버지의 선물이 도착했다.(할아버지께 온 선물)
    라. 은유적 기능: 천사의 마음(마음이 천사이다)

참고 **관형어의 어순**

관형어는 단독으로 쓰이지 못하고 반드시 체언 앞에 놓이며, 관형어의 겹침
에는 일정한 순서가 있다.(지시→수→성상의 순서)

저 두 젊은 사람

---

2) 부사어

부사어는 서술어 앞에 높여 서술어의 의미가 분명하게 드러날 수 있도
록 수식하는 문장 성분으로 관형어와 마찬가지로 문장에서 필수 성분이
아니다. 부사어는 부사 단독, 부사+보조사, 체언+부사격조사, 체언+부사
격조사+보조사, 관형어+부사성 의존명사, 부사구, 부사절, 형용사+보조
적 연결어미 '-게', 단순한 체언 등의 방식으로 실현된다.

    가. 철수의 활약이 대단히 크다.   (부사)
    나. 철수가 빨리도 간다.   (부사+보조사)
    다. 철수가 학교에서 운동하고 있다.   (체언+부사격조사)
    라. 철수는 그에게도 돈을 주었다.   (체언+부사격조사+보조사)
    마. 철수는 이제 가질 만큼 전부 가졌다. (관형어+부사성 의존명사)
    바. 철수는 밥을 매우 많이 먹었다.   (부사구)

사. 철수가 <u>소리도 없이</u> 다가왔다.   (부사절)

아. 철수가 <u>착하게</u> 보인다.   (형용사+보조적 연결어미 '-게')

자. <u>오늘</u> 철수는 환한 낯빛으로 우리를 반겼다. (단순한 체언)

   부사어의 갈래에는 성분 부사어와 문장 부사어가 있다. 성분 부사어는 특정한 성분을 꾸며주는 부사어로, 용언이나 부사, 관형사, 체언을 꾸민다. 문장 부사어는 문장 전체를 수식하는 부사어로 주로 화자의 태도를 반영한다. 문장 부사어에는 접속 부사어도 포함되는데, '그러나, 그리고, 그러므로'와 같은 문장 접속부사나 '및'과 같은 단어접속부사가 이에 해당된다.

가. 시간이 늦었으니, <u>어서</u> 떠납시다.   (용언 수식)

나. 중기가 <u>매우</u> 크게 웃었다.   (부사 수식)

다. 혜교는 <u>아주</u> 새 차를 샀다.   (관형사 수식)

라. 동건이는 <u>겨우</u> 셋을 상대했다.   (체언 수식)

마. <u>확실히</u> 소영이는 머리가 좋은 아이다.   (문장 전체 수식)

바. <u>그러나</u> 희망이 아주 사라진 것은 아니다.   (문장 접속)

사. 정치, 경제 <u>및</u> 문화가 발달하여야 선진국이다. (단어 접속)

   부사어는 주어진 문맥에서 단독으로 쓰일 수 있고, 관형어와는 달리 자리 이동이 비교적 자유롭다. 하지만 (다)처럼 다른 부사어나 관형어, 체언 등을 꾸밀 때에는 자리 이동이 허용되지 않는다.

가. 영희가 어떻게 달리니? <u>빨리.</u>   (단독으로 쓰임)

나. ① 민호는 <u>겨우</u> 셋을 상대했다.   (자유로운 자리 이동)

    ② <u>겨우</u> 민호는 셋을 상대했다.

    ③ 민호는 셋을 <u>겨우</u> 상대했다.

    ④ 민호는 셋을 상대했다, <u>겨우.</u>

다. ① 그는 <u>매우</u> 빨리 달렸다./ *그는 빨리 <u>매우</u> 달렸다.
　　② <u>아주</u> 새 차를 샀다.　/ *새 <u>아주</u> 차를 샀다.
　　③ <u>바로</u> 당신의 책임이다. / *당신의 <u>바로</u> 책임이다.

다. 독립성분

독립어는 다른 문장 성분과 직접적인 관련이 없는 성분이다. 주어는 서술어의 주체, 서술어는 주어의 풀이, 목적어는 서술어의 대상, 보어는 서술어의 보충, 관형어는 체언의 수식, 부사어는 용언의 수식이라는 점에서 다른 성분들과 관련이 있으나 독립어는 그런 관련이 없다. 독립어는 감탄사나 체언+호격조사, 제시어 등의 방식으로 실현된다.

가. <u>아</u>, 세월은 잘 간다.　　　　　　　　　(감탄사)
나. <u>영희야</u>, 더운데 창문 좀 열어라.　　　　(체언+호격조사)
다. <u>청춘</u>, 이는 듣기만 하여도 가슴이 설레는 말이다.　(제시어)

(다)는 제시어가 독립어가 된 경우이다. 제시어란 어떤 대상이나 단어를 제시하고, 그에 대해 설명하는 경우 그 대상이나 단어를 일컫는 말이다. 독립어는 문장부사어와 비슷해 보이지만, 문장 전체를 수식하는 문장부사어와 구별된다.

라. 문장의 어순

한국어 문장은 최소한 하나의 주어와 하나의 서술어(동사, 형용사)로 구성되는데 주어가 서술어 앞에 와야 한다. 한국어는 서술어의 종류에 따라 목적어, 보어, 필수부사어가 필요한 경우가 있다. 이때 서술어는 문장의 끝에 위치하고, 목적어, 보어, 필수부사어는 주어와 서술어 사이에 위치한다. 한국어 문장은 '주어+목적어+서술어(SOV)'의 어순을 갖는다.

> 가. 주어+서술어
> 나. 주어+목적어+서술어
> 다. 주어+보어+서술어
> 라. 주어+필수부사어+서술어

한국어 어순의 특징은 수식하는 말이 수식을 받는 말 앞에 오는 것이다. 관형사나 관형어의 기능을 하는 말이 명사를 그 앞에서 꾸며 준다. 부사나 부사어의 기능을 하는 말이 동사, 형용사, 다른 부사를 그 앞에서 꾸며 준다.

> 가. 인성이는 빨리 걷는다.
> 나. 미영이는 무척 아름답다.
> 다. 윤호는 매우 빠르게 달린다.

한국어 어순의 또 다른 특징은 문장 성분의 자리 이동이 비교적 자유롭다는 것이다. 이는 한국어 문장에서 문법적인 요소가 실질적인 요소 뒤에 붙기 때문이다. 조사는 명사 뒤에 붙고 어미는 동사나 형용사의 어간 뒤에 붙으면서 문장 내에서 문법적인 기능을 나타내기 때문에 그 위치가 자유롭다. 아래 예문들은 선행하는 명사구를 강조할 뿐 기본 명제의 의미는 큰 차이가 없다.

> 가. 나는 코스모스가 좋다.
> 나. 코스모스가 좋다, 나는.
> 다. 나는 좋다, 코스모스가.

그러나 모든 문장 성분들의 자리 자유로운 것은 아니다. 수식하는 말과 수식을 받는 말은 떨어져서 이동할 수 없고, 특정한 문장 유형에서는 'N+(으)로' 성분이 서술어 앞이 아닌 다른 자리로 이동할 수 없다.

가. ① 철수는 <u>새</u> 책을 샀다.
　　② 철수는 책을 <u>새</u> 샀다. (×)
나. ① 영희는 그림을 <u>잘</u> 그린다.
　　② 영희는 <u>잘</u> 그림을 그린다. (×)
다. ① 학생들이 빨리 <u>안</u> 온다.
　　② 학생들이 <u>안</u> 빨리 온다. (×)
다. ① <u>어제 받은</u> 선물은 영호가 준 것이다.
　　② 선물은 <u>어제 받은</u> 영호가 준 것이다. (×)
라. ① 그는 친구의 딸을 <u>며느리로</u> 삼았다.
　　② 그는 친구의 딸을 <u>며느리로</u> 삼았다. (×)

2. 문장 구조

가. 홑문장과 겹문장

구조에 따른 문장의 종류는 다음과 같다.

```
        ┌─ 홑문장 - 주어 + 서술어
문장 ─┤          ┌─ 안은 문장 - 주어 + (주어+서술어) + 서술어
        └─ 겹문장 ─┤
                   └─ 이어진 문장 - (주어+서술어) + (주어+서술어)
```

홑문장은 주어와 서술어의 관계가 한 번 나타나는 문장이고, 겹문장은 주어와 서술어의 관계가 두 번 이상 나타나는 문장이다. 겹문장은 문장의 연결 방식에 따라 안은 문장과 이어진 문장으로 나뉜다. 안은 문장은 성분절을 가지고 있는 문장으로, 안긴 문장의 문장 성분에 따라 명사절을 안은 문장, 관형절을 안은 문장, 부사절을 안은 문장, 서술절을 안은 문장, 인용절을 안은 문장으로 나뉜다. 이어진 문장은 홑문장이 둘 이상 나란히 이어져 있는 문장으로, 대등적으로 이어진 문장과 종속적으로 이어진 문장으로 나뉜다.

가.	젊은이들은 힙합을 좋아한다.	(홑문장)
나.	우리는 이제 <u>그가 정당했음을</u> 잘 안다.	(명사절을 안은 문장)
다.	<u>창민이가 그린</u> 그림이 최우수로 뽑혔다.	(관형절을 안은 문장)
라.	그들은 <u>우리가 입은 것과 똑같이</u> 입고 있다.	(부사절을 안은 문장)
마.	할아버지께서 <u>인정이 많으시다.</u>	(서술절을 안은 문장)
바.	혜교가 <u>중기에게 도서관에 가자고</u> 했다.	(인용절을 안은 문장)
사.	<u>형은 학교에 가고,</u> 동생은 놀이터에서 놀았다.	(대등적으로 이어진 문장)
아.	<u>바람이 불어서</u> <u>꽃이 떨어졌다.</u>	(종속적으로 이어진 문장)

나. 안은 문장

두 개의 문장이 하나의 문장으로 합쳐지는 경우, 하나의 문장이 다른 문장을 문장 성분으로 포함할 수 있다. 이때 하나의 문장을 안고 있는 문장을 '안은 문장' 혹은 '모절', '안은절'이라 하고, 문장 속으로 들어가 다른 문장에 안긴 것을 '안긴 문장', '성분절', '내포절'이라고 한다. 안긴 문장이 명사와 같은 구실을 하면 '명사절', 관형사와 같은 구실을 하면 '관형절', 부사와 같은 기능을 하면 '부사절', 서술어와 같은 구실을 하면 '서술절', 다른 사람의 말이나 글 등을 인용하면 '인용절'이라고 부른다.

1) 명사절을 안은 문장

명사절은 주어와 서술어의 관계로 구성되는 절이 명사처럼 주어나 목적어 등의 기능을 담당한다. 명사절은 서술어에 '-(으)ㅁ, -기'와 같은 어미를 붙여서 만드는데, 이런 어미를 '명사형 전성어미' 혹은 이를 줄여서 '명사형어미'라고 한다. 이 외에도 '-는/-ㄴ + 것'과 같이 '관형사형 전성어미 + 의존명사 '것''의 결합 형태를 사용하여 명사절을 만들기도 한다.

가. ① <u>철수가 축구에 소질이 있음</u>이 밝혀졌다.　　　(주어절)
　　② 나는 <u>그가 이름난 음악가임</u>을 어제서야 알았다.　(목적어절)
나. ① <u>어린이가 그런 일을 하기</u>가 쉽지 않다.　　　　(주어절)
　　② <u>금년에도 농사가 잘 되기</u>를 바란다.　　　　　(목적어절)
다. ① <u>철수가 축구에 소질이 있는 것</u>이 밝혀졌다.　　(주어절)
　　② 나는 <u>그가 이름난 음악가인 것</u>을 어제서야 알았다.　(목적어절)

(가)는 명사형어미인 '-(으)ㅁ'이 붙어 성립된 안긴 문장이고, (나)는 명사형어미인 '-기'가 붙어서 성립된 안긴 문장이며, (다)는 관형형형어미에 '것'이 붙어서 성립된 안긴 문장이다.

명사절은 문장에서 주어와 목적어 등의 기능을 한다. 그 기능은 명사절 다음에 오는 격조사에 따라 결정된다. 명사절 뒤에 주격조사가 오면 주어, 목적격조사가 오면 목적어의 기능을 하게 된다. 위 예문에서 ⓐ는 주어, ⓑ는 목적어로 기능하고 있다.

명사형 어미 '-(으)ㅁ'과 '-기'의 차이점은 [±기정]에 있다. '-(으)ㅁ'은 기정적(旣定的), 개별적인 사태에 쓰이고, '-기'는 미정적(未定的), 일반적 사태에 쓰이는 경향이 있다. '-(으)ㅁ'은 이미 이루어졌거나 결정된 사실에 사용하고, '-기'는 아직 결정되지 않은 일이나 동작의 과정이나 방법을 나타내는 일에 사용한다.

명사형 전성어미에 의해 만들어진 명사형은 문장 안에서 서술성을 갖지만 명사파생 접미사에 의해 만들어진 명사는 서술성을 갖지 못한다. 또한 명사형은 부사어의 수식을 받을 수 있지만, 명사는 그러한 특성을 가지지 못한다.

가. ① 큰 <u>웃음</u>을 웃었다.　　　　　　　　　(명사파생 접미사_명사)
　　② 크게 <u>웃음</u>으로써 분위기를 바꾸었다.　(명사형 전성어미_명사형)
나. ① 영수는 깊은 <u>잠</u>에 빠졌다.　　　　　　(명사파생 접미사_명사)
　　② 깊이 <u>잠</u>으로써 피로가 풀렸다.　　　　(명사형 전성어미_명사형)

2) 관형절을 안은 문장

관형절은 절이 관형사화되어 체언 앞에서 체언을 꾸며주는 기능을 담당한다. 즉, 하나의 절이 관형어로 쓰이게 되면 그 절을 관형사절, 관형절이라고 한다. 관형절은 서술어에 '-(으)ㄴ, -는, -(으)ㄹ, -던, -'과 같은 어미를 붙여서 만드는데, 이런 어미를 '관형사형 전성어미' 혹은 이를 줄여서 '관형사형 어미', '관형형어미'라고 한다.

> 네가 {<u>읽은, 읽는, 읽을, 읽던</u>} 책을 좀 빌려 줘.

가) 긴 관형절, 짧은 관형절

관형절은 관형사형 전성어미가 완전한 문장에 결합되는지, 용언의 어간에 결합되는지에 따라 긴 관형절과 짧은 관형절로 나누어진다.

> 가. 긴 관형절 [종결어미 '-다(라)' + 관형사형어미 '-는'='-고 하는]
> 　① <u>그분이 노벨상을 타게 되었다는</u> 소문이 있다.
> 　② 나는 <u>철수가 유능한 목수라는</u> 인상을 받았다.

③ 방학 동안 자작시 낭동회를 하자는 제안이 있었다.

   나. 짧은 관형절 [용언의 어간 + 관형사형어미 (으)ㄴ, -는, -(으)ㄹ, -던]
     ① 어제 네가 읽은 책을 빌려줄래?　　(동사_현재)
     ② 나는 털이 하얀 강아지를 좋아한다. (형용사_현재)

(가①)에서는 '그분이 노벨상을 타게 되었다'라는 문장에 관형사형 전성어미인 '-는'이 붙어서 긴 관형절이 되었고, (나①)에서는 '읽다'의 어간인 '읽-'에 관형사형 전성어미인 '-은'이 결합하여 '어제 네가 읽은'이 짧은 관형절이 되었다.

긴 관형절의 경우에는 '-다는, -냐는, -자는, -라는'을 구분하기 위하여 문장에 어울리는 어미의 경우는 서법적인 요소를 고려하여 평서형인지 의문형인지 청유형인지 명령형인지를 살펴야 한다. 관형사형 전성어미는 시제에 따라 용언의 품사에 따라 붙는 어미가 다르다. 특히 '은'은 용언의 품사가 동사인지 형용사인지에 따라 나타내는 시제가 달라진다.

나) 관계관형절, 동격관형절

일반적으로 관형절은 관계관형절과 동격관형절로 분류된다. 동격관형절이란 한 문장의 모든 필수 성분을 완전하게 갖추고 있는 관형절이고, 관계관형절이란 수식하는 명사와 동일한 성분이 빠져 있는 관형절이다. 관형절의 수식을 받는 명사를 중심으로 보면, 관형절의 수식을 받는 명사가 관형절 속의 일정한 성분이 되는 경우는 관계관형절이고, 안긴문장 전체와 꾸밈을 받는 문장이 동격 관계인 경우는 동격관형절이다. 이를 줄여 관계절, 동격절로 이르기도 한다.

   가. 관계관형절
     ① ( ) 앞발이 짧은 토끼는 뜀질을 잘 한다.　(주어 '토끼' 생략)

② <u>그가 ( ) 그린</u> 풍경화가 특선으로 뽑혔다. (목적어 '풍경화' 생략)

③ <u>파도의 자취가 ( ) 새겨져 있는</u> 바위가 있다. (부사어 '바위에' 생략)

　나. 동격관형절

　　① <u>네가 깜짝 놀랄</u> 일이 생겼다.

　　② <u>그는 우리가 돌아온</u> 사실을 모른다.

　(가①~③)는 모두 관계관형절로, (가①)에서 관형절인 '앞발이 짧은'의 수식을 받는 명사인 '토끼'가 관형절 속의 주어가 되고, (가②)에서 관형절인 '그가 그린'의 수식을 받는 명사인 '풍경화'가 관형절 속의 목적어가 되고 있으며, (가③)에서 관형절인 '파도의 자취가 새겨져 있는'의 수식을 받는 명사인 '바위'가 관형절 속의 부사어가 되고 있다. (나①~②)는 동격관형절로, (나①)에서 관형절인 '네가 깜짝 놀랄'의 수식을 받는 명사인 '일'이 관형절 속의 일정한 성분이 아니고, (나②)에서 '그는 우리가 돌아온'의 수식을 받는 명사인 '사실'이 관형절 속의 일정한 성분이 될 수 없다.

　한편, 동격관형절의 수식을 받는 명사 가운데 긴 관형절만을 취하는 명사가 있고, 짧은 관형절만을 취하는 명사도 있으며, 이 둘을 모두 취하는 명사도 있다.

　가. <u>혜교가 임용 시험에 합격했다는</u> 소문이 있다.

　나. 나는 <u>내가 그에게 책을 빌려준</u> 기억이 없다.

　다. ① 오늘에서야 <u>그가 우리를 위해 애썼다는</u> 사실을 알았다.

　　　② 오늘에서야 <u>그가 우리를 위해 애쓴</u> 사실을 알았다.

　(가)처럼 긴 관형절을 취하는 명사에는 소문, 말, 주장, 단언, 약속, 보고, 보도, 명령, 고백, 요청, 느낌, 생각, 견해, 이론, 연락, 질문, 독촉 등이 있고, (나)처럼 짧은 관형절을 취하는 명사에는 사건, 기억, 경험, 용기,

예정, 경우, 가능성, 까닭 등이 있고, (다)처럼 긴 관형절과 짧은 관형절을 모두 취하는 명사에는 사실, 목적, 약점 등이 있다.

3) 부사절을 안은 문장

부사절은 절이 부사화되어 부사어의 기능을 담당한다. 6차에서는 부사 파생 접미사인 '-이'에 의해 만들어진 성분절만 부사절로 보았으나 7차에서는 종속적으로 이어진 문장의 종속절을 부사절로 인정하였다.

> 가. 눈이 밤새 <u>소리도 없이</u> 내렸다.
> 나. 그녀는 <u>눈이 부시게</u> 예뻤다.
> 다. 대한이는 <u>손에 땀이 나도록</u> 긴장했다.
> 라. 해가 <u>불이 활활 타듯이</u> 솟아올랐다.
> 마. 비가 <u>산에 오를수록</u> 쏟아졌다.

기존 학교문법에서는 파생부사가 이루는 절만을 부사절로 취급하였으나, '-도록, -게, -도록, -듯이, -ㄹ수록, -어' 등의 형식도 부사절을 이끄는 부사형 전성어미로 본다. 따라서 '눈이 와서 길이 미끄럽다', '(꽃이) 아름답게 피었다'는 종속적으로 이어진 문장이지만, '길이 눈이 와서 미끄럽다', '꽃이 아름답게 피었다'의 문장은 부사절을 안은 문장이다.

4) 서술절을 안은 문장

서술절이란 한 문장이 절이 되어 서술어의 구실을 하는 것으로 서술절이 '주어+서술어'로 형식으로 전체 서술어 기능을 담당한다.

> 가. 이 책은 <u>글씨가 너무 크다</u>.
> 나. 교수님은 <u>인품이 좋으시다</u>.

(가)에서 '글씨가 너무 크다'는 전체 문장의 서술어에 해당한다. 그런데 이는 다시 주어인 '글씨가'와 서술어인 '크다'로 나눠진다. 이처럼 서술어의 기능을 하는 부분이 주어와 서술어로 되어 있는 것을 서술절이라한다.

그런데 서술절을 안은 문장은 보어나 필수부사어를 갖는 홑문장과 유사하다.

> 가. 민호가 반장이 되었다.　　(주어+보어+서술어)
> 나. 나는 네가 좋다.　　　　　(주어+필수부사어+서술어)
> 다. 이 책은 글씨가 작다.　　　(주어+주어+서술어)

(가)와 (나)에서 '반장이'와 '네가'는 서술어 '되다'와 '좋다'의 주체적인 기능을 갖지 못한다. '반장이'는 보어의 속성을 갖고, '네가'는 필수부사어의 속성을 갖는다. 따라서 (가)와 (나)는 두 자리 서술어를 갖는 홑문장이다. 반면에 (다)에서 '글씨가'는 '크다'의 주어의 특성을 갖는다. 따라서 (다)는 서술절을 안은 겹문장이다.

참고 서술절에 대한 여러 견해

토끼가 <u>다리가 짧다</u>.

첫째, [토끼가 [돈이 많다]]처럼 문장이 겹쳐진 겹문장으로 보는 견해이다. 이는 서술어가 하나인데 겹문장이라고 볼 수 있는 근거가 부족하고 절을 표시하는 문법 범주가 없다는 점에서 비판의 대상이 된다.
둘째, 홑문장으로 보면서 하나의 서술어에 두 개의 주어가 있다고 보는 견해이다. 한국어의 특이한 문장 표현으로 보고, 두 개의 주어를 각각 대주어, 소주어로 구분하며 '이중주어'를 인정하는 방식이다.

셋째, 홀문장으로 보면서 '주제어+주어+서술어' 구성으로 앞 문장의 주어를 주제어로 보는 견해이다. 한국어 문장에서 주제어를 설정해야 하는 가설이 필요하게 되고, 문장론이 아닌 화용론적 차원에서 접근해야 할 위험성을 내포하고 있다.

5) 인용절을 안은 문장

인용절은 문장으로 된 남의 말이나 글, 말하는 사람의 생각이나 판단 및 흉내 등을 옮겨온 절로서, 인용하는 방식에 따라 직접 인용과 간접 인용이 있다.

직접 인용은 남의 말이나 글, 말하는 사람의 생각이나 판단 등을 표현한 문장을 그대로 인용하는 것으로, 인용한 부분에 큰따옴표를 하고, 그 다음에 인용 조사 '-라고'와 동사 '하고'를 붙인 다음에 서술어를 연결한다. 특히 의성어를 인용하는 경우에는 '하고'만을 사용한다.

> 가. 그는 나에게 "나는 영희를 좋아해."라고 말했다.
> 나. 북소리가 "둥둥" 하고 울렸다.

간접 인용은 남의 말이나 글, 말하는 사람의 생각이나 판단 등을 말하는 사람의 입장으로 바꾸어 옮기는 것으로, 인용한 부분에 큰따옴표는 사용하지 않고, 그 다음에 인용조사 '-고'를 붙인 다음에 서술어를 연결한다. 간접 인용은 인용하는 문장의 종류에 따라 다음과 같은 형태를 갖는다.

> 가. 평서문
>   미영이가 비가 온다고 말했다.
> 나. 명사(한 단어)
>   보검이는 자기가 대학생이라고 말했다.

다. 의문문

지유가 <u>비가 오느냐고</u> 물었다.

라. 명령문

① 은혜가 <u>어서 가라고</u> 말했다.

② 수업 시간에 <u>떠들지 말라고</u> 말했다.

마. 청유문

지안이가 <u>어서 가자고</u> 말했다.

바. 감탄문

태언이가 <u>지금 밖에 눈이 온다고</u> 말했다.

평서문의 간접 인용은 서술어가 동사일 때 '-ㄴ다/-는다'를, 형용사일 때 '-다'를, 명사나 한 단어일 때는 '-(이)라'를 사용한다. 의문문의 간접 인용은 서술어가 동사일 때 '-느냐를', 형용사와 명사일 때는 '-(으)냐'를 붙인다. 명령문의 간접 인용은 종결어미 '-(으)라'를 붙이고, 부정일 때는 '-지 말라'를 붙인다. 청유문의 간접 인용은 '-자'를 사용하고, 감탄문의 간접 인용은 평서문과 동일하게 서술어가 동사일 때 '-ㄴ다/-는다'를, 형용사일 때 '-다'를 사용한다.

한편, 명령문의 간접 인용절에 '주다'가 사용될 때 '주다'는 말을 한 사람이 행위를 받는 대상이 되는 경우에는 '달라'를 사용하고, 그렇지 않은 경우에는 '주라'를 사용한다.

가. 윤호: "저 좀 도와 <u>주세요</u>."

→ 윤호 씨가 자기를 도와 <u>달라고</u> 말했다.　(원래 화자 = 받는 대상)

나. 중기: "이 책을 혜교 씨에게 좀 <u>주세요</u>."

→ 중기 씨가 혜교 씨에게 이 책을 좀 <u>주라고</u> 말했다.

(원래 화자 ≠ 받는 대상)

간접 인용은 말하는 사람의 관점으로 옮겨지기 때문에 (가)에서 '저

→ 자기'로 바뀌는 것과 같이 변화를 겪기도 한다.

다. 이어진 문장

이어진 문장이란 두 개 이상의 문장이 나란히 이어져서 더 큰 문장이 된 것을 말한다. 이어진 문장은 연결어미의 연결로 성립되고, 연결어미에는 대등적 연결어미와 종속적 연결어미가 있다. 이때 앞에 오는 문장을 앞문장(앞절), 뒤에 오는 문장을 뒷문장(뒷절)이라고 한다.

1) 대등하게 이어진 문장

대등하게 이어진 문장이란 앞문장과 뒷문장의 의미 관계가 대등한 자격으로 이어진 문장을 말하고, 이때 앞, 뒤의 문장을 바꾸어도 의미가 변화하지 않는다. 대등적 연결어미가 표시하는 의미 기능은 크게 나열, 대조, 선택으로 나뉜다.

　　가. 나열: -고, -며, -면서
　　　　꽃이 피고 새가 운다.
　　나. 대조: -나, -지만
　　　　그는 갔으나, 그의 작품은 남아 있다.
　　다. 선택: -거나, -든지
　　　　집에 가든지 학교에 가든지 해라.

2) 종속적으로 이어진 문장

종속적으로 이어진 문장이란 앞문장과 뒷문장의 의미 관계가 종속적으로 이어진 문장을 말한다. 이때, 앞문장이 뒷문장에 영향을 미치기 때문에 앞, 뒤의 문장을 바꾸면 문장이 성립하지 않는다. 종속적 연결 어미의 의미 범주는 매우 다양하다. 일반적으로 조건, 이유, 방임, 첨가, 의도, 도급, 연발, 중단, 양보 등으로 분류된다.

가. 조건, 가정: -(으)면, -거든, -더라면
　　봄이 오면 꽃이 핀다.
나. 이유, 원인: -(아)서, -니까, -(으)므로,
　　눈이 와서 길이 미끄럽다.
다. 결과가 예상의 반대임(放任): -(으)나, -아도, -지마는, -라도
　　그녀는 마음은 좋으나 현명하지 못하다.
라. 덧보태거나 더해감(첨가): -(으)ㄹ 뿐더러, -(으)ㄹ 수록
　　산에 오를수록 비가 세차게 내린다.
마. 의도: -(으)려고, -(으)러, -고자
　　나는 일찍 출발하려고 미리 준비를 해 두었다.
바. 어떤 상태에 이르기까지 행위가 미침(到及): -도록, -듯이, -게
　　나는 밤이 깊도록 잠을 이루지 못했다.
사. 한 일이 끝나고 동시에 다른 일이 잇달아 일어남(連發): -자
　　교실에 들어서자 종이 울렸다.
아. 다른 일로 옮아감(中斷): -다, -다가
　　바람이 불다가 지금은 잠잠해졌다.
자. 양보: -아도, -(으)ㄹ 지라도, -더라도
　　무슨 일이 있더라도 오늘 안으로 이 일을 끝내야 한다.

3) 문장의 이어짐과 단어의 이어짐

　문장의 이어짐은 두 개 이상의 홑문장이 접속조사에 의하여 이어지는 것이고, 단어의 이어짐은 접속조사인 것에 의하여 연결은 되었지만 두 개 이상의 문장으로 해석하거나 분석할 수 없다. 따라서 문장의 이어짐은 겹문장, 단어의 이어짐은 홑문장이 된다. 아래 (가~라)는 두 개 이상의 홑문장이 접속조사 '와/과'에 의해 이어진 겹문장이다.

가. 주어가 접속조사로 이어져 있고, 이에 대한 서술어가 하나인 경우

   대한이와 민국이는 야구 선수이다.

   대한이는 야구 선수이다. + 민국이는 야구 선수이다.

나. 목적어가 접속조사로 이어진 경우

   철수는 영어와 독일어와 불어를 할 줄 안다.

다. 두 성분이 동시에 접속조사로 연결된 경우

   철수와 영희는 서울과 부산에 산다.

   철수는 서울에 산다. + 영희는 부산에 산다.

라. 한 쪽의 서술어가 생략된 경우

   철수는 역사책, 영희는 여행책을 읽었다.

아래 예문 (가)는 '철수는 모범생이다'와 '영수는 모범생이다.'를 합친 문장이다. 따라서 겹문장이다. 그러나 (나)는 '*철수는 골목길에서 마주쳤다.'와 '*영수는 골목길에서 마주쳤다.'라는 문장을 합쳐 놓은 겹문장이 아니다. (나)는 단순히 두 단어가 접속조사 '와/과'에 의해 이어진 홑문장이다.

   가. 철수와 영수는 모범생이다.

   나. 철수와 영수는 골목길에서 <u>마주쳤다</u>.

   다. 철수와 영수는 <u>같이</u> 간다.

문장의 이어짐과 단어의 이어짐은 서술어의 의미에 의해 구별된다. 서술어가 반드시 짝을 필요로 하는 대칭 용언인 경우, 그 문장은 두 개 이상의 홑문장으로 분해가 될 수 없으므로 단어의 이어짐이다. 주요 대칭 용언으로는 '결혼하다, 약속하다, 만나다, 싸우다, 헤어지다, 닮다, 마주치다, 비슷하다, 부딪다, 같다, 다르다' 등이 있다. 그리고 대칭 용언이 아니더라도 (다)처럼 '같이, 함께'의 뜻이 덧붙을 때 그 용언은 대칭의 의미를 지닌다.

4) 이어짐의 특성 및 제약

문장이 이어질 때에는 같은 성분은 생략될 수 있다. 생략되는 경우는
다음과 같다. 첫째, 같은 말은 다른 말로 대치되거나 생략된다(가), 둘째,
앞문장과 뒷문장의 서술어가 같은 경우에도 생략이 일어난다(나), 셋째,
앞문장과 뒷문장의 서술어가 같을 경우, 앞문장의 서술어가 생략되기도
하지만 '그러하다'로 대치되기도 한다.

> 가. 나는 영희를 자주 만나지만, (그녀를) 좋아하지 않는다.
> 나. 영희는 하와이로 갔고, 철수는 뉴욕으로 갔다.
> → 영희이는 하와이로, 철수는 뉴욕으로 갔다.
> 다. 영희는 하와이로 갔고, 철수도 하와이로 갔다.
> → 영희는 하와이로 갔고, 철수도 그랬다.

문장의 이어짐은 제약이 있다. 이는 각 어미마다 독특한 의미를 가지
고 있어서 연결어미에 따라 주어 제약, 시제 제약, 서술어 제약, 문장
종류 제약 등이 존재한다.

연결어미 중에는 앞 문장과 뒤 문장의 주어가 일치해야 하는 어미들이
있는가 하면 주어가 같지 않아도 되는 어미들도 있다. 이를 주어 제약이
라고 하는데 아래 예문(가, 나)처럼 목적이나 의도를 나타내는 연결어미
가 쓰이는 경우에는 주어가 일치해야 한다.

> 가. 윤호는 점심을 먹으려고 밖으로 나갔다.
> 나. 창민이는 팝콘을 먹으면서 영화를 본다.

한국어 연결어미마다 시제를 나타내는 어미 '-었-, -겠-' 등과 결합 여
부가 다르다. 대체로 목적이나 의도, 동시적으로 진행되는 사건을 나타
내는 연결어미에는 '-었-, -겠-'과 같은 시제 형태소가 결합하기 어렵다.

가. 나는 일찍 {출발하려고/*출발했려고/*출발하겠려고} 미리 준비를 해 두
　　었다.

나. 교실에 {들어서자/*들어섰자/*들어서겠자} 종이 울렸다.

　의도성을 나타내는 연결어미는 동작성을 갖는 동사와만 결합이 가능
하다. (다)의 연결어미 '-려고'는 행위의 의도성을 갖는 연결어미이기 때
문에 동작성이 없는 형용사나 '명사+이다'와는 결합이 불가능하다.

가.　나는 일찍 출발하려고 미리 준비를 해 두었다.

나. *나는 예쁘려고 미리 준비를 해 두었다.

다. *나는 취업이려고 미리 준비를 해 두었다.

　연결어미 중에는 모든 종류의 문장과 잘 어울리는 어미들도 있고, 명
령문이나 청유문과는 어울리지 못하는 어미들도 있다. 연결어미 '-(으)니
까'는 평서문, 명령문, 청유문 등과 잘 어울리는데 반하여, '-어서'나 '-어
야'는 청유문과 명령문과 연결되지 못한다.

가. 날씨가 좋으니까 소풍을 가자. / *날씨가 좋아서 소풍을 가자.

나. 비가 오니까 서둘러 가거라. / *비가 <u>와야</u> 서둘러 가거라.

3. 문법 요소

가. 문장의 종결 표현

　화자가 청자에게 언어내용을 전달할 때, 문장을 끝맺는 종결어미에 기
대어 자기의 생각이나 느낌을 듣는 이에게 여러 가지 방식으로 표현하는

문법범주를 문장 종결법이라고 한다. 문장 종결의 방식에 따른 문장의 종류에는 평서문, 감탄문, 의문문, 명령문, 청유문 등이 있다.

1) 평서문

평서문은 화자가 청자에게 특별히 요구하는 일 없이, 화자가 문장의 내용을 평범하게 진술하는 문장 종결의 양식이다. 즉 단순히 자기의 생각이나 정보를 전달하거나 어떤 행동의 실현을 약속하는 문장의 종결 형식이다. 평서형어미로는 '-ㄴ다/는다/-다, -네, -오, -ㅂ니다/습니다, -아/어, -아요/-어요' 등이 있고, 평서문의 상대높임은 다음과 같이 실현된다.

비가 온다.   (해라체)
비가 오네.   (하게체)
비가 오오.   (하오체)
비가 옵니다. (합쇼체)
비가 와.   (해체)
비가 와요.   (해요체)

한편, 평서문이 때로는 다른 문형의 기능을 우회적으로 수행하는 경우가 있다. 평서문 종결어미가 어떤 일을 하겠다고 자신의 의지를 나타내거나 상대방에게 약속할 때 쓰인다. 이를 '약속 평서문'이라고도 한다. 약속 평서문의 종결어미에는 해라체 '-마', 하게체 '-(으)ㅁ세', 합쇼체는 '-겠습니다' 등이 있다. .

나도 너와 함께 가마.
나도 함께 감세.
저도 함께 가겠습니다.

2) 감탄문

감탄문은 청자를 별로 의식하지 않거나, 거의 독백하는 상태에서 정보의 전달보다는 자기의 느낌을 표현하는 문장 종결 양식이다. 감탄형어미로는 '-ㄴ구나/는구나, -ㄴ구먼/는구먼, -ㄴ구려/는구려, -아/어, -아요/-어요' 등이 있고, 감탄문의 상대높임은 다음과 같이 실현된다.

눈이 오는구나. (해라체)
눈이 오는구먼. (하게체)
눈이 오는구려. (하오체)
눈이 와.　　(해체)
비가 와요.　　(해요체)

해라체의 '-구나'는 동사의 어간에 붙을 때는 '-는구나'로, 형용사의 어간에 붙을 때는 '-구나', 서술격조사와 함께 쓰일 때에는 '이로구나'의 형태로 쓰인다.

가. 구름이 산 너머로 <u>흘러가는구나</u>! (동사 어간 + -는구나)
나. 물이 참 <u>맑구나</u>!　　　　(형용사 어간 + -구나)
다. 참 아름다운 <u>장미이로구나</u>!　　(서술격조사의 '이-'+구나)

(가)에서 '흘러가는구나'는 '동사 어간(흘러가-)+현재시제 선어말어미(-는-)+감탄형 종결어미(-구나)'로 분석된다. 이 경우, 현재시제 선어말어미인 '-는'은 동사 어간의 받침 유무에 관계없이 '-는'의 형태가 결합된다는 특징이 있다. 그리고 서술격조사와 함께 쓰인 (다)는 '장미이로구나'의 형태보다 '장미로구나'의 형태가 더 많이 쓰인다.

이 밖에 '-어라'와 '-어'의 형태로 된 감탄문이 있다. 이는 느낌의 주체가 화자이며, 일반적으로 형용사와 결합하지만 동사와 연결되는 경우도 있다.

　가. 아이고, {추워라, 추워}!
　나. *아이고, 철수가 <u>추워라</u>!　　　(느낌의 주체가 화자여야 함)
　다. *아이고, 잘 <u>놀아라</u>!　　　　(형용사와 결합해야 함)
　라. 내 여기 가난한 노래의 씨를 뿌려라! (동사와 결합)

3) 의문문

　의문문은 화자가 청자에게 질문을 하여 그 해답을 요구하는 문장의
종결 양식이다. 의문문 형식의 어미로는 '-느냐/-냐, -나/(으)ㄴ가, -오, -
ㅂ니까/습니까, -아/어, -아요/-어요' 등이 있고, 의문문의 상대높임은 다
음과 같이 실현된다.

　비가 오느냐?　(해라체)
　비가 오나?　　(하게체)
　비가 오오?　　(하오체)
　비가 옵니까?　(합쇼체)
　비가 와?　　　(해체)
　비가 와요?　　(해요체)

　의문문의 하위 갈래에는 판정의문문, 설명의문문, 반어의문문(수사의
문문), 감탄의문문, 확인의문문 등이 있다.
　판정의문문은 '네/아니요'의 긍정/부정의 대답을 요구하는 의문문이
고, 설명의문문은 의문사를 사용하여 상대방에게 설명을 요구하는 의문
문이고, 반어의문문은 겉으로 나타난 의미와는 반대되는 뜻으로 수사적
효과를 거두기 위해 쓰이는 의문문이다. 감탄의문문은 의문보다 감탄의
의미를 더 크게 갖는 의문문이고, 확인의문문(명령의문문)은 형식상 의

문문이나 그 내용은 화자가 이미 알고 있거나 믿고 있는 내용이 맞는지 확인하는 의문문이다.

　가. 너 도서관에 가니?↗　　　　(판정의문문)
　나. 너, 도서관에서 왜 가니?↘　　(설명의문문)
　다. 아빠가 장난감 하나 못 사줄까?　(반어의문문)
　라. 금메달을 딴다면 얼마나 좋을까?　(감탄의문문)
　마. 빨리 숙제하지 못하겠니?　　　(확인의문문)

　의문문은 종류에 따라 억양이 달라진다. 판정의문문이나 반어의문문, 감탄의문문, 확인의문문 등은 상승 억양을, 설명의문문의 경우는 하강 억양을 갖는다. 그런데 설명의문문에 사용된 의문대명사가 포함된 억양은 하강 억양이지만, 의문대명사과 동일한 형태인 부정대명사가 포함된 의문문은 상승 억양을 갖는다.

　가. 의문대명사인 경우
　　누가 왔어요↘ / 철수 왔어요.
　나. 부정대명사인 경우
　　누가 왔어요?↗ / 네, 왔어요.

4) 명령문

　명령문은 화자가 청자에게 무엇을 시키거나 행동을 요구하는 문장 종결양식이다. 명령문은 동사의 어간에 명령형어미인 '-아라/-어라, -게, -(으)오, -(으)십시오, -아/어, -아요/-어요' 등이 결합하여 실현된다. 명령문의 상대높임은 다음과 같다.

빨리 떠나라.　　　(해라체)

빨리 떠나게.　　　(하게체)

빨리 떠나(시)오.　　(하오체)

빨리 떠나(시)ㅂ시오.(합쇼체)

빨리 떠나.　　　　(해체)

빨리 떠나요.　　　(해요체)

　명령문은 상대경어법의 등급이 높아지는 하오체부터 주체경어법 선어말어미 '-시-'가 동시에 실현되는 경우가 많다. 그리고 명령문의 경우는 청자가 윗사람인 경우에는 '-(으)십시오'나 '-으세요'를 사용하기가 쉽지 않다. 따라서 윗사람에게 명령을 해야 하는 경우에는 '-으시지요'나 '-아 주세요'를 사용하거나 명령문이 아닌 의문문이나 바람을 뜻하는 평서문으로 표현한다.

　가. 손님, 이쪽으로 오세요.

　나. 손님, 이쪽으로 오시지요.

　다. 손님, 이쪽으로 와 주세요.

　라. 손님, 이쪽으로 오시겠습니까?

　마. 손님, 이쪽으로 오시기 바랍니다.

　명령문의 하위 갈래는 직접명령문과 간접명령문, 그리고 확인명령문이 있다. 직접명령문은 상대방에게 직접 명령할 때 쓰이는 명령문으로, 종결어미 '-아라'로 실현된다. 간접명령문은 인쇄매체를 통해 다수의 불특정 청자에게 명령할 때 쓰이는 명령문으로, 종결어미 '-(으)라'로 실현된다. 확인명령문 '-(으)려무나'를 사용하는 명령문으로서 화자의 마음이 즐겁거나 좋은 일일 때 쓰고, 부정적일 경우에는 잘 쓰지 않는다.

가. 빨리 시험을 보아라.　　　(직접명령문)
나. 적절한 답을 고르라.　　　(간접명령문)
다. 너도 한번 읽어 보려무나/보렴. (확인명령문)

참고 직접명령, 간접명령

직접명령은 듣는 이를 앞에 두고 명령하는 형식을 말한다. 입말에서 사용되고, 종결어미 '-아라/어라/여라' 형태로 나타난다.

먹어라, 보아라, 읽어라, 해라

간접명령은 구체적으로 정해지지 않은 청자나 독자에게 책 따위의 매체를 통해 간접적으로 명령하는 형식을 말한다. 글말에서 사용되고, 종결어미 '-라/으라' 형태로 나타난다.

먹으라, 보라, 읽으라, 하라

---

5) 청유문

청유문은 화자가 청자에게 같이 행동할 것을 요청, 제안, 촉구하는 문장 종결 양식이다. 청유문은 동사의 어간에 청유형어미인 '-자, -세, -(으)ㅂ시다, -아/어, -아요/-어요' 등이 결합하여 실현된다. 청유형의 경우 상대높임의 등급 분화가 불확실하다. 명령의 합쇼체를 고려하면 청유형의 합쇼체도 '-ㅂ시다'가 되어야 하지만, 실제 윗사람에게 청유형을 사용하기 어렵다. 청유문의 상대높임은 다음과 같이 실현된다.

빨리 떠나자.　　(해라체)
빨리 떠나세.　　(하게체)
빨리 떠납시다. (하오체/합쇼체)
빨리 떠나.　　　(해체)
빨리 떠나요.　　(해요체)

-ㅂ시다'는 공식적인 자리에서 어떤 일을 함께 하자는 의미를 표현할 때 사용한다. 하지만 개인적인 대화 상황에서는 사용하지 않는다.

> 가. 국민들의 국어능력 향상을 위해 <u>노력합시다</u>.
> 나. 이 문제에 대해 <u>논의해 봅시다</u>.
> 다. 선생님, 이제 떠납시다. (×)

청유문은 화자가 청자에게 어떤 행동을 함께 하자고 요청하는 문장이므로 청유문의 주어는 화자와 청자를 포함하는 1인칭 복수가 위치한다. 그런데 화자가 자신이 어떤 행동을 하려고 하니 이에 대해 상대방에게 협조를 요청하는 경우 사용하기도 한다. 이런 경우 청유문의 주어 자리에 화자(1인칭 복수, 1인칭 단수), 청자(2인칭 단수, 복수)가 올 수 있다.

> 가. 우리 같이 갑시다.　　　　　(1인칭 복수)
> 나. 나도 한 마디 합시다.　　　　(1인칭 단수)
> 다. 빨리 들어갑시다.　　　　　 (2인칭 단수)
> 라. (당신들) 빨리빨리 좀 합시다.　(2인칭 복수)

나. 높임 표현

대화를 할 때 여러 사람이 참여한다. 말하는 화자가 있고, 말을 듣는 청자가 있고, 말하는 내용 속에 나타나는 주체나 객체가 있을 수 있다. 대화에 관여하는 사람의 사회적 지위나 연령, 친분의 정도, 대화 상황의 공식성에 대한 정도에 따라 높임과 낮춤을 구별하여 높임법을 실현한다.

높임법에는 '-(으)시-', '-ㅂ니다/-습니다' 등의 문법요소에 의한 높임법과 어휘요소에 의한 높임법이 있다. 높임법은 높임의 대상이 문장의 주어로 등장하는 주체인지, 듣는 사람인지, 문장의 목적어나 부사어로 등장하는 객체인지에 따라 주체높임법, 상대높임법, 객체높임법이 있다.

1) 주체높임법

문장에서 주어로 지시되는 존재가 있을 때 이를 행위의 주체라고 한다. 주체높임이란 문장의 주체가 되는 사람, 즉 주어를 높이는 것을 말한다. 주체가 화자보다 나이나 사회적 지위가 높을 경우, 화자는 주체를 높여 주체에 대해 존경이나 공경을 나타낸다. 일반적으로 주체높임은 주체존대 선어말어미인 '-시-'에 의해 실현되며, 접미사 '-님'을 붙이거나 주격조사인 '-께서'를 붙인다.

'-시'의 표현 양상은 다음과 같다. 첫째, 청자와 행위의 주체가 다른 경우에 '-시-'를 붙인다(가), 둘째, 청자와 행위의 주체가 같은 경우에도 '-시-'를 붙인다(나), 셋째, 공적인 경우에는 '-시-'를 붙이지 않는다(다).

　　가. 선생님, 교장 선생님께서 오십니다. (청자와 행위의 주체가 다름)
　　나. 선생님, 선생님께서도 주말에 운동을 하셨어요?
　　　　　　　　　　　　　　　　　　　　(청자와 행위의 주체가 동일)
　　다. ① 세종은 한글을 창제하였다. (방송 또는 교과서와 같은 공적인 경우)
　　　　② 세종은 한글을 창제하셨다. (개별적 친밀관계에서 서술)

주체높임법은 화자와 주체에 의해 결정되지 않고, 청자를 고려할 경우가 있다. 높임의 순서가 '청자＞행위의 주체'인 경우에는 '-시-'를 붙이지 않는다. 청자에 대한 고려로 주체의 존대를 억누른다고 하여 압존법(壓尊法)이라고 한다.

　　가. 화자(손주), 청자(할아버지) ＞ 행위의 주체(아버지)
　　　① 　할아버지, 아버지가 왔습니다.
　　　② *할아버지, 아버지가 오셨습니다.
　　나. 화자(대리), 청자(부장) ＞ 행위의 주체(대리)
　　　(부장이 대리에게: 이 과장, 어디 갔나요?)

① 부장님, 이 과장님 외출하셨습니다.
② 부장님, 이 과장님 외출하였습니다.

(가)의 경우 화자는 손자이고, 청자는 가장 상위의 인물인 할아버지이다. 주체인 아버지가 화자의 입장에서는 높여야 할 대상이더라도 청자가 주체보다 더 높은 경우에는 주체높임법을 실현하지 않는다. 하지만 최근에 사람들 사이에서 잘 지켜지고 있지 않고 오히려 (가②)를 선호하는 경향이 있다. 이러한 현상은 청자 중심에서 화자 중심으로의 이동 때문이라고 할 수 있다. 여기에서 주의해야 할 점은 (나)처럼 사회나 직장에서는 듣는 사람에 관계없이 말하는 사람과의 관계에 따라 주체를 높이는 경향이 많아지고 있다.

주체가 높임의 대상은 아니더라도 높임의 주체에 대한 소유물, 신체의 부분, 관계가 있는 사물 등과 관련된 말인 경우에는 '-시-'를 넣음으로써 주체를 높이는데 이를 '간접높임'이라고 한다.

가. 교장 선생님의 말씀이 있으시겠습니다.
나. 할머님의 귀가 밝으십니다.

한편, '있다'의 주체 높임 표현은 '계시다'와 '있으시다' 두 가지가 있다. '계시다'는 높여야 할 사람이 주어로 등장할 때 직접높임의 경우에 사용하고, '있으시다'는 높여야 할 사람의 소유물이나 그 사람과 관계가 있는 인물이 등장할 때 간접높임의 경우에 사용한다. 품사에 따라 이를 구별하면, '있다'는 '사람이나 동물이 어느 곳에서 떠나거나 벗어나지 아니하고 머물다, 사람이 어떤 직장에 계속 다니다'의 의미로 쓰일 때는 '동사'이고, '사람, 동물, 물체 따위가 실제로 존재하는 상태이다, 어떤 사실이나 현상이 현실로 존재하는 상태이다'의 의미로 쓰일 때는 '형용사'이다. 이때 동사의 뜻으로 쓰인 '있다'를 높이는 경우에는 '계시다'를 사용하고, 형용사인 뜻으로 쓰인 '있다'를 높이는 경우에는 '있으시다'를 사용한다.

> 가. 영수가 집에 있다.
> 나. 아버지가 집에 계시다.
> 다. 아버지는 회사에 볼 일이 있으시다
> 라. 교장 선생님은 따님이 있으시다.

참고 '있다'의 높임 표현

「표준국어대사전」에서는 '있다'를 동사와 형용사로 나누어 설명하고 있다. 이때 동사의 뜻으로 쓰인 '있다'를 높이는 경우에는 '계시다'를 사용하고, 형용사인 뜻으로 쓰인 '있다'를 높이는 경우에는 '있으시다'를 사용한다.

[동사]
1. 사람이나 동물이 어느 곳에서 떠나거나 벗어나지 아니하고 머물다.
2. 사람이 어떤 직장에 계속 다니다.

[형용사]
1. 사람, 동물, 물체 따위가 실제로 존재하는 상태이다.
2. 어떤 사실이나 현상이 현실로 존재하는 상태이다.

---

2) 상대높임법

상대높임법이란 화자가 청자를 높이거나 낮추는 법으로, 주로 종결어미에 의해 실현된다. 상대높임법은 격식체와 비격식체로 나누고, 높임의 정도에 따라 여섯 등급으로 구분한다. 격식체는 화자와 청자 사이의 심리적 거리가 멀어서 공식적이며 의례적인 자리에서 사용하는 어법으로 '해라체, 하게체, 하오체, 합쇼체'가 있고, 비격식체는 화자와 청자 사이의 심리적 거리가 가깝거나 공식적이지 않은 자리에서 사용하는 어법으로 '해체와 해요체'가 있다. 상대높임법에 따른 종결어미는 다음과 같이 구별된다.

	평서형	의문형	명령형	청유형	감탄형
해라체	간다	가니? 가냐?	가(거)라, 가렴, 가려무나	가자	가는구나
하게체	가게, 감세	가나? 가는가?	가게	가세	가는구먼
하오체	가(시)오	가(시)오?	가(시)오	갑시다	가는구려
하십시 오체	갑니다, 가십니다	갑니까? 가십니까?	가십시오	-	-
해체	가, 가지	가? 가지?	가, 가지	가지	가, 가지
해요체	가요	가요?	가(세/셔)요	가(세/셔)요	가(세/셔)요

합쇼체는 상대를 가장 높이 존대하여 정중하고 공손하게 대우할 때 쓰인다. 처음 만난 사람, 손님과 같이 예의를 갖추어 말해야 하는 사람에게 자주 사용되며, 회의나 연설, 발표, 토론, 보고 등과 같은 공식적인 자리에서 주로 상대를 높이기 위해 사용된다. '‐습니다/ㅂ니다, -올시다, -습/ㅂ니까, -십시오, -시지요' 등의 어말어미로 실현된다.

하오체는 서로 잘 모르는 사이거나 그리 친한 사이가 아니어서 그 사람을 약간 높여 표현할 때 사용한다. 나이가 많은 사람들 사이에 가끔 쓰이며, '쓰레기를 길에 버리지 마시오'처럼 표지판이나 안내문과 같은 글말에서 사용된다. 하오체는 '-(으)오, -소, -구려, -ㅂ시다' 등의 어말어미로 실현된다.

하게체는 청자가 화자와 나이가 비슷하거나 아랫사람인 경우에, 상대방을 조금 낮춰 표현하는 방식으로, 장년층 이상의 동년배들 사이에서 사용하거나 장인이나 장모가 사위에게, 나이 많은 선생이 나이 많은 제자에게 사용한다. '-네, -나, -는가/-ㄴ가, -게, -세' 등의 어말어미로 실현된다.

해라체는 청자가 나이가 어리거나 친한 사이일 때 사용한다.

해요체는 해체의 종결어미 '-어/아/여'에 '요'를 덧붙인다. 합쇼체나 하오체와 교체할 수 있을 정도로 넓은 범위의 존댓말로 쓰인다. 현재 한국에서는 서술형, 의문형, 감탄형, 청유형 그리고 명령형 다섯 가지 문장 종결 형태가 동일하다.

해체의 어미로 대표적인 것은 평서문, 의문문, 명령문 및 청유문에 다 같이 쓰이는 '-아/-어/-야'다. 이 어미는 이렇게 형태는 같아도 억양과 주위의 다른 요소들에 의해 평서문 어미가 되기도 하고 의문문이나 명령문의 어미로 구별되어 쓰이기도 하는 것이다. 해체에는 이 어미 외에 '-을까/-ㄹ까', '-는가/-ㄴ가', '-게'가 쓰인다.

상대높임법은 다음과 같은 특징이 있다.

첫째, 호칭과 지칭 표현은 상대높임법과 밀접한 관련성이 있다. 한국어 호칭과 지칭 표현에는 대명사(어른신, 귀하, 각하, 귀댁, 댁, 당신, 자네, 자기, 너)와 이름과 직함(김영미, 영미, 영미야, 김영미 씨/군/양, 교수님, 부장님, 김 부장님, 김영미 부장님), 가족관계(여보, 어머님, 형님, 오빠, 오라버니) 등 다양하다. 호칭과 지칭 대상에 따라 상대높임의 높임의 정도가 달라진다.

둘째, 상대높임법의 등급이 대화 상황에서 일관성 있게 나타나는 것은 아니다. 격식체와 비격식체를 섞어 사용하기도 하고, 높임말과 반말을 섞어 사용하기도 한다.

셋째, 사회적 지위가 높거나 나이가 많아도 친근한 관계일 경우에는 높임 표현을 사용하지 않을 수 있다. 하지만 안 높임의 표현 가운데 아무리 가까운 사이라고 하더라도 서열이 높거나 나이가 많은 사람에게 해라체를 사용할 수 없다. '엄마, 뭐 해?'나 '선배, 뭐 해?'와 같은 해체는 사용할 수 있지만, '엄마, 뭐 하냐'나 '선배, 뭐 하냐?'와 같은 해라체는 사용할 수 없다.

넷째, 상대높임법에는 화자가 스스로를 낮추어 특별히 공손한 뜻을 나타냄으로써 청자를 높이는 방법인 공손법이 있다. 공손법은 공손 선어말 어미 '-삽-'에 의해 실현되고, 아래와 같은 다양한 이형태를 갖는다.

중세국어	현대국어
숩	-(으)옵-, -(으)오-
숩	-삽-, -사옵-, -사오-
즙	-잡-, -자옵-, -자오-

변변치 못한 물건이오나 정으로 드리오니 받아 주시옵소서.

3) 객체높임법

문장에서 목적어나 부사어를 객체라 한다. 화자가 문장의 목적어나 부사어가 지시하는 대상, 곧 서술의 객체에 대하여 높임의 태도를 나타내는 문법 기능을 객체높임법이라 한다. 객체높임법은 주로 동사에 의해 실현된다. 이는 어휘 요소인 높임말과 유사하다.

가. 나는 미영이에게 밥을 주었다.
나. 나는 할아버지께 진지를 드렸다.
다. 나는 친구를 데리고 학교로 갔다.
라. 나는 아버지를 모시고 학교로 갔다.

4) 높임말과 낮춤말

우리말에는 특수한 어휘를 사용함으로써 남을 높이거나 자기를 낮추어서 상대방을 높이는 방법이 있다. 이때 사용되는 어휘들을 '높임말'과 '낮춤말'이라 한다. 주체높임법과 상대높임법이 용언의 선어말어미와 종결어미에 의해 표현되는 것과는 달리, 화자보다 높은 사람이나 관련 대상에 대하여 높임말을 사용하고, 청자가 화자보다 높을 때에는 낮춤말을 사용한다.

○ 높임말의 종류
가. 동사 자체가 높임의 뜻을 가지고 있는 경우
먹다→드시다/잡수시다, 마시다→드시다, 자다→주무시다, 죽다→돌아가시다, 있다→계시다/있으시다, 말하다→여쭈다/여쭙다, 보다→뵙다, 데리다→모시다
나. 명사 자체가 높임의 뜻을 가지고 있는 경우
밥→진지, 집→댁, 사람→분, 나이→연세, 말→말씀
다. 사람을 나타내는 명사 뒤에 '님'을 붙이는 경우
선생→선생님, 어머니→어머님, 아버지→아버님, 형→형님, 누나→누님, 아들→아드님, 딸→따님, 사장→사장님

○ 낮춤말의 종류
나→저, 우리→저희, 말→말씀

'말씀'은 남의 말을 높이거나 자기의 말을 낮추는 말로 쓰인다.

선생님의 <u>말씀</u>을 잘 들었습니다. (높임말)
제가 한 <u>말씀</u> 드리겠습니다. (낮춤말)

윗사람이나 남에게 말할 때는 자기와 관계된 부분을 낮추어 '저희 회사', '저희 학교' 등과 같이 '우리' 대신 '저희'를 쓰는 것이 바람직하다. 다만 '우리'와 '나라'를 사용하여 '한국/대한민국'의 의미를 나타내는 경우에는 '저희 나라'라고 쓰지 않고 항상 '우리나라'로 써야 한다. '나라'는 다른 나라, 다른 민족 앞에서 낮출 수 있는 대상이 아니기 때문이다. 만약 외국인이 자신의 나라를 '우리'를 이용해 쓴다면 이때에는 '우리 나라'로 표현한다.

다. 시제, 상 표현

시간은 시제와 상을 나타내는 문법 형식과 어휘 항목(어제, 오늘, 내일 등)으로 표현된다. 시제는 과거, 현재, 미래와 같은 시간의 위치를 말한다. 상은 움직임의 모습을 말하고, 상에는 움직임이 진행되고 있는 모습과 움직임이 끝나고 난 뒤의 모습이 있다.

> 가. 어제는 비가 왔다.　　　(과거시제)
> 나. 지금은 비가 온다.　　　(현재시제)
> 다. 내일은 비가 오겠다.　　(미래시제)
> 라. 철수는 학교에 오고 있다. (진행상)
> 마. 영희는 의자에 앉아 있다. (완료상)

1) 시제 표현

시제는 화자가 발화시를 기준으로 하여 사건시의 앞뒤를 구분하는 문법 범주이다. 발화시란 화자가 문장을 말하는 시간을 뜻하고, 이는 항상 현재로 나타난다. 그리고 사건시란 문장에 드러난 사건이나 상황이 일어난 시간을 뜻한다. 현재시제는 사건시가 발화시와 일치하는 것을 말하고,

과거시제는 사건시가 발화시보다 앞선 시제를 말하며, 미래시제는 사건시가 발화시보다 뒤에 오는 것을 말한다.

한국어의 시제는 다음과 같은 방법으로 표현된다.

가. 종결어미에 의한 표현
나. 관형사형어미에 의한 표현
다. 시간을 나타내는 부사들에 의한 표현

한편, 시제는 절대시제와 상대시제로 나누어지기도 한다. 절대시제는 발화시를 기준으로 삼아 결정되는 시제이고, 상대시제는 안은문장의 사건시를 기준으로 하는 시제이다. 절대시제는 종결형에 의해 나타나며, 상대시제는 대개 관형사형어미에 의해 나타난다. 아래 예문에서 발화시를 기준으로 볼 때 '미영이가 도와드리는 행위'와 '어머니가 김장하시는 행위'는 모두 과거에 일어난 일이다. 그런데 '도와리다'에는 과거시제 선어말어미 '-었-'이 쓰였으나 '김장하시다'에는 현재시제 관형사형어미 '-는-'이 쓰였다. 이것은 안은문장의 서술어 '도와 드리다'의 시점을 기준으로 할 때 '어머니가 김장하시는 행위'는 현재로 해석되기 때문이다. 따라서 ①는 상대시제로는 현재시제이다.

미영이는 어제 김장하시는 어머니를 도와드렸다.
                ①   ②

시제는 아니지만 어떤 사건이 일어난 시점을 나타내는 부사로 시간 관계를 더욱 분명하게 한다.

가. 민주가 <u>어제</u> 수학여행을 갔다.

나. 민주가 <u>지금</u> 학교에 간다.

다. 민주가 <u>내일</u> 시골에 갈 것이다.

가) 현재시제

현재시제는 사건시와 발화시가 일치하는 시제로, 종결형의 현재시제 표지는 다음과 같다. 첫째, 동사에는 시제 선어말어미 '-는-/-ㄴ-'이 결합한다(가), 둘째, 형용사, 서술격조사는 현재 표지 형태소가 없다(나, 다).

가. ① 영수가 지금 밥을 <u>먹는다</u>.　　　　　(동사_받침○ + -는-)

　　② 아이들이 지금 운동장에서 공을 <u>찬다</u>.　(동사_받침× + -ㄴ-)

나. 선생님은 요즈음 매우 <u>바쁘시다</u>.

다. 영수는 <u>학생이다</u>.

그리고 관형사형에 의한 현재시제는 첫째, 동사에 관형사형어미 '-는'이 붙어 표현된다(가), 둘째, 형용사와 서술격조사에는 관형사형어미 '-(으)ㄴ'이 결합한다(나, 다).

가. 운동장에는 공을 <u>차는</u> 아이들로 넘쳤다.　(동사 + -는)

나. ① 요즘은 키가 <u>작은</u> 사람들이 없다.　　(형용사_받침○ + -은)

　　② 저렇게 <u>바쁜</u> 사람은 처음 본다.　　　(형용사_받침× + -ㄴ)

다. <u>반장인</u> 철수가 그 일을 맡아서 했다.　　(서술격조사 + -ㄴ)

현재시제에는 몇 가지 특징적인 용법이 있다. 현재시제는 기본적으로 사건시와 발화시가 일치하는 시간 관계를 나타내는 것 이외에도 화자가 문제의 사건을 지금 일어나고 있는 것처럼 기술할 때 현재시제로 표현한다. (가)처럼 반복적인 동작 또는 습관적인 일을 현재시제로 나타내고,

(나)처럼 사물의 항구적인 속성도 현재로 나타내고, (다)처럼 가까운 미래의 예정된 일을 나타낸다. (라)처럼 과거에 일어난 일이지만 현장감을 강조하는 경우에도 현재시제로 나타낸다.

가. 지구는 해를 <u>돈다</u>.   (반복적인 동작)
나. 인간은 생각하는 <u>동물이다</u>.   (사물의 항구적인 속성)
다. 나는 내일 수학여행을 <u>간다</u>.   (가까운 미래)
라. 세종대왕은 중대 발표를 <u>결심한다</u>.   (현장감 강조)

나) 과거시제

과거시제는 사건시가 발화시보다 앞서 있는 시제로, 종결형의 과거시제 표지는 다음과 같다. 첫째, 용언에 관계없이 어간의 모음 종류에 따라 시제 선어말어미 '-았-/-었-/-였-'이 결합한다(가), 둘째, 과거를 나타내는 선어말어미 '-았-/-었-/-였-'의 경우 '-었-'을 중복하여 의미를 선명하게 한다(나), 셋째, 회상 선어말어미 '-더-'가 붙어 표현된다(다).

가. ① 중기는 어제 책을 <u>읽었다</u>.   (동사 어간+-었-)
   ② 지난주에 일이 많아 우리는 매우 <u>피곤하였다</u>.   (형용사 어간+-었-)
   ③ 중기가 혜교를 처음 본 장소는 <u>병원이었다</u>.   (서술격조사+-었-)
나. ① 화단에 꽃이 <u>피었다</u>.   (동사 어간+-었-)
   ② 어제까지 꽃이 <u>피었었다</u>.   (과거시제 선어말어미의 중복)
   ③ 찬호는 고등학교 때 <u>축구선수였었다</u>.
다. ① 철수는 어제 도서관에서 <u>공부하더라</u>.   (용언 어간+-더-)
   ② *나는 어제 도서관에서 <u>공부하더라</u>.   (1인칭 제약)
   ③ 꿈에 <u>나는</u> 어제 도서관에서 <u>공부하더라</u>. ('꿈'이라는 상황)
   ④ 나는 그 영화가 <u>좋더라</u>.   (심리형용사)

(나①)와 (나②)는 의미 차이가 있다. (나①)가 '지금도 피어 있다.'는 의미인 반면, (나②)는 '지금은 꽃이 피어 있지 않다.'는 의미이다. '-았었/었었-'처럼 과거시제 선어말어미가 겹쳐 쓰면 과거와의 단절감을 나타내므로 과거와 현재 사이의 상황 변화를 나타낸다. (나③)의 '-았었/었었-' 또한 발화시보다 훨씬 이전에 일어난 사건을 나타내고, 현재와 시간상 멀어 단절되었음을 나타낸다.

회상 선어말어미에 '-더-'가 있다. (다①)의 '철수는 어제 도서관에서 공부하더라'라는 문장에서 '-더-'는 과거에 경험한 일을 회상하는 기능을 한다. '-더-'는 화자가 과거의 어느 시점에서 직접 보고 듣고 경험한 것을 발화시의 시점에서 그 당시의 상황을 회상할 때 쓰인다. (다②)에서 보듯이 '-더-'는 1인칭 주어와는 결합하지 않는다. 일반적 상황에서는 자기가 자기를 관찰하지 않기 때문이다. 그래서 '*나는 어제 도서관에서 공부하더라.'와 같은 비문이 된다. 그러나 (다③)처럼 자기를 객관화하여 관찰할 수 있는 상황이라면 1인칭 주어를 쓸 수 있고, (다④)처럼 심리형용사나 느낌을 나타내는 서술어인 경우는 오히려 1인칭 주어만 결합이 가능하다. 자기의 심리나 감각은 자기만이 느낄 수 있는 것이기 때문이다.

그리고 관형사형에 의한 과거시제는 첫째, 동사에 관형사형어미인 '-(으)ㄴ', 이 붙어 표현된다(가), 둘째, 동사와 형용사, 서술격조사에는 '-던'이 결합하여 표현된다(나, 다).

가. ① 이 책은 전에 읽은 책이다.   (동사_받침○ + -은)
　　② 어제 산 책을 다 읽었다.   (동사_받침× + -ㄴ)
나. 그 곱던 모습은 어디 갔을까?
다. 학생이던 내가 선생님이 되었다.
라. ① 이건 내가 먹은 빵이다.   (완료)
　　② 이건 내가 먹던 빵이다.   (지속)
　　③ 이건 내가 먹었던 빵이다.   (완료+지속)

(나, 다)에서 보듯이, 형용사의 관형사형어미 가운데 과거 표시 형태소가 없다. 그러므로 회상 선어말어미의 관형사형이 보충 형태로 쓰인다. (라①)과 (라②), (라③)은 의미 차이가 있다. (라①) '먹은 빵'의 경우는 '먹었다'는 과거의 동작이 완료된 것을 의미한다. 반면에 (라②) '먹던 빵'의 경우는 동작이 완료되지 않고 지속되고 있음을 나타낸다. 즉, '-던'과 결합하는 경우에는 회상 이외에 미완, 지속, 반복의 의미가 더해진다. (라③)의 '먹었던 빵'은 '-던'에 '-었-'이 결합한 경우로, '-던'이 나타내는 미완, 지속, 반복의 의미보다 '완료'의 의미가 더 두드러진다.

과거시제 표현은 몇 가지 특징이 있다. 첫째, '-었-'은 문맥에 따라 완료 혹은 상태 지속의 의미를 나타낸다. 둘째, 미래의 일을 확신하여 단정적으로 말하는 경우에 쓰인다(나), 셋째, 몇몇 형용사는 '-었-'과 결합하여 현재를 나타낸다(다).

가. ① 밖에는 지금 꽃이 피었다.
　　② 운동장에는 많은 사람이 모였다.
나. 화분을 깼으니, 넌 엄마한테 죽었다.
다. 앓고 난 후에 몸이 많이 말랐다.

(가①)과 (가②)는 과거에 이루어진 사건이 현재까지 이어지고 있는 상태를 나타낸다. (가①)는 지금 꽃이 핀 상태를 나타낼 수 있고, (가②)도 지금 사람이 많이 모인 상태를 나타낼 수 있다. 양태적인 의미로 볼 때 단순 과거는 사건을 전체적으로 '확인'하는 의미를 표현한다고 할 수 있다. (나)처럼 엄마한테 혼나는 일은 앞으로 벌어질 미래의 일이지만 이를 확신하여 단정적으로 표현할 때 '-었-'과 결합 가능하다. (다)처럼 '마르다, 찌다, 늙다, 닮다' 등의 일부 형용사는 '-었-'과 결합하여 현재의 상태를 나타낸다.

다) 미래시제

미래시제는 사건시가 발화시의 이후인 시제로, 종결형의 미래시제 표지는 다음과 같다. 첫째, 미래시제 선어말어미인 '-겠-'이 결합한다(가), 둘째, '-(으)리-'와 결합하여 성립된다(나), 셋째, 미래 관형사형어미 '-(으)리-'에 의존명사 '것'이 결합한 '-(으)ㄹ 것'에 의해 표현된다(다).

> 가. 내일 눈이 <u>오겠다</u>.
> 나. 내일 다시 <u>전화하리다</u>.
> 다. 내일 눈이 <u>올 것이다</u>.

(가)와 (다)의 '-겠-'과 '-(으)ㄹ 것'은 미래시제를 나타내기도 하고, 화자의 의지나 추측, 가능성을 나타내기도 한다. 미래를 추측하는 경우를 포함하여 어떤 추측이든지 그 근거가 있게 마련인데, 대체로 '-겠-'은 화자의 주관적 근거에 의한 판단을 나타낼 때 쓰이고, '-(으)ㄹ 것'은 객관적 근거에 의한 판단을 나타낼 때 쓰인다는 점에서 차이가 있다.

관형사형어미에 의한 미래시제는 용언의 어간에 관형사형어미'-(으)ㄹ'이 붙어 표현된다(가). 그런데 예문 (나, 다)에서 보듯이 관형사형어미 '-(으)ㄹ'이 미래시제 표지로만 쓰이는 것은 아니다. '-(으)ㄹ'은 때로 시제를 나타내지 않고 뒤에 오는 성분을 수식하는 기능만을 나타내는 경우도 있다.

> 가. 내일 볼 책이 무엇인지 생각해 보았다. (동사 어간+'-ㄹ')
> 나. 집에 갈 때 비가 왔었다.　　　　　　　(과거)
> 다. 내가 갈 때 너가 있겠지.　　　　　　　(미래)

참고 '-겠-'의 기능

'-겠-'은 추측, 의지, 가능성이라는 양태를 갖는다. 아래 예문으로 볼 때, '-ㄹ 것'은 '-겠-'보다 그 양태성이 약한 것으로 보인다.

가. ① 내일도 바람이 불겠다.   (추측)
    ② 내일도 바람이 불 것이다.   (약한 추측)
나. ① 내가 먼저 하겠다.   (의지)
    ② 내가 먼저 할 것이다.   (약한 의지)
다. ① 나도 합격할 가능성이 있겠다.   (가능성)
    ② 나도 합격할 가능성이 있을 것이다. (약한 가능성)

2) 상 표현

시간 표현과 관련을 맺는 또 다른 문법 기능에는 시간의 흐름 속에서 동작이 일어나는 모습을 나타내는 것이 있다. 발화시를 기준으로 동작이 계속 이어가는 모습, 동작이 막 끝난 모습 등이 그것이다. 이렇게 발화시를 기준으로 동작이 일어나는 모습을 나타내는 문법 기능을 동작상(動作相)이라고 한다. 동작상은 주로 연결어미와 보조용언이 결합한 '본용언+보조용언'의 형태로 나타나며, 종류에는 완료상, 진행상, 반복상, 기동상, 예정상 등이 있다. 여기에서는 대표적인 동작상인 진행상과 완료상을 살펴보기로 한다.

참고 상(aspect) 종류

① 순간상(momentaneous, instantaneous): 단기간에 일어난 순간적인 동작, ② 지속상(durative, continuative): 지속 또는 계속되는 동작, ③ 반복상(repetitive, iterative): 반복되는 동작, ④ 습관상(habituative), ⑤ 병발상(並發

相 simultaneous): 동시에 일어나는 동작, ⑥ 기동상(起動相 inchoative, inceptive): 막 시작되는 동작, ⑦ 종지상(終止相 cessative): 막 끝나가는 동작, ⑧ 완료상(completive, perfective): 완료된 동작, ⑨ 미완료상(incompletive, imperfective): 완료되지 못한 동작, ⑩ 근접상(proximate): 현재를 기점으로 근접된 과거나 미래의 동작 등등. 국어에서 이러한 상(aspect)의 형태를 모두 가려낼 수 있는 것은 아니지만 종래 이것을 시제와 혼동하여(가령 완료상 같은 것) 문법 기술을 복잡하게 했던 폐단은 점차 시정되어야 할 것이다.

가) 진행상

진행상은 사건이나 동작이 특정 시간 구간 내에서 계속 이어지고 있음을 나타낸다. 그 형태로는 진행상의 대표적 형식인 '-고 있다'가 있고(가), 이외에도 '-아/어 오다'나 '-아/어 가다'와 같은 형태가 진행상을 나타낸다(나, 다). 그리고 연결어미에 의해 진행상이 표시되는 경우도 있다(라).

> 가. ① 지안이는 학교에 <u>오고 있다.</u>
> ② 지안이는 학교에 <u>오고 있었다.</u>
> ③ 지안이는 학교에 <u>오고 있겠다.</u>
> 나. 아이가 <u>기어 온다.</u>
> 다. 과일이 빨갛게 <u>익어 간다.</u>

(가)에서 '-고 있다'는 현재시제, 과거시제, 미래시제 모두와 결합되어 (가①)에서는 현재시제의 진행을 나타내고, (가②)에서는 과거시제의 진행을 나타내고, (가③)에서는 미래시제의 진행을 나타낸다. '-아/어 오다'나 '-아/어 가다'은 과거에서부터 시작된 일이 지속되고 있음을 의미하는데, '-아/어 오다'의 경우는 말하는 현재 시점을 향해 진행되고 있음을 의미하고, '-아/어 가다'는 어느 목표 지점을 향해 진행됨을 나타낸다는데 차이가 있다.

나) 완료상

완료상은 사건이나 동작이 끝났거나 끝난 후의 결과 상태가 지속되고 있음을 나타낸다. 그 형태로는 연결어미 '-어'에 보조용언 '있다, 버리다, 내다, 놓다'의 결합이 있고, 연결어미 '-고'에 보조용언 '있다, 말다'의 결합이 있다.

> 민수는 의자에 앉아 있다.
> 영수는 그 남은 빵을 다 먹어 버렸다.
> 우리는 우리의 힘으로 모든 것을 이루어 냈다.
> 보고서를 이미 작성해 놓았지만 언제 제출해야 할지 모르겠다.
> 사랑하던 영미가 떠나고 말았다.
> 인성이가 넥타이를 매고 있다.

'-고 있다'는 매고 난 후의 상태 지속을 완료상으로 해석할 수도 있고 진행상으로 해석할 수도 있다. '입다, 벗다, 쓰다, 신다, 매다, 풀다, 끼다, 열다, 닫다' 등의 완성동사가 '-고 있다'와 함께 쓰이는 경우는 진행상과 완료상의 의미를 모두 갖는다.

다) 예정상

예정상은 어떤 동작이 앞으로 일어날 일임을 나타낸다. 예정상의 형태로는 '-게 되다', '-려고 하다'가 있다. 예문 (가)와 (나)처럼 예정상은 주관적인 양태적인 의미를 나타내는 것이 아니라 객관적인 예정된 사실을 기반으로 이루어진다.

> 가. 우리는 그 일을 하게 되었다.
> 나. 배가 곧 떠나려고 한다.

양태(modality)는 화자의 주관적인 태도, 판단을 나타내는 문법 범주를 말한다. 즉, 절이나 문장이 나타내는 명제 혹은 사건에 대한 화자의 태도, 이를 테면 사실 인식, 추측, 소망, 의지, 허락 등을 말한다. 양태는 어말어미나 선어말어미, 서술어구에 의해 실현되고, 부사나 조사, 어순이나 억양 등에 의해서도 실현될 수 있다.

가. 한라산 설경이 <u>아름답네</u>.　　　(사실 인식)
나. 한라산 설경이 <u>아름답겠다</u>.　　 (추측)
다. 한라산 설경이 <u>아름다울 거예요</u>.　(추측)
라. 한라산 설경 <u>보고 싶다</u>.　　　(소망)
마. 한라산 설경 보러 <u>가겠다</u>.　　(의지)
라. 지금 <u>출발해도 좋다</u>.　　　　(허락)

라. 피동 표현

주어가 제 힘으로 어떤 동작이나 행위를 하는 것을 능동이라 하고, 주어가 남의 행동에 의해 움직이게 되거나 행위에 영향을 받는 것을 피동이라 한다. 피동을 문법적인 절차에 의해 표현한 문장을 피동문이라고 하고, 이를 나타내는 용언의 형태를 피동형이라고 한다. 그리고 피동문을 만드는 문법적인 방법을 피동법이라고 한다.

피동문은 용언의 어근에 피동접미사가 '-이-, -히-, -리-, -기-' 등이 결합하여 성립되거나, 본용언의 어간에 '-어(아)지다'가 결합하여 성립된다.

가. 신발 끈을 풀었다.　(능동)
나. 신발 끈이 풀렸다.　(단형 피동)
다. 신발 끈이 풀어졌다. (장형 피동)

(나)는 용언의 어간 '풀-'에 피동접미사인 '-리-'가 붙어서 피동형이 되었고, (다)는 용언의 어간 '풀-'에 '-어지다'가 붙어서 피동형이 되었다. (가)처럼 피동접미사에 의한 피동을 단형 피동, 짧은 피동 혹은 파생적 피동이라 하고, (나)처럼 보조용언에 의한 피동을 장형 피동, 긴 피동 혹은 통사적 피동이라고 한다.

1) 단형 피동

단형 피동은 능동문의 타동사 어간에 피동접미사 '-이-, -하-, -리-, -기-' 등을 붙여 만든다. 피동접미사가 붙어 형성된 피동사의 예를 들면 다음과 같다.

가. -이-: 놓이다, 보이다, 묶이다, 섞이다, 쌓이다, 쓰이다, 파이다
나. -히-: 닫히다, 먹히다, 묻히다, 박히다, 밟히다, 얹히다, 잡히다
다. -리-: 눌리다, 들리다, 물리다, 밀리다, 풀리다, 알리다
라. -기-: 감기다, 끊기다, 안기다, 찢기다

피동접미사가 붙는 피동형의 특징은 다음과 같다.

첫째, 피동접미사는 일반적으로 타동사의 어간에 연결되어 자동사가 된다. 그러나 자동사 뒤에 나타나기도 한다(날다 → 날리다, 울다 → 울리다).

둘째, 피동접미사 '-이-, -히-, -리-, -기-'는 사동접미사로 쓰이기도 하여 외형상 피동사와 사동사가 일치한다. 이때 피동사와 사동사는 목적어의 유무로 구별할 수 있다. 피동문은 능동문의 목적어가 주어가 되므로 피동문은 목적어를 취하지 못하지만 사동문은 목적어를 취한다.

가. 멀리 건물 사이로 하늘이 <u>보인다</u>.   (피동)
나. 철수는 영희에게 사진첩을 <u>보여 주었다</u>.   (사동)

셋째, 모든 타동사에 피동접미사를 결합하여 피동사로 파생되는 것은 아니다. 피동접미사가 붙을 수 없는 말에는 '-하다'계 동사, 수여동사, 수혜동사, 지각동사, 대칭동사 등이 있다.

가. '-하다'계 동사: 공부하다, 사랑하다, 슬퍼하다, 조사하다, 좋아하다 등
나. 수여동사: 주다, 받다, 드리다, 바치다 등
다. 수혜동사: 돕다, 사다, 얻다, 잃다, (은혜를) 입다, 찾다 등
라. 경험동사: 알다, 배우다, 바라다 등
마. 대칭동사: 만나다, 닮다 등

넷째, '-하다'계 동사들은 피동접미사를 붙여 피동사를 만들지 못하고, 장형 피동에 의해서도 피동사를 만들지 못한다. 이런 경우 '-하다'를 '-되다(건설되다, 결정되다, 사용되다. 증명되다 등)'나 '-당하다(거절당하다, 공격당하다, 모욕당하다, 무시당하다 등)', '-받다(사랑받다, 오해받다, 교육받다 등)'[16]로 바꾸어 피동형을 만든다.

가. 순서를 제비뽑기로 순서를 결정했다. (능동문)
가'. 순서가 제비뽑기로 결정되었다. (피동문)
나. 그는 나의 부탁을 거절했다. (능동문)
나'. 나의 부탁이 그에게 거절당했다. (피동문)
다. 그는 아내를 사랑한다. (능동문)
다'. 아내는 그에게 사랑받는다. (피동문)

단형 피동문을 만드는 방법은 다음과 같다.

---

[16] '받다'가 구체적인 사물을 받는 행위를 뜻할 때에는 동사로서 그 앞말과 띄어 써야 하지만, 행위성을 지닌 동사성 명사 뒤에서 피동적인 의미를 나타낼 때에는 접미사이므로 앞말과 붙여 써야 한다.

능동문이 피동문으로 바뀔 때 능동문의 주어는 피동문의 부사어(에게, 한테, 에 의해)로 되고, 능동문의 목적어는 피동문의 주어가 되며, 서술어인 타동사는 피동접미사가 붙어 피동사가 된다.

　가. <u>사냥꾼이 토끼를 잡았다.</u>　　　　　(능동문)
　　　(주어)　(목적어)　(타동사)
　나. <u>토끼가 사냥꾼{에게/한테/에 의해} 잡혔다.</u>　(피동문)
　　　(주어)　　　(부사어)　　　(피동사)

　능동문의 주어가 피동문의 부사어로 바뀌는 형태는 다양하다. 능동문의 주어가 유정명사일 때에는 '에게'나 '한테'가 붙고, 무정명사일 때에는 '에'가 붙는다. 이와 같은 경우 대체로 '에 의해'를 쓸 수 있다.

　가. <u>경찰{에게/한테/에 의해} 잡혔다.</u>
　나. <u>태풍{에/에 의해} 휩쓸렸다.</u>
　다. <u>그는</u> 학생들에게 책을 팔았다.　　　(능동문)
　다′. 책이 <u>그에 의해</u> 학생들에게 팔렸다.　　(피동문)
　라. 범인은 <u>영수에 의해</u> <u>경찰에게</u> 잡혔다.　(영수: 간접, 경찰: 직접)

　능동문에 '에게'가 붙은 부사어가 있는 경우 능동문의 주어가 '에게' 형태의 부사어로 바뀔 수 없다. 이런 경우에는 (다′)처럼 능동문의 주어가 '에 의해' 형태의 부사어로 나타나는 것이 일반적이다. 또한 피동문의 주어가 피동문의 부사어에 대하여 직접적으로 행위가 미치는 경우에는 '에게'를 사용하고, 간접적으로 행위가 미치는 경우에는 '에 의해'를 사용한다. (라)에서 범인을 잡은 것은 경찰이고, 영수는 범인을 잡는데 제보를 하는 등의 간접적인 도움을 준 것이다.

　'을/를'이 붙은 목적어가 하나 혹은 그 이상이 있는 능동문은 두 가지

유형의 피동문이 가능하다.

　　가. 형이 손을 잡았다.
　　가´. ① 형에게 손이 잡혔다.
　　　　② 형에게 손을 잡혔다.
　　나. 시민이 도둑을 덜미를 잡았다.
　　나´. ① 도둑이 시민에게 덜미를 잡혔다.
　　　　② 도둑이 시민에게 덜미가 잡혔다.

2) 장형 피동

　　장형 피동은 능동문의 서술어에 '-아/어지다'를 붙여 피동문을 만든다. 장형 피동은 단형 피동과 마찬가지로 능동문의 서술어가 타동사인 경우에 가능하다.

　　가. 철수는 공을 던졌다.
　　가´. 공은 철수에 의해 던져졌다.

　　(가)에서 서술어 '던지다'는 접미피동사와 결합된 피동사가 존재하지 않는다. 이런 경우 '-아/어지다'는 피동접미사와 결합이 불가능한 동사 '던지다'에 붙어 피동문을 만든다. 지금까지 어떤 경우에 피동사를 사용하고 어떤 경우에 '-아/어지다'를 사용하는지는 완전히 밝혀지지 않았다. 다만 동사 어간이 'ㅣ' 모음으로 끝나는 '던지다, 지키다, 때리다, 만지다' 등의 단어와 '얻다, 느끼다, 기다리다, 만들다' 등은 장형 피동만 쓸 수 있다.
　　그런데 '-아/어지다'가 붙는 문장이 모두 피동의 뜻을 나타내는 것은 아니다. 형용사 뒤에 '-아/어지다'가 붙는 경우는 피동이 의미가 아니라 그러한 상태로 됨을 의미한다. 즉, 형용사가 동사화되어 상태의 변화를 나타낸다.

가. 얼굴이 몰라보게 <u>예뻐졌다</u>.

나. 해가 뜨니 주변이 <u>환해진다</u>.

다. 노래를 들으니 <u>슬퍼진다</u>.

장형 피동문을 만드는 방법은 다음과 같다.

능동문이 피동문으로 바뀔 때 능동문의 주어는 피동문의 부사어(에게, 한테, 에 의해)로 되고, 능동문의 목적어는 피동문의 주어가 되며, 서술어인 타동사에 '-어(아)지다'가 붙는다.

가. <u>사실을 밝혔다</u>.[17]　(능동문)

　　(목적어) (타동사)

나. <u>사실이 밝히어졌다</u>. (피동문)

　　(주어)　(피동사)

3) 피동의 특성 및 제약

능동문과 피동문은 내포하는 의미는 같고, 차이점이 있다면 무엇을 강조하느냐에 있다. 한국어 문장은 주어에 관심이 쏠리므로 능동문의 목적어에 초점을 두고자 할 경우에는 이를 피동문으로 바꾸어 쓰면 된다.

가. 나는 여기서 하늘을 본다.

나. 하늘이 여기서 나에게 보인다.

---

[17] (가) '밝히다'는 '밝다'의 피동형으로 보이지만, '진리, 가치, 옳고 그름 따위를 판단하여 드러내 알리다'의 의미를 지닌 타동사이다. 이와 비교하여 '밝다'는 '불빛 따위가 환하다', '빛깔의 느낌이 환하고 산뜻하다'의 의미를 지닌 형용사이다. (나) '사실이 밝혀졌다'는 이중피동 형식으로 보이지만 '밝히다'가 타동사이므로 동사 어간에 '어지다'가 결합한 것이다.

능동문의 타동사 가운데 단형 피동형과 장형 피동형을 모두 가지고 있는 동사의 피동문은 의미 차이가 있다.

    가. 코가 막혔다(자연적) : 코가 막아졌다(인위적)
    나. 밭이 잘 갈린다(자연적) : 밭이 잘 갈아진다(인위적)

능동과 피동의 대응 관계를 살펴보면, 피동사가 주어진 경우에도 상황에 따라 피동문이 성립되지 않는 경우도 있고, 피동문에 대응하는 능동문이 없는 경우도 있다.

    가. ① 철수가 칭찬을 들었다.   (*칭찬이 철수에게 들렸다.)
       ② 소가 풀을 열심히 뜯는다.   (*풀이 소에게 열심히 뜯긴다.)
    나. ① 날씨가 풀렸다.   (*누가 날씨를 풀었다.)
       ② 손에 못이 박혔다.   (*누가 손에 못을 박았다.)

(가)에서 '듣다-들리다', '뜯다-뜯기다'처럼 피동사가 존재함에도 불구하고 피동문이 성립하지 않는다. (가)의 피동문이 불가능한 이유는 그 주어가 전혀 의지를 가질 수 없는 것이기 때문이다. (나) 또한 대응하는 능동문이 없는 피동문이다. (나)에서 대응하는 능동문이 존재하지 않는 이유는 자연적 발생이나 어떤 현상을 나타내므로 의지나 의도를 가진 주체를 상정하기 어렵기 때문이다. 자신의 의지나 의도와 관련이 없고 어떤 행위주의 행동에 의한 것이 아니라는 의미적 특성을 지닌다는 점에서 이를 '무의지적/비의도적 상황, 탈(脫)행동성'으로 설명한다.

○ 견해1: 이중 피동은 비문이라 사용해서는 안 된다. 다음 예문 (가)의 '막혀졌다'는 '막+히+어지+었다'로, (나)의 '갈려진다'는 '갈+리+어지+ㄴ다'의 이중 피동의 형식이므로 비문이다.

   가. 코가 막혀졌다.
   나. 밭이 잘 갈려진다.

○ 견해2: '-어지다' 피동문이 불가능한 타동사들도 있는데 이런 경우에는 피동 접사와 '-아/-어지다'를 함께 사용하여 표현하면 자연스러워진다.

   가. 젊은이들이 소설책을 읽는다.
   나. 소설책이 젊은이들에게 읽어진다.(×)
   다. 소설책이 젊은이들에게 읽혀진다.(○)

마. 사동 표현

동작주가 직접 동작을 하는 것을 주동이라 하고, 동작주(사동주)가 다른 사람(피사동주)에게 어떤 행위를 하게 하거나 어떤 상황에 놓이게 하는 것을 사동이라 한다. 사동을 문법적인 절차에 의해 표현한 문장을 사동문이라고 하고, 이를 나타내는 동사를 사동사라고 한다. 그리고 사동문을 만드는 문법적인 방법을 사동법이라고 한다.

사동법은 용언의 어근에 사동접미사 '-이-, -히-, -기-, -리-, -우-, -구-, -추-' 등이 결합하여 성립되거나, 본용언의 어간에 '-게 하다'가 결합하여 성립된다.

가. 아이가 밥을 먹는다.

나. 어머니께서 아이에게 밥을 먹이신다.　　(먹다 → 먹이다)

다. 어머니께서 아이에게 밥을 먹게 하신다.　(먹다 → 먹게 하다)

(나)는 용언의 어근 '먹-'에 사동접미사인 '이'가 붙어서 사동사가 되었고, (다)는 본용언의 어간인 '먹-'에 '-게 하다'가 붙어서 사동사가 되었다. (나)처럼 사동접미사에 의한 사동을 '단형 사동', '짧은 사동', 혹은 '파생적 사동'이라 하고, (다)처럼 '-게 하다'에 의한 사동을 '장형 사동', '긴 사동' 혹은 '통사적 사동'이라 한다.

1) 단형 사동

단형 사동은 용언의 어간에 사동접미사 '-이-, -히-, -기-, -리-, -우-, -구-, -추-, -이우-, -애-, -시-, -으키-, -이키-' 등을 결합하여 만든다. 이때 사동접미사는 자동사, 타동사, 형용사에 두루 붙을 수 있다.

가. -이-: 끓이다, 녹이다, 높이다, 먹이다, 보이다, 속이다, 죽이다

나. -히-: 넓히다, 눕히다, 밝히다, 앉히다, 업히다, 익히다, 입히다, 읽히다, 잡히다, 좁히다

다. -리-: 날리다, 돌리다, 물리다, 살리다, 알리다, 얼리다, 울리다

라. -기-: 감기다, 남기다, 뜯기다, 맡기다, 벗기다, 숨기다, 안기다, 웃기다

마. -우-: 깨우다, 비우다, 지우다

바. -구-: 달구다

사. -추-: 낮추다, 늦추다

아. -이우-: 세우다, 재우다, 태우다, 채우다, 키우다

자. -애-: 없애다

차. -시-: 적시다

카. -으키-: 일으키다

타. -이키-: 돌이키다

사동접미사가 붙는 사동형의 특징은 다음과 같다.

첫째, 접미사에 의한 피동형과 사동형이 둘 다 존재할 경우, '먹히다'와 '먹이다'처럼 피동사와 사동사의 형태가 다른 경우도 있지만, '보이다, 잡히다, 업히다, 끌리다, 읽히다' 등과 같이 형태가 같은 경우가 대부분이다. 이때 피동형과 사동형은 목적어의 유무로 구별된다. 즉, 피동문은 능동문의 목적어가 피동문의 주어가 되므로 피동문은 목적어를 취하지 못하지만, 사동문은 목적어를 취한다.

둘째, 주동사에 사동접미사가 붙는 경우에는 대체로 하나의 사동접미사가 붙는 것이 일반적이나 일부 동사는 사동접미사를 두 개 겹쳐 쓰기도 한다. 이와 같은 예로는 '세우다(서다 → 서이우다 → 세우다)', '재우다(자다 → 자이우다 → 재우다)', '태우다(타다 → 타이우다 → 태우다)', '채우다(차다 → 차이우다 → 채우다)', '키우다(크다 → 크이우다 → 키우다)' 등이 있다.

셋째, 일부 동사는 '-애-, -시-, -으키-, -이키-' 등 특이한 사동접미사가 붙기도 한다. 이와 같은 예로는 '없애다(없다)', '적시다(적다)', '일으키다(일다)', '돌이키다(돌다)'가 있다.

넷째, 모든 주동사에 사동접미사가 결합하여 사동사로 파생되는 것은 아니다. 사동접미사가 붙을 수 없는 말에는 '-하다'계 동사, 수여동사, 수혜동사, 경험동사, 대칭동사, 모음 'ㅣ'로 끝나는 동사 등이 있다.

가. '-하다'계 동사: 공부하다, 사랑하다, 슬퍼하다, 조사하다, 좋아하다 등

나. 수여동사: 주다, 받다, 드리다, 바치다 등

다. 수혜동사: 돕다, 사다, 얻다, 잃다, (은혜를) 입다, 찾다 등

라. 경험동사: 알다, 배우다, 바라다 등

마. 대칭동사: 만나다, 닮다 등

바. 모음 'ㅣ'로 끝나는 동사: 던지다, 때리다, 이기다, 지키다 등

다섯째, '-하다'로 끝나는 주동사를 사동사로 만들 때에는 '-하다' 대신에 '-시키다'를 쓴다. '-시키다'에 의한 사동표현은 주로 동사 '하다'나 '-하다'가 결합되어 있는 동사에 대응해서만 쓰인다. 즉, '먹다, 읽다' 등의 동사들에 대응해서는 쓰일 수 없고, '얌전하다, 정직하다' 등의 형용사에는 '하다'가 결합되어 있지만 '시키다'로 사동 표현을 만들 수 없다. '시키다'에 의한 사동 표현은 일부분에 국한된다고 볼 수 있다. 그리고 '밥하다, 떡하다, 머리하다'와 같은 구체적인 사물을 가리키는 명사와 '-하다'가 결합한 경우에는 '-시키다'를 써서 사동 표현을 만들지 못한다.

단형 사동문을 만드는 방법은 주동문의 서술어가 자동사와 형용사인 경우와 서술어가 타동사인 경우가 다르다.

첫째, 주동문의 서술어가 자동사나 형용사인 문장이 사동문이 되는 경우에는 주동문에 없던 새로운 동작주(사동주)가 나타나고, 주동문의 주어가 사동문의 목적어로 바뀌고, 주동문의 서술어는 사동접미사가 붙어 사동사로 바뀐다.

　○ 서술어가 자동사인 경우
　가. 얼음이 녹는다.　　　　(주동)
　나. 사람들이 <u>얼음을</u> <u>녹인다.</u> (사동)

　○ 서술어가 형용사인 경우
　가. 길이 넓다.　　　　　(주동)
　나. 사람들이 <u>길을</u> <u>넓힌다.</u>　(사동)

둘째, 주동문의 서술어가 타동사인 문장이 사동문이 되는 경우에는 주동문에 없던 새로운 동작주(사동주)가 나타나고, 주동문의 주어는 사동문의 부사어(에게, 한테, -로 하여금)나 목적어가 되고, 주동문의 목적어는 그대로 사동문의 목적어가 된다. 그리고 주동문의 서술어는 사동접미사가 붙어 사동사로 바뀐다.

○ 서술어가 타동사인 경우

가. 아이가 옷을 입었다. (주동)

나. ① 어머니께서 <u>아이에게</u> <u>옷을</u> <u>입히셨다</u>. (사동)

   ② 어머니께서 <u>아이를</u> 옷을 <u>입히셨다</u>.

주동문의 주어 '아이가'는 사동문에서 부사어 '아이에게' 혹은 목적어 '아이를'이 된다. 이 경우 '아이에게'가 '아이를'보다 더 많이 쓰이는 경향이 있는데 이는 하나의 문장에 목적어가 두 개 있는 것을 회피하여 문장을 만드는 경향이 있기 때문이다.

2) 장형 사동

장형 사동은 용언의 어간에 보조적 연결어미 '-게'와 보조동사 '하다'가 결합한 '-게 하다'를 붙여서 만든다. 장형 사동은 사동접미사를 결합하여 사동문을 만드는 방식보다 결합 가능한 동사의 범위가 넓다. 즉, 장형 사동은 사동접미사와 결합 불가능한 동사는 물론 사동접미사와 결합 가능한 동사에도 붙어 사동문을 만든다. 이때 (다②)와 같이 보조동사 '하다' 대신에 '만들다'를 사용할 수 있다.

가. 친구들이 집에 왔다.

나. 부모님이 친구들을 집에 오이었다. (×)

다. ① 부모님이 친구들을 집에 <u>오게 하였다</u>.

   ② 부모님이 친구들을 집에 <u>오게 만들었다</u>.

장형 사동문을 만드는 방법은 주동문의 서술어가 자동사와 형용사인 경우와 서술어가 타동사인 경우로 나눌 수 있다.

첫째, 주동문의 서술어가 자동사나 형용사인 문장이 사동문이 되는 경우에는 주동문에 없던 새로운 동작주(사동주)가 나타나고, 주동문의 주어가 사동문의 목적어나 주어로 바뀌고, 주동문의 서술어에 '-게 하다'가 붙는다. '-게 하다'가 어떤 범위에 걸치느냐에 따라 주동문의 주어가 사동문에서 그대로 주어가 될 수 있다. 서술어가 자동사인 경우, 주동문의 주어 '얼음이'는 사동문에서 '얼음을 혹은 '얼음이'가 되고, 서술어가 형용사인 경우, 주동문의 주어 '길이'는 사동문에서 '길을' 혹은 '길이'가 된다. 일반적으로 하나의 문장에 같은 문장 성분이 동시에 나타나는 것을 꺼리는 경향이 있으므로 조사 '이/가'를 사용하는 것보다는 '을/를'을 사용하는 것이 더 자연스럽다.

○ 서술어가 자동사인 경우
가. 얼음이 녹는다.　　　　　　(주동)
나. ① 사람들이 <u>얼음을</u> <u>녹게 한다</u>. (사동)
　　② 사람들이 <u>얼음이</u> <u>녹게 한다</u>.

○ 서술어가 형용사인 경우
가. 길이 넓다.　　　　　　(주동)
나. ① 사람들이 <u>길을</u> <u>넓게 한다</u>.　 (사동)
　　② 사람들이 <u>길이</u> <u>넓게 한다</u>.

둘째, 주동문의 서술어가 타동사인 문장이 사동문이 되는 경우는 주동문의 서술어가 자동사나 형용사인 경우와 유사하다. 주동문의 주어 '아이가'는 사동문에서 부사어나 목적어, 혹은 주어로 바뀐다. 이때 한 문장에 같은 성분이 나란히 오는 것을 꺼리는 현상으로 부사어로 바뀌는 것이 더 자연스럽다.

○ 서술어가 타동사인 경우

가. 아이가 밥을 먹는다.

나. ① 어머니께서 <u>아이에게</u> 밥을 먹게 하신다.

　② 어머니께서 <u>아이를</u> 밥을 먹게 하신다.

　③ 어머니께서 <u>아이가</u> 밥을 먹게 하신다.

3) 사동의 특성 및 제약

사동문은 주어의 직접적 행위 또는 주어의 간접적 행위 가운데 하나 혹은 두 가지 의미를 지닌다. 직접적 행위란 사동주가 피사동주의 행위에 직접적으로 관여하여 서술어 행위를 실행하는 것을 말한다. 간접적 행위란 사동주가 피사동주에게 어떤 행동을 시키기만 할 뿐 그 행동에는 관여하지 않는 것을 말한다.

　가. 어머니께서 동생에게 옷을 입히셨다.

　나. 어머니께서 동생에게 옷을 입게 하셨다.

(가)는 '어머니께서 동생에게 옷을 직접 입히셨다'는 의미와 '어머니께서 동생 스스로 옷을 입게 했다'는 해석이 가능하다. (나)는 '어머니께서 동생 스스로 옷을 입도록 했다'는 해석이 가능하다. 일반적으로 단형 사동문은 직접적 행위와 간접적 행위로 두 가지 해석이 가능하지만, 장형 사동문은 간접적 행위로만 해석된다.

한편, 사동접미사에 의한 사동문이 언제나 직접적인 의미와 간접적인 의미 모두 포함하는 것은 아니다. (가)의 '읽히셨다'는 '책을 읽도록 시킨' 의미로 직접적인 의미보다는 간접적인 의미로 해석된다. '-게 하다'에 의한 사동문 또한 언제나 간접적 행위로만 해석되는 것은 아니다. (나)의 경우, 간접적인 의미뿐만 아니라 철수가 우리에게 소리를 지르는 등의 직접적인 행위를 해서 놀라게 하는 직접적인 의미로 가질 수 있다.

가. ① 선생님께서 철수에게 책을 <u>읽히셨다</u>.   (간접적인 행위로만 해석)
　　② 선생님께서 철수에게 책을 <u>읽게 하셨다</u>.
나. 철수가 우리를 놀라게 한다.　　　　　(직접 행위, 간접 행위 가능)

바. 부정 표현

부정문의 종류에는 '안' 부정문, '못' 부정문, '말다' 부정문이 있다. '안' 부정문, '못' 부정문은 단형 부정과 장형 부정의 형태를 갖는다. 단형 부정은 부정부사 '안(아니)', '못'을 사용하여 부정을 나타내는 방식이고, 장형 부정은 부정서술어 '않다(아니하다)', '못하다'를 사용해 부정문을 만드는 방식이다.

1) '안' 부정문

가) 형태

'안' 부정에는 부정의 뜻을 나타내는 부사 '아니(안)'와 부정의 뜻을 나타내는 표현 '-지 않다'를 사용하여 부정문을 만든다. 부정부사 '안'은 부정문의 서술어 앞에 놓이고 부정 서술어 '-지 않다'는 문장에서 서술어 뒤에 붙어 부정문을 만든다. 전자를 단형 부정문이라 하고, 후자를 장형 부정문이라 한다.

가. 철수는 인천에 <u>안 갔다</u>.　　　(부정부사 '안')
나. 철수는 인천에 <u>가지 않았다</u>. (보조용언 '-지 않다')

서술격조사 '이다'는 '안(아니)' 부정문에서는 형용사인 '아니다'로 성립된다.

가. 침대는 가구<u>이다.</u>
나. 침대는 가구가 <u>아니다.</u>　　　(서술격조사 → 형용사 '아니다')

나) 의미

'안' 부정은 서술어의 종류와 문맥에 따라 단순 부정과 의지 부정을 나타낸다. 서술어가 형용사일 경우는 단순 부정의 뜻을 가지게 되고, 서술어가 행동주의 의지가 작용할 수 있는 행위를 표시하는 동사일 경우는 단순 부정과 의도 부정의 뜻을 갖는다.

가. ① 여기에는 볕이 <u>안</u> 든다.　　　(단순 부정)
　② 겨울인데 날씨가 춥지 <u>않다.</u>　(단순 부정)
나. 수지는 학교에 <u>가지 않았다.</u>　(단순 부정, 의지 부정)

(가)에서 '안' 부정은 객관적 사실에 대한 부정을 나타낸다. 이런 경우 '안' 부정을 단순 부정, 순수 부정, 중립 부정, 객관 부정이라고도 한다. (나)에서 '안' 부정은 주체가 행위의 의지를 가지지 않았음을 보여주므로 의지 부정, 의도 부정을 나타낸다.

다) 특성 및 제약

첫째, '안' 부정은 보통 평서문, 의문문과 어울린다. 그런데 아래 예문 (다)와 같이 희망이나 원망을 나타낼 때, 구호나 표어를 나타낼 때에는 명령문과 결합하기도 한다.

가. ① 선우는 빵을 안 먹는다.
　② 선우는 빵을 먹지 않는다.
나. ① 선우는 빵을 안 먹어요?
　② 선우는 빵을 먹지 않아요?

다. ① 제발 내일 비가 오지 않아라!
　　② 안 먹고, 안 쓰고, 안 입자!

둘째, 시제를 나타내는 선어말어미 '-았-/-었-/-였-', '-더-', '-겠-' 등이 부정문에 쓰이는 경우 부정부사 '안'이 쓰인 문장에서는 문장의 서술어에 붙고, 부정서술어 '-지 않다'가 쓰인 문장에서는 '-지 않다'에 붙는다.

　가. 중기는 밥을 안 먹었다. / 중기는 밥을 먹지 않았다.
　나. 중기는 밥을 안 먹겠지?　/ 중기는 밥을 먹지 않겠지?

셋째, 주체 높임을 나타내는 선어말어미 '-(으)시-'와 '-지 않다'가 함께 쓰일 때에는 본래의 서술어나 부정 표현 '-지 않다'에 붙는다. 그리고 둘 다에 붙을 수도 있다. 이런 경우 (나)와 같이 부정 표현에 붙어 사용하는 것이 가장 자연스럽다.

　가. 할아버지께서는 지금 신문을 읽지 <u>않으신다</u>.
　나. 할아버지께서는 지금 신문을 <u>읽으시지</u> 않는다.
　다. 할아버지께서는 지금 신문을 <u>읽으시지</u> <u>않으신다</u>.

넷째, 부정부사 '안'이 쓰일 때에는 동사나 형용사에 따라 제약이 생긴다. 서술어가 파생어나 합성어일 때에는 '안'이 쓰일 수 없다. 부정부사 '안'과 함께 쓰이지 못하는 파생어와 합성어 목록은 다음과 같다.

　가. 접두파생어: 빗나가다, 새파랗다, 얄밉다, 억세다, 짓밟다, 재빠르다. 휘감다
　나. 접미파생어: 기웃거리다, 깜박이다, 슬기롭다, 자랑스럽다, 정답다, 정성스럽다

다. 합성어: 오가다, 가다듬다, 다다르다, 값싸다, 재미있다, 못나다, 검붉다,
　　　　 굳세다, 잘나다
　　라. 명사+하다: 공부하다, 과분하다, 노래하다, 운동하다, 약하다, 연구하다,
　　　　 이사하다

　다만, '명사+-하다'가 붙어서 된 파생어는 목적격 조사 '을/를'을 넣으
면 '안'과 함께 사용할 수 있다. 단형 부정을 만들 때에는 '안'이 '하-(다)'
앞에 쓰인다. '명사+-하다'가 부정문이 될 때 긴 부정문이 자연스러운
경우가 많다.

　　가. 미영이는 밤새 공부했다.
　　나. ① *미영이는 밤새 안 공부했다.
　　　② 미영이는 밤새 공부를 안 했다.　　　(단형 부정문)
　　　③ 미영이는 밤새 공부를 하지 않았다.　(장형 부정문)

　다섯째, 모든 용언과 '안' 부정문이 결합하는 것은 아니다. '견디다,
알다, 깨닫다' 등은 주어의 의지가 작용할 수 없으므로 '안' 부정문과
결합하지 않는다.

　　가. *인성이는 더위를 더 이상 안 견뎠다.
　　나.　인성이는 더위를 더 이상 못 견뎠다.

　여섯째, '안' 부정문의 해석은 초점에 의한 중의성, 부사의 범위에 의
한 중의성이 발생할 수 있다.

　　가. ① 나는 민호를 안 때렸다.
　　　② 나는 민호를 때리지 않았다.

나. ① 손님이 다 안 왔다.

② 손님이 다 오지 않았다.

다. ① 나는 민호를 때리지는 않았다. (때리지 않고 밀었다)

② 손님이 다 오지는 않았다.　　(일부만 왔다.)

(가)는 '안'이 무엇을 부정하느냐에 따라 '나는 민호가 아닌 다른 사람을 때렸다, 다른 사람이 민호를 때렸다, 나는 그를 때리지 않고 밀기만 했다.' 등으로 해석될 수 있다. 또 (나)는 '안'이 수량을 나타내는 '다'와 함께 쓰여 부정의 범위가 분명하지 않게 되었다. 그 결과 손님이 전부 오지 않았는지, 일부만 오지 않았는지 모호하게 되었다. 긴 '안' 부정문의 경우, (다)와 같이 '-지는 않다'의 형태를 사용하여 부정문의 중의성을 해소할 수 있다.

일곱째, '안'은 부정의문문과 확인의문문에 모두 사용된다. 부정의문문은 부정의 형태를 띤 의문문을 말하고, 부정의문문은 시간표현의 선어말어미가 보조용언에 나타나고 말끝이 올라간다. 확인의문문은 어떤 사실을 알고 그것을 확인하는 의문문을 말하고, '-지 않-'이 붙는다. 확인의문문은 시간표현의 선어말어미가 본용언에 나타나고, 말끝을 올리지 않으며, 대답하기 어렵다.

가. 민호가 숙제를 하지 않았니? ↗ (숙제를 했는지 안 했는지 모름)

나. 민호가 숙제를 했지 않니? ↘　(숙제를 한 것을 확실히 알고 있음)

2) '못' 부정문

가) 형태

'못' 부정에는 부정의 뜻을 나타내는 부사 '못'과 부정의 뜻을 나타내는 표현 '-지 못하다'를 사용하여 부정문을 만든다. 부정부사 '못'은 부정문의 서술어 앞에 놓이고 부정 서술어 '-지 못하다'는 문장에서 서술어 뒤에 붙어 부정문을 만든다. 전자를 단형 부정문이라 하고, 후자를 장형 부정문이라 한다.

가. 미영이는 아직 인성이를 <u>못 만났다</u>.　　(부정부사 '못')
나. 미영이는 아직 인성이를 <u>만나지 못했다</u>.　(보조용언 '-지 못하다')

나) 의미

'안' 부정이 객관적 사실에 대한 부정, 동작주의 의지에 의한 부정이라면, '못' 부정은 능력 부족으로 인한 부정, 외부의 원인으로 인한 부정, 기대에 미치지 못함으로 부정을 나타낸다. '못' 부정을 능력 부족, 불능 (不能) 부정, 불급(不及) 부정이라고도 한다.

가. 그는 피아노를 <u>못 친다</u>.　　　(능력 부족)
나. 눈이 많이 와서 학교에 <u>못 간다</u>.(외부의 원인)
다. 교실이 따스하지 <u>못하다</u>.　　(기대에 못 미침)

다) 특성 및 제약

첫째, '못' 부정은 '안' 부정과 마찬가지로 평서문과 의문문에서 사용된다.

가. ① 선우는 빵을 못 먹는다.
　　② 선우는 빵을 먹지 못한다.
나. ① 선우는 빵을 못 먹어요?
　　② 선우는 빵을 먹지 못해요?

둘째, 시제를 나타내는 선어말어미 '-았-/-었-/-였-', '-더-', '-겠-' 등이 부정문에 쓰이는 경우 '못'이 쓰인 문장에서는 문장의 서술어에 붙고, 부정서술어 '-지 못하다'가 쓰인 문장에서는 '-지 못하다'에 붙어서 사용된다.

    가. 중기는 밥을 못 먹었다. / 중기는 밥을 먹지 못했다.
    나. 중기는 밥을 못 먹겠지? / 중기는 밥을 먹지 못했겠지?

    셋째, 주체 높임을 나타내는 선어말어미 '-(으)시-'는 본래의 서술어나 부정 표현 '-지 않다'에 붙는다. 그리고 둘 다에 붙을 수도 있다. 이때 (나)와 같이 부정 표현 '-지 못하다'에 붙는 것이 가장 자연스럽다.

    가. 어머니는 여행을 가지 <u>못하셨다</u>.
    나. 어머니는 여행을 <u>가시지</u> 못했다.
    다. 어머니는 여행을 <u>가시지</u> <u>못하셨다</u>.

    넷째, '못'의 기본 의미가 '어떤 행위를 할 수 없음'을 뜻하기 때문에 서술어가 형용사, 상태를 나타내는 동사, '명사-이다'일 때는 '못'이 쓰일 수 없다. 따라서 '못' 부정은 서술어가 행위를 나타내는 동사일 때 쓰이는 것이 원칙이다. 그러나 아래 예문 (가, 나)와 같이 서술어가 형용사여도 화자의 기대에 미치지 못함을 뜻할 때 '못'의 긴 부정과 함께 쓰일 수 있다. '못' 부정은 행위를 나타내는 동사에만 나타나는 것이 원칙이지만, 형용사와 결합하여 기대에 미치지 못하여 아쉬워함을 나타낸다. (다)는 '못' 부정문에 사용할 수 있는 형용사 목록이다.

    가. 방이 <u>깨끗하지 못해요</u>.
    나. 시험 점수에 <u>만족하지 못한다</u>.
    다. 넉넉하다, 우수하다, 만족하다, 풍부하다, 똑똑하다, 신선하다 등 다섯째, '못' 부정은 의미상의 충돌로 인하여 몇몇 동사와 함께 문장에 쓰일 수 없고, 의도형이나 목적형 연결어미와 나란히 쓰일 수 없다. 그리고 '명사+하다' 표현은 '못'의 단형 부정문을 만들 수 없다.

　　가. *나는 그것을 못 모르다.　　　　　(어휘 제약)
　　나. *영희가 집에 못 가려고 학교에 갔다.　(연결어미 제약)
　　다. *오늘은 나 못 공부해.　　　　　　(단형 부정의 제약)

　(가)와 같이 '못' 부정으로 쓰일 수 없는 동사에는 '걱정하다, 고민하다, 당하다, 망하다, 변하다, 실패하다, 염려하다, 잃다, 후회하다' 등이 있고, 동사뿐만 아니라 의지 표현인 '-고자, -려고, -ㄹ게, -고 싶다' 등도 '못' 부정과 함께 쓰일 수 없다.

　여섯째, '안' 부정문과 마찬가지로 '못' 부정문도 중의성이 발생한다. 긴 '못' 부정문의 경우, (나)와 같이 '-는'의 사용으로 중의성을 해소할 수 있다.

　　가. 나는 민호를 못 만났다. (중의적인 문장)
　　　① 다른 사람이 근수를 만났다.
　　　② 나는 동생 민수를 만났다.
　　　③ 만나지 못하고 전화만 했다.
　　나. 나는 민호를 만나지는 못했다.

3) '말다' 부정문

가) 형태 · 의미

　'말다' 부정은 말하는 사람의 의도나 의미를 담으면서 '금하다, 그만두다, 중지하다'의 의미를 가지고 있다. '말다' 부정은 서술어의 동사 어간에 '-지 말다'를 붙여 부정문을 만드는데, '안' 부정과 '못' 부정과는 달리 단형 부정의 형태가 존재하지 않는다.

'말다' 부정에는 직접명령과 간접명령으로 나뉜다. 직접명령에는 '말 아라'와 '마라'가 사용되고, 간접명령에는 '말라'가 사용된다.[18]

가. 내일은 오지 {말아라, 마라}. (말-+-아라)
나. 오늘은 농구를 하지 말라.　 (-지 말-+-라)

나) 특성 및 제약

첫째, '안' 부정문과 '못' 부정문은 평서문, 감탄문, 의문문에서 나타나며, '말다' 부정은 명령문과 청유문에서만 사용이 된다. 그런데 (다)와 같이 '다짐, 저주, 원망'을 나타낼 때에는 명령문, 청유문에서도 '안' 부정, '못' 부정이 가능하다.

가. (명령문) *집에 가지 않아라. *집에 가지 못해라. 집에 가지 말아라.
나. (청유문) *집에 가지 않자. *집에 가지 못하자. 집에 가지 말자.
다. 안 먹고, 안 쓰고, 안 입자! 폭풍우가 몰아쳐서 집에 가지 못해라.

둘째, '말다' 부정은 명령문, 청유문이 아닌 경우에도 쓰일 수 있다. '바라다, 원하다, 기대하다, 희망하다' 등의 화자의 바람이나 소망을 나타내는 동사들은 '-지 말다'를 이용하여 부정문을 만들 수 있다.

---

[18] 한글맞춤법 제18항에서는 관용상 'ㄹ'이 줄어진 형태가 굳어져 쓰이는 것은 준대로 적는다고 정하고 있다. 이 조항에 따라 '말아라→마라'로 표기해야 한다. 그런데 현실적으로 '말아라'를 사용하는 사람들이 많아 2015년 12월 국립국어원에서 이 또한 표준형으로 인정했다. '말다'에 명령형어미 '-아', '-아라', '-아요' 등이 결합할 때는 어간 끝의 'ㄹ'이 탈락하기도 하고 탈락하지 않기도 한다. 예를 들어 '말아, 마', '말아라, 마라', '말아요, 마요' 모두 가능하다.

가. <u>어머니는</u> 내가 한국을 떠나지 <u>말기를 바라셨다.</u>   (어머니의 의지)

나. 어머니는 <u>내가</u> 한국을 떠나지 <u>않기를 바라셨다.</u>   (나의 의지)

셋째, 시제를 나타내는 선어말어미 '-았-/-었-/-였-', '-더-', '-겠-' 등은 '말다' 부정에서는 사용할 수 없다.

가. *대한아, 책을 읽었지 마라.

나. *민국아, 책을 읽겠지 마라.

다. *만세야, 책을 읽더지 마라.

넷째, 주체 높임의 어미 '-(으)시-'가 서술어에 붙으면 '-지 마세요' 형태가 되고, 이는 공손한 명령과 금지의 의미를 나타낸다.

선생님, 지금 그곳에 가시지 마세요.

제5장 한국어 의미론

　의미론(semantics)의 어원은 그리스어의 '의미하다'(σημαινω)를 의미하며, 그 의미는 말이나 글의 의미 또는 뜻을 연구하는 분야를 말한다. 처음 이 용어를 만든 프랑스의 언어학자 미셸 브레알(Michel Bréal)은 소리를 연구하는 음성학에 대비하여 의미를 연구하는 학문이라는 차원에서 이 용어를 사용하였다. 오늘날 우리가 말하는 의미론에서는 음성학뿐만 아니라 언어 표현에 대비되는 그것들이 가리키는 대상, 즉 어휘 의미, 통사 의미, 화용 의미 등을 포함한다.

1. 언어의 의미

가. 의미론의 정의

　사람은 언어를 통해서 의사소통을 한다. 이때 우리가 사용하는 언어는 형식과 내용으로 이루어진다. 형식이란 말소리, 즉 형태소나, 단어, 구, 절, 문장 등을 말하고, 내용이란 말소리가 가리키는 특정의 내용이나 의미를 말한다. 따라서 사람들이 의사소통을 하는 경우에는 단어와 문장 등을 구성하는 원리나 규칙과 함께 이에 상응하는 의미에 대한 지식이 필요하다. 의미론에서의 의미란 음성이나 단어, 문장 등의 언어 표현이 가리키는 대상으로, 어휘 의미의 지식과 함께, 통사 의미의 지식 및 화용상의 의미 지식을 포함한다.

의미는 크게 단어 의미와 문장 의미로 나뉜다. 이를 토대로 의미론의 연구 분야를 나누면, 어휘의미론, 문장의미론, 화용론으로 나뉜다. 어휘의미론은 개별 단어의 뜻과 함께 단어들 사이의 관계를 연구한다. 그리고 단어 의미에 대한 연구를 공시적 현상과 통시적 현상으로 나누어 접근할 수 있다. 공시적 연구는 단어들 사이의 관계와 의미장을 파악하는 데 중점을 두고, 통시적 연구는 단어 의미 변화의 원인과 변화 유형 등을 파악하는 데 중점을 둔다. 문장의미론은 단어가 모여 하나의 문장의 의미를 형성하는 결합 규칙, 문장이 포함하고 있는 명제(命題, proposition)가 이 세상의 사실과 부합하는지와 관련된 의미상의 정문과 비문, 그리고 문장들 간의 관계를 연구한다. 화용론은 문장이 특정의 문맥 또는 발화 상황에서 사용되었을 때 그것들의 해석에 대해 연구하는 분야로, 넓은 의미에서 의미론의 일부로 포함한다.

나. 의미에 대한 다양한 견해

'의미'가 무엇인가에 대해서는 지시설, 개념설, 자극-반응설(행동설), 용법설, 진리조건설, 의의관계설 등 여러 이론이 제기되었다. 의미의 정의로서 가장 일반적인 두 가지 설은 지시설과 개념설이다. 여기에서는 지시설과 개념설을 중심으로 살펴보기로 한다.

지시설(referential theory)은 언어 기호의 의미를 바로 그 표현이 실제로 가리키는 지시하는 대상물(object 또는 referent)이라고 본다. 그러나 지시의 개념이 그렇게 명확한 것은 아니다. '금성, 샛별'과 같이 지시대상은 하나이지만 그것을 지시하는 언어표현이 둘 이상일 경우가 있으며, '용, 도깨비, 그러나, 또는'과 같은 언어표현은 그것에 대응하는 지시대상이 존재하지 않을 수도 있다.

　개념설(conceptual theory)은 기호와 실제 지시대상 사이에 이를 매개하는 정신적, 심리적 영상(mental image)을 내세워서 언어의 의미를 설명한다. 심리적 영상이란 한 언어표현을 접할 때 우리의 마음이나 정신 속에 떠오르는 관념이나 개념(concept)을 말한다. 어떤 단어나 문장의 의미는 그 표현을 알고 있는 사람의 마음이나 정신 속에서 그 표현과 연합되어 있는 관념 또는 개념이라고 본다. 이러한 견해는 소쉬르(F. de Saussure, 1915)의 기호이론과 오그덴 & 리차즈(Ogden & Richards, 1923)의 의미의 기본삼각형으로 대표된다.

　소쉬르는 『일반 언어학 강의(Cours de linguistique générale)』에서 개념을 시니피에(signifié, 記意)라고 하고, 개념과 관련된 청각영상을 시니피앙(signifiant, 記標)이라고 하였다. 한국어의 [san]을 발음하는 경우, 지시물인 '≪山≫'을 먼저 떠올리고, 이 음에 대한 심상을 머릿속에 청각영상으로 인식한다. 다음에 대뇌는 이 청각영상의 음인 [산]을 발음기관에 명령하여 [san]으로 발음하도록 한다. 개념인 시니피에(signifié)와 청각영상인 시니피앙(signifiant)을 랑그(langue)라 하고, 발화한 발음을 파롤(parole)이라 하며, '랑그(langue)'와 '파롤(parole)'를 결합하여 언어(혹은 언어기호)라고 한다.

　　　기표(記標; signifiant) vs 기의(記意; signifié)
　　　　'san'(산)　↔　≪山≫
　　　　'namu'(나무)　↔　≪木≫

　소쉬르가 언어 기호를 시니피에와 시니피앙, 2분법 체계로 설명하는 데 반하여 오그덴 & 리차즈는 의미를 설명하기 위하여 언어 밖의 실제 세계를 설명의 틀 안에 포함하였다. 오그덴 & 리차즈(1923)는 '지시물-사상(개념)-상징'으로 이루어진 의미의 기본삼각형을 제시하여, 의미의 중요성을 부각하였다.

의미 삼각형

　그림에서 삼각형은 지시물(지시 대상)과 사상(개념), 그리고 상징(이름)과의 관계를 나타낸다. 실선은 직접적인 관계를 나타내고, 점선은 간접적인 관계를 나타낸다. 지시물과 사상 사이에는 직접적인 관계가 성립하고, 사상과 상징 사이에도 직접적인 관계가 성립한다. 하지만 지시물과 상징과의 관계는 직접적이지 않다. 오그덴 & 리차즈(1923)는 지시물과 상징은 그 중간에 놓여 있는 사상(개념)을 통해 연결된다고 보았다. 한국어로 '[namu]'를 발음하는 경우, 지시물인 '나무'를 보고 심리적인 영상을 통해 발음하게 된다는 것이다. 이때 지시물 '나무'와 상징인 '[namu]', 이 두 요소 사이에는 아무런 필연적 관계가 없다.

2. 성분 분석

　성분 분석 이론은 단어를 화학 물질의 분자와 비교하여, 분자가 몇 개의 원자가 모여서 이루어지듯이 한 단어의 의미는 몇 개의 의미들로 이루어졌다는 가정에서 출발한다. 이때, 단어의 의미를 이루고 있는 구성 요소를 의미 성분(semantic component)이라고 하고, 단어가 가지고 있는 특징적인 자질들을 탐구하고, 이들 간의 관계를 규명하는 작업을 성분 분석(componential analysis) 또는 자질 분석(feature analysis)이라 한다. 예를 들어 '총각'의 의미는 [인간], [남성], [성숙], [미혼]이라는 의미 성분으로 구성된다.

　성분 분석을 하는 경우 개념적 의미를 중심으로 분석이 이루어지며, 의미 성분은 '±' 값을 이용하여 이분법적으로 나타낸다. 이원적 분류는 (가)와 (나)와 같이 성분 분석의 결과를 간결하게 보여준다는 데 의미가 있을 뿐만 아니라 단어 간의 공통성과 차이점을 명시적으로 보여주어 어휘의 의미 관계를 명확하게 설명할 수 있다는 점에서 유용하다.

> 가. 소년: [+생물] [+인간] [+수성] [-성숙]
> 나. 소녀: [+생물] [+인간] [-수성] [-성숙]

　또한 성분 분석을 하는 경우 어떤 의미 성분들은 다른 의미 성분을 잉여 성분으로 가질 수도 있다. 예를 들어 '소년'과 '소녀'의 성분 분석에서 [+생물]은 [+인간]에 의해 예측이 가능한데, 이러한 성분을 잉여자질이라고 한다. 단어의 의미를 제시할 때 잉여자질은 생략되기도 한다.

3. 의미의 유형

　'의미'의 의미는 관점에 따라 다양하게 나타날 수 있다. 박영순(1996)에서는 의미의 의미를 지시적 의미(referential meaning), 개념적 의미, 자극-반응으로서의 의미, 연상적 의미, 사회언어학적 의미, 화용론적 의미, 논리적 의미 7가지로 나누어 설명하였다. 여기에서는 리치(Leech,G., 1981)의 견해를 중심으로 의미 유형을 살펴보기로 한다.

리치(1981)는 의미의 유형을 개념적 의미, 연상적 의미, 주제적 의미로 크게 셋으로 나누고, 연상적 의미를 다시 다섯으로 나누어 전체적으로 의미의 유형을 일곱 가지로 분류하였다.

○ 개념적 의미(conceptual meaning)
○ 연상적 의미(associative meaning)
 • 내포적 의미(connotative meaning)
 • 사회적 의미(social meaning)
 • 감정적 의미(affective meaning)
 • 반사적 의미(reflected meaning)
 • 배열적 의미(collocative meaning)
○ 주제적 의미(thematic meaning)

가. 개념적 의미

개념적 의미(conceptual meaning)란 어떤 단어가 지니고 있는 가장 기본적이고 객관적인 의미를 말한다. 언어 전달의 중심된 요소를 이루는 의미이고, 객관적으로 검증 가능한 의미라는 점에서 이를 외연적 의미, 명시적 의미, 인지적 의미 또는 사전적 의미라고도 한다. 개념적 의미는 의미 자질이라고 하는 최소의 의미 특성으로 나타낼 수 있다. '부인'이라고 했을 때 '사람, 남성과 대립됨, 남의 아내' 등과 같이 가장 기본적으로 생각할 수 있는 의미 내용이 객관적 의미이다. 이를 의미 변별 자질로 표시하면 다음과 같다.

부인: 남의 아내를 높여 부르는 말 / [+사람][-남성][+결혼]
총각: 결혼하지 않은 성년 남자 / [+사람][+남성][-결혼]

단어의 중심 의미인 개념적 의미에 대해서, 이들 단어에서 개인의 경험이나 단어가 나타나는 상황이나 문맥에 따라서 이해되는 여타의 의미를 연상적 의미라고 한다. 연상적 의미는 내포적 의미, 사회적 의미, 감정적 의미, 반사적 의미, 배열적 의미 등으로 분류할 수 있다.

나. 내포적 의미

내포적 의미(connotative meaning)란 단어가 가지고 있는 개념적 의미에 덧붙여서 연상이나 관습에 의해 형성되는 의미를 말한다. 내포적 의미는 사용 주체에 따라 주관적이고 가변적인 의미일 수 있다. 이에 내포적 의미를 주변적 의미, 주관적 의미, 내면적 의미, 개인적 의미라고도 한다.

'부인'이라고 하면, 그 개념적 의미는 '사람, 남의 아내[+사람][-남성][+결혼]'라고 정의할 수 있다. 그러나 그 내포적 의미는 그리 단순하지 않다. 사용 주체에 따라 '점잖다, 배려가 있다, 연약하다, 섬세하다, 감정적이다' 등의 의미를 떠올릴 수 있다. 이러한 의미를 내포적 의미라고 한다. 이러한 의미는 같은 언어공동체 내에서 누구나 공통적으로 인식하는 의미라고 할 수 없기 때문에 개념적 의미가 될 수 없다. 다만 특정 상황이나 문맥에서 개념적 의미에 덧붙여서 이해되는 내포적 의미이다.

> '산'의 개념적 의미: 평지보다 높이 솟아 있는 땅의 부분
> '산'의 함축적 의미: 고향에 대한 그리움, 진취적인 기상, 삶의 고난과 역경

다. 사회적 의미

사회적 의미(social meaning)는 언어 표현이 그 언어를 사용하는 사람의 사회적 환경과 관련되는 의미들을 전달하는 것을 말한다. 어떤 사람

이 하는 말을 들으면 '고향이 ○○로군', '교양 있는 사람이군', '군인이군'이라 하여 화자의 출신지나 교양, 사회적 지위 등을 파악할 수 있다. 사회적 환경을 드러내는 요소에는 지역, 연령, 성별, 직업, 사회적 지위, 화자와 청자와의 사회적 관계 등이 있다. 이러한 사회적 의미는 선택된 단어의 종류나 말투, 그리고 글의 문체 등에 의해서 전달된다. 화자가 표준어를 사용하는 경우는 교양 있음을 나타내고, 비속어를 사용하는 경우는 품위 낮음을 나타낸다. 방언 사용은 화자의 출신지, 고향을 나타내고, 전문 용어 사용은 화자의 직업 등을 나타낸다.

때로는 화자가 사용하는 어휘를 통해 화자 개인이나 그 집안의 교양 수준을 판단하기도 한다. 요즘 젊은 신혼부부들 사이에서 서로를 '자기'라고 부르거나 아내가 남편을 '오빠'라고 부르는 경우가 있다. 이를 보고 교양이 없는 사람, 교양이 없는 집에서 자란 사람이라고 판단할 수 있다.

라. 감정적 의미

감정적 의미(affective meaning)는 언어 표현에 화자의 개인적 감정이나 태도가 반영되어 나타나는 의미를 말한다. 이를 정서적 의미라고도 한다. 화자의 정서는 개념적 의미 또는 내포적 의미로도 전달될 수 있으나, 감정적 의미는 주로 소리의 고저, 강세, 길이, 억양 등과 같은 운율적 요소에 의하여 전달되는 의미로, 의존적 범주를 이룬다. 동일한 언어를 발음한다 하더라도 화자의 심리 상태에 따라 어조가 달라지므로 상이한 감정적 의미를 전달할 수 있다. '잘 한다!'의 경우 언어 표현이 쓰이는 상황에 따라 칭찬의 의미가 표현되기도 하고, 비난의 의미가 표현되기도 한다. '당신'의 경우 '듣는 이를 가리키는 이인칭 대명사'로 하오할 자리에 쓰인다. 그런데 간혹 길거리에서 시비가 붙었을 때 낯선 상대방을 '당신'이라 부르는 경우에는 격앙된 화자의 감정이 함께 전달되기도 한다.

마. 반사적 의미

반사적 의미(reflective meaning)는 한 언어표현이 가지고 있는 여러 가지 개념적 의미 가운데 하나가 특정한 의미적 반응을 불러일으키는 의미를 말한다. 주로 한 표현이 여러 개의 개념 의미를 가지고 있을 때 발생한다. 기독교에서 'The Comforter'와 'The Holy Ghost'는 성신(성령)을 나타내는 말인데, 언중들은 이들 단어에 대해 비종교적 의미로 반응하여 'The Comforter'에서는 온화함을 느끼고 'The Holy Ghost'에서는 두려움(귀신)을 느낀다. 또한 언어표현의 다른 의미가 비록 현재의 문맥에 맞지 않더라도 간접적으로 영향을 미치는 경우가 있다. 이와 같은 경우도 반사적 의미라고 할 수 있다. '고기판, 김수학, 최첨단, 고자임' 등 사람의 이름은 원래 그 이름이 뜻하는 바와 아무런 관계가 없는 긍정의 반응을 불러일으키거나 부정의 반응을 일으키기도 한다. 숫자 '사(四)'의 경우는 죽을 '사(死)'와 발음이 동일하다는 이유로 '죽음'을 연상시키기도 한다.

바. 배열적 의미

배열적 의미(collocational meaning)는 한 언어표현이 함께 배열된 다른 단어 때문에 얻게 되는 의미를 말한다. 여기서 배열이라 함은 단어 또는 성분의 전후 결합을 가리킨다. '귀엽다'의 개념적 의미는 '예쁘고 곱거나 또는 애교가 있어서 사랑스럽다'이다. 그래서 '귀여운 아이, 귀여운 인형'과 같은 배열은 자연스럽다. 그러나 '귀여운 아저씨'의 경우는 '귀엽다'의 개념적 의미의 한계를 벗어난 것이고, 그 결과 새로운 의미를 갖게 된다. 이러한 의미를 배열적 의미라고 한다.

사. 주제적 의미

주제적 의미(thematic meaning)는 화자의 의도에 의해서 전달 내용을 조직함으로써 얻어지는 의미를 말한다. 주제적 의미는 어순을 바꾸거나 특정 부분을 강조하여 발음함으로써 표현한다. 아래 (가~나)는 개념적 의미는 같지만 화자에 의해 특정 의미가 더 두드러져 보인다. (가)에서는 주어 자리에 위치한 '나', '돈'의 의미를 두드러지게 표현하고 있고, (나)에서는 같은 의미를 능동문과 피동문으로 달리 표현함으로써 능동문에서는 '경찰'을, 피동문에서는 '도둑'을 강조하고 있다.

　　가. 나도 돈은 있다. / 돈은 나도 있다.
　　나. 경찰이 도둑을 잡았다. / 도둑이 경찰에게 잡혔다.

4. 의미 관계

단어 간의 의미 관계에는 유의 관계, 반의 관계, 상하 관계, 다의 관계, 동음이의 관계 등이 있다.

가. 유의 관계

동의 관계는 두 개 이상의 단어가 형태는 다르지만 의미가 같거나 매우 비슷한 단어 사이의 의미 관계를 말하고, 동의 관계에 있는 단어들을 동의어(synonym)라고 한다. 그런데 두 단어의 의미가 완전히 같다면 쓰임에 있어서 교체가 가능해야 하는데 그런 정도로 동일한 의미를 가지는 경우는 존재하기 어려우므로, 의미가 유사한 단어들 사이의 관계를 뜻하는 유의 관계라는 용어를 사용하고, 유의 관계에 있는 단어들을 유의어라고 한다.

동의 관계는 절대 동의 관계와 상대 동의 관계로 나눌 수 있다. 절대 동의 관계에 있는 단어들을 완전동의어라고 하고, 완전동의어는 개념적 의미만이 아니라 연상적 의미까지 동일하고 대체로 모든 맥락에서 교체 가능하다. 상대 동의 관계에 있는 단어들은 부분동의어라고 하는데, 부분동의어는 개념적 의미만 동일하여 정서적, 화용적 측면에서 차이가 있고, 제한된 문맥에서 교체 가능하다.

> 가. 완전동의어
> 깨트리다-깨뜨리다, 옥수수-강냉이, 가뭄-가물
> 나. 부분동의어
> 나이-춘추, 술-약주, 이름-성함　(고유어: 한자어)
> 머리-대가리, 목-모가지, 눈-눈깔 (고유어: 고유어)

나. 반의 관계

반의 관계는 서로 반대되거나 대립되는 의미를 가진 단어들 사이의 의미 관계를 말하고, 반의 관계에 있는 단어를 반의어(antonym)라고 한다.[19] 반의 관계는 의미상 공통 자질을 가지고 있으면서 하나의 자질에서만 대립을 보이는 경우 성립된다. 즉, 반의어는 동일성 조건과 이질성 조건을 가진다. '남자 : 여자, 총각 : 처녀' 같은 단어쌍은 다른 의미 요소 자질은 모두 같으면서 '성별' 여부에서만 서로 다르기 때문에 반의어가 된다.

반의어의 하위 유형으로는 상보적 반의, 단계적 반의, 관계적 반의 등

---

[19] 반의 관계 대신 대립 관계나 상반 관계라는 다른 용어를 사용하기도 하고, 반의어 대신 대립어, 상대어 등의 용어를 사용하기도 한다.

이 있다.

1) 상보적 반의

상보적 반의는 이것이 아니면 자동적으로 저것으로 정해지는 양분적 대립 관계를 말한다. '남자'와 '여자'는 '인간'이라는 영역을 양분한다. 만약 어떤 사람이 남자이면 자동적으로 그 사람은 여자가 아니기 때문에 상보적 반의어는 상호 배타적인 관계가 성립한다. 상보적 반의는 다음과 같은 특징을 지닌다. 첫째, 상보적 반의는 양극만 있고 중간 등급이 없다. 둘째, 어느 한쪽의 긍정은 다른 한 쪽의 부정을 상호 함의한다. 셋째, 양쪽 모두를 긍정하거나 부정할 수는 없다. 셋째, '덜'이나 '매우', '보다'와 같은 비교 표현과 결합하지 않는다.

> 가. 남자-여자 기혼-미혼 겉-속
>
> 살다-죽다 맞다-틀리다 성공하다-실패하다
>
> 나. ① 이 사람은 남자다. = 이 사람은 여자가 아니다. (단언이 부정 함의)
>
>   ② 이 사람은 여자가 아니다. = 이 사람은 남자다. (부정이 단언 함의)
>
> 다. ① 그 사람은 남자이고 여자이다.
>
>   ② 그 사람은 남자도 아니고 여자도 아니다.
>
> 다. (덜) 남자-(덜) 여자, (매우) 기혼 - (매우) 미혼

2) 단계적 반의

단계적 반의는 두 단어 사이에 정도의 차이가 있어 중간 상태가 존재하는 반의 관계를 말한다. '크다'와 '작다' 사이에는 크지도 작지도 않은 상태가 존재한다. 단계적 반의는 다음과 같은 특징을 지닌다. 첫째, 두 단어 사이에 단계성이 있다. 둘째, 어느 한쪽의 긍정은 다른 한쪽의 부정을 함의하지만 어느 한쪽의 부정은 다른 한쪽의 긍정을 함의하지 못한다.

셋째, 중간 단계가 있기 때문에 양쪽을 모두 부정할 수 있다. 넷째, '덜'이나 '매우', '보다'와 같은 비교 표현과 결합 가능하다. 다섯째, 주어진 발화마다 일정한 기준이 존재하고, 이 기준에 따라 상대적으로 단계를 이룬다.

> 가. 크다-작다 높다-낮다 넓다-좁다
>   뜨겁다-차갑다 많다-적다 빠르다-느리다
> 나. ① 발이 크다. = 발이 작지 않다. (단언이 부정 함의)
>   ② 발이 크지 않다. ≠ 발이 작다. (부정이 단언 함의×)
> 다. 발이 크지도 작지도 않다.
> 라. (덜) 크다-(덜) 작다, (매우) 뜨겁다-(매우) 차갑다
> 마. 발이 크다/작다, 손이 크다/작다

3) 관계적 반의

관계 반의는 두 단어가 상대적 관계에 있으면서 어떤 중심점을 상정하여 서로 대칭을 이루는 반의 관계를 말한다. 관계적 반의에는 동일한 것을 역의 관계에서 보는 반의 관계(가), 혈연 또는 사회적 관계에 의해 상호 규정적으로 성립되는 반의 관계(나), 공간적 위치로서 성립되는 반의 관계(다)가 있다.

> 가. 사다-팔다   주다-받다   가르치다-배우다
> 나. 부모-자녀   남편-아내   교사-학생
> 다. 위-아래   왼쪽-오른쪽 동쪽-서쪽

한 단어가 여러 개의 의미를 갖는 경우, 의미에 따라 반의어가 다르게 나타날 수 있다.

(문을) 열다-닫다   (입을) 열다-다물다   (회의를) 열다-끝내다

다. 상하 관계

상하 관계는 한 단어의 의미가 다른 단어의 의미를 포함하는 의미 관계를 말한다. 상하 관계는 계층적 구조를 가지고 있는 의미장 속에서 분명하게 드러난다. 단어의 계층 구조에서 다른 단어의 의미를 포함하는 상위 단어를 상의어(上義語) 또는 상위어(上位語)라고 하고, 다른 단어의 의미에 포함되는 하위 단어를 하의어(下義語) 또는 하위어(下位語)라고 한다. 상하 관계는 다음과 같은 특징을 지닌다. 첫째, 상의어는 하의어보다 일반적이고 포괄적인 의미 영역을 갖는 반면에 하의어는 보다 구체적이고 특수한 의미 영역을 갖는다. 둘째, 하의어가 포함된 문장이 상의어를 포함한 문장을 함의한다. 그 역은 성립하지 않는다.

가. 생물-동물-사람
  동물: [+생물], [+동작성]
  사람: [+생물], [+동작성], [+인간]
나. ① 나는 토끼를 보았다.
  ② 나는 동물을 보았다.

라. 다의 관계

다의 관계는 새로운 현상이나 사물이 생겨나고 이를 지시하는 새로운 명칭이 필요할 때 기존의 단어가 의미 영역을 넓혀서 하나 이상의 의미를 가지는 관계를 말하고, 다의 관계에 있는 단어를 다의어(polysemant)라고 한다. 다의어로서의 한 단어가 가지고 있는 의미 사이들은 시간 및 공간성의 인접성, 또는 어원적 형태와 기능의 유사성 등 서로 관련되어

있어야 한다.

다의어가 가지는 여러 의미 가운데 기본적이고 핵심적인 의미를 중심 의미라고 하고, 문맥에 따라 중심 의미가 확장되어 쓰이는 의미를 주변 의미라고 한다.

○ 손[手]
① 손을 씻다. (사람 몸의 일부)
② 오늘은 손이 많으니 일이 빨리 끝나겠다. (일꾼)
③ 그 일은 손이 많이 간다. (노동력)
④ 우리 동네 사람들은 내 손 안에 있다. (영향력)
⑤ 손이 크다. (일을 도모하는 규모)

(가)에서 ①은 중심 의미이고, 나머지는 주변 의미이다. 이들 주변 의미는 모두 '손'과 의 개념적 의미와 밀접한 관련을 맺고 있다.

마. 동음이의 관계

동음 관계는 단어의 형태(발음, 철자)는 같으나 의미가 다른 의미를 가지는 관계를 말하고, 이러한 성질을 가진 단어를 동음어(同音語) 혹은 동형어(同形語)라고 한다. 이를 의미 기준에 따라 이의어(異義語)라고 부르기도 하며, 두 가지 특성을 포함하는 용어로 동음이의어 혹은 동형이의어라고 한다.

동음어는 '다리[脚]', '다리[橋]'와 같이 같은 철자로 소리가 같은 경우가 있고, '학문'(學問)과 '항문'(肛門)과 같이 철자는 다르지만 소리가 같은 경우가 있고, '눈[眼]-눈:[雪]', '말[馬]-말:[言]', '발[足]-발:[簾]'과 같이 소리의 장단에 구별되는 경우가 있다.[20]

5. 의미 변화

단어의 의미는 지시물이 변하든지 언중들의 지시물에 대한 태도와 심리가 변하면 의미도 따라서 변하게 된다. 이와 같이 단어의 중심 의미가 새로 생겨난 다른 의미와 함께 사용되다가 다른 의미로 바뀌는 현상을 의미 변화(semantic change)라고 한다.

가. 의미 변화의 원인

의미 변화의 원인으로는 언어적 원인, 역사적 원인, 사회적 원인, 심리적 원인 등을 들 수 있다.

1) 언어적 원인

언어적 원인은 언어의 음운이나 단어의 형태, 문장의 구조와 같은 언어의 내적 요소로 인하여 의미가 변화는 것으로 전염, 생략과 같은 언어 현상과 관련된다.

전염은 어떤 단어가 특정 다른 단어와 문맥 속에서 일정하게 함께 사용되고 그러한 결합이 습관적으로 일어나면, 한 단어에 다른 단어의 의미가 전이되어 중심적인 의미에 변화를 가져오는 경우를 말한다. 예를 들어 부사 '별로'는 과거에는 '별로 좋다'와 '별로 좋지 않다'처럼 긍정적인 경우에도 사용되고 부정적인 경우에도 쓰였다. 그런데 현대 국어에서는 '별로 좋다'처럼 긍정적으로 표현하면 잘못된 것으로 생각한다. 부사 '별로'는 부정 서술어와 함께 쓰이면서 부정적 의미가 전염된 결과로 부정의 의미만 갖게 되었다.

---

[20] 이를 '동철자 동음어', '이철자 동음어', '동철자 이음이의어'이라 한다.

생략은 나란히 사용되는 단어 가운데 단어의 일부가 생략되어 줄어든 경우에도 남은 단어에 다른 단어의 의미가 전이되는 경우를 말한다. '콧물-코', '머리털-머리', '아침밥-아침', '교통 경찰-교통'처럼 언어를 줄여서 사용해도 줄어들기 전의 의미가 그대로 남아 있는 경우가 이에 해당한다.

2) 역사적 원인

시간의 흐름에 따라 과학, 제도, 기술, 풍속, 관습 등이 변하고, 이에 따라 지시물 또한 변한다. 그런데 지시물은 변하지만 이를 가리키는 명칭은 보수성이 강해서 바뀌지 않고 그대로 사용되는 경우가 있고, 지시물은 소멸하였지만 단어는 그대로 남아 있는 경우도 있다. 전자의 예로는 차(車)의 경우 '인력거→자동차', 신발의 경우 '짚신→고무신→운동화→구두', 배의 경우 '돛단배→기선→군함, 잠수함' 등을 들 수 있다. 후자의 예로 '대감'이나 '영감'의 경우는 정2품 이상의 당상관을 가리키는 용어였으나 오늘날은 존칭으로 사용되고 있다. 이 외에 '탈북자>새터민', '감옥소>형무소→교도소', '간호사>간호원' 등처럼 지시물에 대한 감정이나 태도가 변화함에 따라 의미가 변화한 경우도 있다.

3) 사회적 원인

사회적 원인은 사회공동체와 사회를 구성하고 있는 계층이나 집단 간에 사용하는 말이 이동하면서 의미가 달라지는 경우를 말한다. 사회적 원인은 크게 의미의 일반화와 의미의 특수화로 나눌 수 있다. 의미의 일반화란 특정 사회 계층이나 집단에서 사용하는 말이 사회공동체에서 채택되어 사용되는 과정에서 새로운 의미를 갖게 되는 경우를 말한다. 이는 단어의 의미가 외연적으로 확장된 것으로, 왕정의 최고 책임자인 '왕'이 판매왕, 암산왕 등과 같이 제1인자의 뜻으로 사용되거나, 왕방울, 왕

거미 등과 같이 큰 것의 뜻으로 사용되는 경우가 이에 해당한다. 학술 분야에서 최고의 학위를 가리키는 '박사'가 척척박사, 만물박사 등과 같이 여러 방면에 모르는 것이 없는 매우 박식한 사람을 비유적으로 이르는 말도 이에 해당한다. 이와는 반대로 사회에서 널리 쓰이던 말이 특수 집단에서 쓰이게 되면서 의미가 특수화되는 경우가 있다. '부(父)'와 '기쁜 소식'이 기독교 사회에서 '천주'와 '복음'의 뜻으로 사용되는 경우가 이에 해당한다.

4) 심리적 원인

심리적 원인은 사람들이 갖고 있는 인식이나 심리적 특성에 의해 일어나는 의미 변화를 말한다. 심리적 원인에 의한 의미 변화 가운데 중요한 요인인 '금기(taboo)'는 사람들이 어떤 대상에 대해 심리적으로 기피하는 것을 말하는데, 이것이 언어에 반영되어 이를 직접적으로 언급하지 않고 이를 대신하여 다른 어휘나 표현을 사용하게 된다. 이때 금기어 대신 쓰이거나 남의 기분을 나쁘게 하지 않으려고 쓰는 말을 완곡어라고 한다. 예를 들어 '천연두'를 '손님 혹은 마마'로, '매춘부'를 '양공주'로, '음근'을 '고추', '유방'을 '가슴'으로 사용하는 것이 이에 해당한다. 이와 같은 완곡어는 금기어 대신 사용한다는 점에서 완곡어로 사용된 단어의 의미가 확장된 것으로 볼 수 있다.

제6장 한국어사

1. 한국어의 계통과 특질

언어의 계통(系統)이란 친족 관계에 의해 수립된 언어들과의 관계를 이른다. 이 친족 관계의 여러 언어들을 동계(同系), 즉 동일 계통의 언어라 부르며, 이러한 동계의 언어들은 하나의 어족(語族)을 형성한다. 이처럼 친족 관계가 있는 언어들을 어족으로 분류하는 것을 계통적 분류라고 한다. 예를 들어 한국어의 계통이라 하면 원시부여어군과 원시한어군에서 부여·한어 공통어군의 관계로, 그리고 더 거슬러 올라가 알타이어족으로 맺어지는 관계를 말한다. 언어의 계통을 연구하려면 비교언어학적 방법에 의하여 분류하는 것이 좋다. 음운의 체계와 대응, 문법 체계의 비교연구, 어휘의 어원적 고찰 및 유사성 비교 등으로 계통적 분류를 검증해야 한다.

한국어의 계통 언어를 연구하기 시작한 것은 19세기 후반의 일이다. 한국어의 계통설은 몇 가지 있지만 크게 북방계설과 남방계설로 나눌 수 있다. 우리나라 건국 신화에도 천신의 하강으로 인한 북방계 신화와 주로 난생(卵生)에 의한 남방계 신화가 있으며, 한국인의 유전자 역시 북방계 유전자 60%와 남방계 유전자 40% 정도의 혼합으로 이루어져 있다고 한다.

가. 북방계설

북방계설은 한국어를 알타이어족으로 보는 계통설이다. 처음에는 한국어를 우랄·알타이어족에 속한 것으로 보았으나 핀란드의 람스테트 (G.J. Ramstedt) 이후 알타이어족으로 분류하였다. 그는 핀란드어, 헝가리어, 에스토니아어 등의 핀·우그리아어족(Finno-Ugric family) 친족어로 분류하고, 한국어를 터키어군, 몽골어군, 퉁구스어군과 함께 묶어 알타이어족(Altaic family)으로 분류하였다. 람스테트는 알타이조어의 근거지는 흥안산맥(興安山脈) 근처라고 보았다. 흥안산맥(興安山脈)은 몽골고원과 동북 대평원의 경계를 이루는 산맥이다. 이 흥안산맥 동쪽으로 이동한 퉁구스인과 한국인이 갈라져서 북쪽에는 퉁구스인[21], 남쪽에는 한국인이 자리 잡았고, 흥안산맥 서쪽으로 이동한 몽골인과 터키인은 다시 갈라져서 북쪽에는 몽골인, 남쪽에는 터키인이 자리 잡았다고 보아 동시분화설(同時分化說)을 주장하였다. 이를 표로 보이면 다음과 같다.

이에 대해 포페(N. Poppe)는 알타이제어에서 한국어는 '몽골어-만주-퉁구스어'보다 먼저 분화되었다는 조기분화설(早期分化說)을 주장했다. 즉 한국어는 알타이어의 한 갈래이긴 하지만 다른 알타이어들과 가장 소원한 관계를 유지하고 있다는 것이다. 알타이 공통어에서 가장 먼저

---

[21] 퉁구스족의 대표 민족은 만주족이다. 이외에 구소련 지방의 나나이어(Nanai), 라무트어(Lamut) 등을 들 수 있다.

한국어가 떨어져 나왔고, 그 뒤에 터키어가 분화되었으며, 그 다음으로 몽골어와 퉁구스어가 분화된 것으로 보았다.

이기문(1961)은 포페의 분화설을 기반으로 하여 다음과 같이 한국어의 분화 과정을 제시하였다.

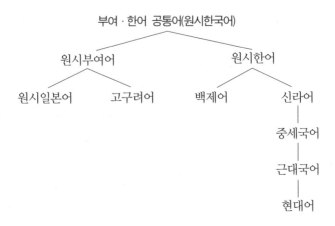

한국어는 부여·한어 공통어에서 원시부여어와 원시한어로 분화되고, 원시한어는 백제어와 신라어로 분화되었고, 신라어가 한국의 최초 통일 언어로, 오늘의 한국어는 신라어를 근간으로 이루어진 것으로 보았다.

나. 남방계설

남방계설은 남쪽 대양(大洋)에서 그 기원을 찾아 대양설이라고도 한다. 남부 투란계의 대표 언어인 드라비다어가 대양을 거쳐 한국에 들어왔다는 설이다. 드라비다어는 본래 인구어족(印歐語族)에 속하는 인도어와 이란어를 사용하는 종족이 남하하면서 원주민인 드라비다족은 인도의 남부로 밀려나고 동남아시아 여러 섬으로 분산되면서 그 일부가 바다를 건너 한반도에 들어와 한족어권을 형성했다는 주장이다.[22] 그러나 이 남방계설은 일부 어휘의 유사성이 있는 것 외에는 음운적 대응이나 문법 체계의 일치가 부족해 그 근거가 약한 편이다.

다. 알타이제어의 공통 특질

언어의 계통은 비교언어학적 방법에 의하여 설정된다. 그 대표적인 것이 음운의 체계와 대응이 있는지, 문법 체계의 공통성이 있는지, 그리고 어휘의 유사성과 어원적 고찰 등을 살펴보아야 한다. 이러한 검증으로 인한 알타이제어의 공통특질로 몇 가지를 들 수 있다.

첫째, 모음조화 현상이 있다. 모음조화라 두 음절 이상의 단어에서, 뒤의 모음이 앞 모음의 영향으로 그와 가깝거나 같은 소리로 되는 동화 현상이다. 'ㅏ', 'ㅗ' 따위의 양성 모음은 양성 모음끼리, 'ㅓ', 'ㅜ' 따위의 음성 모음은 음성 모음끼리 어울리는 현상이다

둘째, 어두에 유음, 특히 /r/이 오지 못하며, 중세국어에서 일시적으로 '뜯, 쏠, ᄢᅢ' 등처럼 사용하였으나 현대어에서는 어두에 자음군이 오지 못한다.

셋째, 교착성(膠着性)이 분명한 첨가어적 특징을 갖는다. 이는 언어의 형태적 유형의 하나로 실질적인 의미를 가진 단어 또는 어간에 문법적인 기능을 가진 요소가 차례로 결합함으로써 문장 속에서의 문법적인 역할이나 관계의 차이를 나타내는 특징이다.

넷째, 모음교체나 자음교체가 없다. 하나의 어근 안에 있는 모음이 바뀌어 문법 기능이나 의미, 품사 따위가 달라지는 언어 현상으로 인도·유럽 어족에 주로 나타난다. 영어에서 'sing:sang'은 그 어간의 의미가 '노래하다:노래하였다'처럼 그 기본 의미가 바뀌지 않는 반면에 한국어의 경우 '곱다:굽다', '막다:먹다' 등 모음이 바뀌면 그 의미가 전혀 다른

---

[22] 이철수(2002:40) 참조.

단어가 되는 것이다.

다섯째, 관계대명사 및 접속사가 없다. 인도·유럽 어족에서는 두 개의 용언이 접속사에 의해 연결되는데, 알타이제어에서는 선행 용언이 '먹고 가다'처럼 어간에 부사형어미를 첨가한다.

여섯째, 명사나 동사에 성(性)이나 수(數) 표지가 없다. 알타이제어의 성(性)이나 수(數)는 접사나 단어의 첨가로 나타낸다.

일곱째, 인도 유럽어나 중국어와 달리 주어 다음에 목적어나 보어가 오고, 서술어가 맨 뒤에 온다. 그리고 수식어가 피수식어 앞에 온다.

2. 한국어의 형성과 시대 구분

한국어의 형성은 국어의 계통과 관련이 있다. 국어의 계통은 그간 꾸준한 연구에도 불구하고 아직 분명하게 제시할 수 없다. 다만 몽골어군, 퉁구스어군, 터키어군 등과 함께 알타이어족에 속한다는 설이 현재로서는 가장 유력하다. 역사시대 이후 한반도와 만주 일대에 자리 잡은 우리 민족의 언어는 부여계(夫餘系) 언어와 한족계(韓族系) 언어로 나뉘어 있었으며, 삼국이 세워지면서 고구려어, 백제어, 신라어가 서로 간에 공통점과 차이점을 가지면서 제각기 모습을 갖추게 되었을 것으로 본다. 그러나 이 시기의 언어에 대해서는 자료가 부족하여 정확한 실상을 알기 어렵다. 다만, 신라가 삼국을 통일하면서부터는 경주를 중심으로 언어가 통일되었으며, 발해는 고구려어를 이어받았을 것으로 추측된다. 이 시기의 국어를 고대국어라고 부른다.

고대국어의 모습은 분명하지 않지만, 알타이 조어에서 통일 신라어에 이르기까지의 언어를 말한다. 우리말의 계통은 대체로 알타이어족에 속하는 것으로 원시한국어(原始韓國語)에서 분화된 것으로 추정한다. 이는 다시 원시부여어(原始夫餘語)와 원시한어(原始韓語)로 분화되었다. 따라서 북방계 언어로는 부여, 고구려, 예, 옥저의 언어가 유사했으며, 남방의 언어로는 삼한과 신라의 언어가 비슷한 것으로 분류할 수 있다. 백제어는 지배족과 피지배족의 언어가 달라 지배족은 북방계 부여어, 피지배족은 남방계 한어를 사용하였다. 우리나라 고대어의 근간을 이루는 언어는 통일어로서의 위치를 확보한 신라어로 볼 수 있다.

가. 고대국어

1) 고구려어

고구려어는 부여계어로 이에 대한 연구는 고려어를 이해할 수 있을 뿐만 아니라 북방 부여계 제어의 전체적인 윤곽을 이해하는데도 도움이 된다. 예를 들어 고구려어로 골짜기를 「呑(탄)」, 城을 「忽(홀)」, 山을 「達(달)」이라 한 것을 보면 알 수 있다. 또한 고구려어는 알타이제어, 특히 퉁구스어군과 친족관계를 갖는다. 따라서 고구려어는 신라어나 중세국어에서 찾아볼 수 없는 많은 어휘를 갖고 있다. 그리고 고구려어는 고대 일본어와 일치되는 어휘도 많은데 특히 '三 = 密(밀), 五 = 于次(우차), 七 = 難隱(난은), 十 = 德(덕)' 등 수사의 일치가 많았다.

2) 백제어

백제 사람들은 본래 삼한(三韓)의 하나인 마한(馬韓)의 언어를 갖고 있었는데, 북쪽에서 온 부여족(소서노, 온조 등)이 이들을 정복하여 나라를 세웠다. 따라서 백제에서는 지배족(王族)의 언어(부여계어)와 피지배족의 언어(마한어)가 서로 달랐던 것으로 추측된다. 예를 들어 지배족의 언어로 왕을 '於羅瑕'(어라하)라 하였고, 피지배족의 언어로는 '鞬吉支'(건길지)라 하였다. 백제는 이중언어를 사용하였다. 백제어는 신라어와 유사한 어휘도 적지 않았는데, 예를 들어 '맑다(淸)'를 '勿居(백제) : 묽(신라)', '물(水)'을 '勿(백제) : 勿(신라)' 등을 사용함을 알 수 있다. 백제어의 특징을 갖는 언어로는 성(城)을 '기(己)', 지명어로 '부리(夫里)'를로, 그리고 '곰(熊)'을 '金馬(고마)'라 사용했음을 들 수 있다.

3) 신라어

신라어는 오늘의 국어의 근간이 된 최초의 통일 언어인 만큼 고대제어(古代諸語) 중에서 매우 중요한 의의를 갖는다. 그러나 고대어를 연구하는 데에 충분하지는 않다. 다만 한자로 기록된 고유명사 및 향가 등을 검토해 보면 신라어는 문법이나 어휘에 있어서 고려어, 조선어로 계승되는 것을 알 수 있다. 이는 향가가 훈민정음 자료의 언어(15세기)로도 어느 정도 해독될 수 있다는 사실에 의해서 알 수 있다. 삼국을 통일한 신라어는 최초로 우리 언어를 하나로 통일시킴으로써 오늘날까지 단일어를 갖게 된 것이다.

나. 고려어

고려가 건국되면서 언어의 중심지는 경주에서 개성으로 옮겨 갔다. 고려어는 고구려어의 흔적이 남아 있기는 하지만, 신라어와 큰 차이는 없었다. 또한 조선이 건국하면서 언어의 중심이 지금의 서울로 옮겨졌으나 언어의 모습이 크게 달라지지는 않았다. 고려의 건국(10세기)부터 16세기 말까지의 국어를 중세국어라고 부른다. 중세국어는 전기중세국어(고려어)와 후기중세국어로 세분하기도 한다. 훈민정음이 창제되어 한글로 적힌 많은 문헌 자료가 있는 시기가 후기중세국어이다.

신라가 망하고 고려가 건국되자 신라의 서북 변방이었던 개성 지방이 정치문화의 중심지가 되었다. 따라서 국어도 경주 중심의 언어에서 개성 중심의 언어로 바뀌게 되었다. 그 결과로 개성지방의 언어가 새로운 중앙어로 성립됨으로써 현대국어인 서울말의 기저를 이루어 국어사상 일대 전환이 이루어졌다. 오늘날의 국어는 이 중앙어가 조선시대를 거쳐 계승된 것이다. 개성지방은 본래 고구려의 옛 땅이었으므로 통일신라시대 이후 신라어를 근간으로 하면서도 고구려어의 일부가 저층에 깔려 있었던 것으로 추정한다.

고려어를 살필 수 있는 대표적인 문헌으로는 '鷄林類事(계림유사)', '鄕藥救急方(향약구급방)', '朝鮮館譯語(조선관역어)' 등을 들 수 있으며, 이들은 모두 한자로 기록되었다. 좀더 구체적으로 살펴보면 '계림유사'는 고려 숙종 때 송나라 孫穆(손목)이 편찬한 것으로 고려어 365개 단어가 실려 있다. 그리고 '향약구급방'은 고려 중엽에 大藏都監(대장도감)에서 간행한 우리 나라 최고의 의약서이다. 여기에는 향약재가 되는 동물, 식물, 광물 등의 이름 180개가 실려 전한다. 그리고 '조선관역어'는 1403-1404년에 이루어진 것으로 華夷譯語(화이역어) 속에 들어 있으며, 중국어와 국어의 대역 어휘집으로 596개의 단어가 들어 있다. 10세기 - 14세기의 고려어는 향찰 사용이 쇠퇴하고, 한문에 의존하는 경향이 일반화되었으며, 吏讀(이두) 사용이 병존되었다.

다. 조선전기(후기중세) 국어

조선전기의 국어는 우리의 고유문자인 훈민정음의 창제부터 임진왜란까지가 될 것이다. 종래에는 한문으로 기록하거나 한자를 빌려 우리말을 단편적으로 표기하였는데, 훈민정음의 창제로 당시의 우리말을 자유롭게 기록할 수 있게 되어 참된 민족문학이 형성될 수 있게 되었다. 고려의 도읍지인 개성에서 한양(서울)으로 조선의 도읍지가 바뀌면서 국어의 중심지도 전환되었지만, 경기 방언이 여전히 중앙어로서의 위치를 차지하였기에 크게 변화된 것은 없었다. 훈민정음이 창제되기 이전의 국어자료는 빈약하여 국어의 역사를 잘 알 수 없었으나, 훈민정음의 창제로 당시 국어의 모습을 전체적으로 자세히 알 수 있게 되었다. 그러므로 15세기 는 우리말의 모습을 자세하게 알 수 있는 국어사의 첫 단계라고 할 수 있다. 조선전기의 국어를 이해할 수 있는 중요한 자료는 다음과 같다. 즉, 15세기의 자료로는 '훈민정음' · '용비어천가' · '석보상절' · '월인 천강지곡' 등이며, 16세기의 자료로는 '훈몽자회 · 번역소학 · 천자문 · 소학언해' 등이 있다. 조선전기 국어의 음운체계 중, 주요한 특징은 첫째, 모음 'ㆍ'와 자음 'ㅿ, ㅸ, ㆁ,'등이 사용되었고, 둘째, 모음 'ㅐ, ㅔ, ㅚ, ㅟ' 등이 모두 이중모음으로 사용되었으며, 셋째, 모음조화 현상이 매우 철저했다는 점이다. 그리고 조선전기 국어의 문법체계 중 주요한 특징은, 첫째 동사 어간의 합성이 매우 자연스럽게 이루어졌으며, 둘째, 'ㅎ' 말 음 어간의 낱말('ㅎ' 종성 체언)이 많았고, 셋째, 명사나 동사 어간의 교 체에 특수한 변화를 보이는 낱말이 많았으며, 넷째, 동사의 활용에서 특 히 명사형 어미 '-ㅁ', 연결 어미 '-딕' 등의 앞에서 '-오/우-'가 삽입되고, 다섯째, 관형격의 특수 용법, 즉 무정성의 낱말에는 'ㅅ'을, 유정성(有情 性) 낱말의 평칭(平稱)에는 '익/의', 존칭에는 'ㅅ'이 사용되었으며, 여섯 째, 대우표현, 즉 높임법 · 겸양법 등이 엄격하게 사용된 점 등을 들 수 있다.

다음으로 문자생활을 살펴보면, 훈민정음은 어느 문자를 모방하거나 기존의 문자를 수정하여 개조한 문자가 아니고 독창적으로 만든 문자이 다. 지극히 과학적이며 철학적인 점에서 높은 평가를 받는다. 이러한 훈 민정음의 특징을 들면 다음과 같다. 첫째, 훈민정음은 字母 28자(초성 17자, 중성 11자)의 체계로서, 초성의 기본자는 발음기관의 모양을 본떠 만들었고, 그 밖의 것은 기본자에 획을 더하거나, 모양을 달리하여 만들 었다. 둘째, 중성은 'ㆍ, ㅡ, ㅣ(天, 地, 人)' 三才를 만들고, 이들을 서로 합하여 만들었다. 셋째, 자모의 운용에서 부서(附書) · 연서(連書) · 병서

(竝書) 등의 서사법(書寫法)을 취했고, 넷째, 초성・중성・종성이 합하여 음절을 이루어 소리를 내는 성음법(成音法), 다섯째, 성조(聲調)를 표시하기 위하여 방점을 찍는 사성법 등을 특징으로 들 수 있다. 그러나 조선전기의 문자 생활에서 한자의 세력은 훈민정음의 창제 뒤에도 조금도 위축되지 않고 여전히 당시의 상층부의 문자 생활을 독점하고 있었다. 훈민정음은 주로 언해를 할 때에나, 시조나 가사 등의 작품을 기록하고, 궁중 여인들의 편지, 그리고 한문을 쓸 능력이 없는 사람 또는, 그러한 사람에게 글을 쓸 때에 주로 사용되었다.

라. 조선후기(근대) 국어

17세기부터는 음운, 어휘, 문법에서 그 이전의 국어와는 매우 다른 모습을 보인다. 그러므로 17세기 초기부터 19세기 말까지의 300년 동안의 국어를 조선후기의 국어 또는 근대국어라고 한다. 그리고 20세기 이후의 국어는 현대국어라고 부른다.

임진왜란 이후 조선사회는 문화, 경제, 사상 등 다방면에 걸쳐 격심한 변화를 가져왔다. 양반들은 점차 그들의 권위를 잃어가게 되었으며, 더욱이 실학의 발달로 새로운 서민의식이 싹트게 되었다. 이런 가운데 언어 역시 크게 변화가 일어났다. 특히 조선전기의 15세기와 조선후기의 17세기의 문헌에 나타나는 국어의 차이는 매우 큰 것으로, 이 차이는 갑작스런 변화에서 온 것이 아니고 16세기를 거치면서 나타난 음운, 문법, 어휘의 거듭된 변화의 결과였다.

이런 변화된 음운적 특징을 정리하면, 우선 15세기 국어에 사용된 사성의 성조가 16세기 이후 사라졌고, 'ㅿ, ㆁ'도 15세기에는 철저히 쓰이던 것이 16세기 후반에 점차 사라지면서 17세기 국어에는 그 모습을 완전히 감추었다. 그리고 어두 자음군이 된소리로 변하였으며, 어두평음이 많은 단어에서 된소리 또는 유기음으로 변하였다. 또한 양순음(ㅁ,ㅂ,ㅍ)

밑에서 원순모음화가 일어났다. 그리고 18세기에는 'ᄋ' 모음이 완전히 소멸하였으며, 구개음화 현상이 일어났다.

어휘적인 특징으로는 '뫼, ᄀ름, 슈룹, 아ᅀᆞᆷ' 등 순수한 고유어들이 많이 소멸되었으며, 단어의 의미가 변화되었다. 예를 들면 'ᄉᆞ랑ᄒᆞ다(생각하다→사랑하다)'로, '어리다(어리석다→어리다)'로, 그리고 '어엿브다(가엾다→예쁘다)'를 들 수 있다. 문법체계면에서 17세기 문헌에 주격조사 '가'의 사용이 나타났으며, 처소격 조사 '에, 애, 익, 의, 예'가 '에'로, 관형격 조사 '익, 의'가 '의'로 단순화되는 경향을 보였다. 그리고 선어말어미 '-오/우-'가 17세기 이후 소멸되었다.

3. 한국어의 문자와 표기

가. 문자의 발달

문자는 인간의 의사소통을 위한 시각적인 기호 체계로 표의문자와 로마자, 한글 따위의 표음 문자로 대별된다. 문자의 시작은 그림의 양식화된 형태로부터 발달하기 시작하였다. 그러다가 차츰 그릴 수 있는 대상의 시효가 제한되었기 때문에 그림은 입으로 하는 말을 나타내는 상징으로 변하였다. 일반적으로 문자의 발달과정은 회화문자, 상형문자, 표어(表語)문자, 그리고 표음(表音)문자의 시기로 볼 수 있다.[23]

1) 회화문자의 시기

회화문자의 시기는 어떤 사물을 그림으로 나타내는 회화적(繪畵的)

---

[23] 이철수·문무영·박덕유(2010:294-298) 참조.

재현 방법을 택한 시기다. 기억보조(記憶補助)의 단계보다 진일보한 형태이지만 역시 문자의 원시형태의 범주에 속한다.

넓은 의미로 회화문자(pictograph, pictographic writing)는 어떠한 형태이건 그림에 의한 인간 의사의 표현과 전달을 모두 포괄하고, 좁은 의미로는 원시적 회화에만 한정된다. 많은 원시부족들은 의사를 전달하기 위하여 그림을 사용해 왔다. 아메리칸 인디언, 호주 원주민, 아프리카 일부 종족들이 이러한 메시지를 나무껍질이나 동물 가죽 그리고 암석 등에 흔적을 남겨 놓았다. 그러나 이런 단계의 그림은 엄격히 말하여 문자라고 할 수 없다. 왜냐하면 그것은 규약적인 기록 체계를 이루지 못하고 몇몇 한정된 사람만이 해독할 수 있기 때문이다.

2) 상형문자의 시기

상형문자(象形文字)의 시기는 사물의 모양을 본떠서 만든 회화문자에서 발전하여 회화가 하나의 상징적 부호로 발전한 시기의 글자다. 중국의 갑골문자인 고대 한자를 비롯하여 이집트의 신성문자[24], 수메르의 설형문자[25] 등을 총칭하여 상형문자(hieroglyph, hieroglyphic writing)라 이른다.

---

[24] 신성문자(神聖文字, hieroglyph)는 고대 이집트인들이 신성한 목적으로 새겨 표기한 것으로 모두 그림으로 되어 있지만 표음적인 요소가 있었을 것으로 추측된다.

[25] 설형문자(楔形文字, cuneiform)는 쐐기나 화살촉 모양으로 된 문자로서 애초에는 석판에 그려진 회화문자였던 것이 뒤에 점토 등에 그림을 정밀하게 그릴 수 없게 되어 직선적인 형태로 본래의 회화문자의 성격을 잃어버리고 용이한 서기법으로 바뀐 것이다.

3) 표어문자의 시기

한자의 경우와 같이 한 문자가 하나의 단어를 가리키는 문자를 표어문자(表語文字, logograph, logograhhic writing) 또는 단어문자라고도 하는데, 정확히는 형태소 문자로서 최소 의미단위에 대해 문자 하나를 대응시킨 것이다. 회화가 하나의 상징적 부호로 발전한 것이 상형문자인데 비하여, 표어문자는 상징적 부호가 진일보하여 사물 그 자체를 표시하는 동시에 그 사물을 표시하는 언어와도 직접 관계를 맺게 되어 문자로서의 기능을 완전히 갖게 된다. 이 문자체계의 대표적인 예는 중국 문자인 한자(漢字)이다. 대부분의 형태소가 단음절이기 때문에 각 문자는 한 음절에 대응한다고 말할 수 있다. 표어문자는 일자일어(一字一語)를 표시하는 문자체제로서 음독이 가능하며 상형문자로서 표상할 수 없는 추상개념까지 나타낼 수 있다. 이와 같은 단어·음절적 문자체계(wore-syllabic writing sysrem)의 단점은 사람들이 각 단어에 해당하는 부호를 하나하나 배워야 한다는 점이다. 현대 중국문학 작품을 읽기 위해서는 약 4천개의 한자를 구사해야 하고, 중국학을 연구하는 전문가의 경우에는 적어도 1만개 이상의 한자를 알아야 할 것으로 추산하고 있다.

4) 표음문자의 시기

문자를 그 언어기호적 성격에서 보면 표의문자(表意文字)와 표음문자(表音文字)로 크게 나뉜다고 볼 수 있다. 표음문자 가운데서 단어의 음절 전체를 한 단위로 나타내는 문자를 음절문자라 하고, 음소적 단위의 음을 표기하는 문자를 음소문자라 한다.

가) 음절문자

음절문자(音節文字, syooabic writing)는 대부분의 경우 표의문자가 지닌 단어의 음과 의미를 고려치 않고 적용시킨 데서 비롯한 것이다. 이집트 문자나 수메르 문자 등의 고대 문자도 표의문자를 근간으로 하고 있으나 음절문자적 용법이 많다. 그리고 한자는 본래 표의문자(엄밀히 말하여 표어문자)이지만 육서의 가차(假借)는 음절문자적 용법인 것이다. 한자는 단음절성을 기초로 하고 있기 때문에 각 문자는 하나의 단어를 표시하고 있음과 동시에 그들은 각 음절에 해당된다. 이러한 음절문자적 성격을 순수한 음절문자 체계로 발전시킨 것이 일본의 가나(假名)문자이다.

나) 음소문자

음소문자(音素文字, phonemic writing)는 단음문자 또는 자모문자(alphabetic writing)라고도 하는데, 1음소 1문자가 원칙이나 음운변화 및 정서법상의 이유로 이 원칙이 잘 지켜지지 않는 경우가 있다. 현대 영어에서와 같이, 한 문자가 여러 가지 상이한 음을 표시하기도 하고, 같은 음이라도 각기 상이한 문자로 나타내기도 하며, 몇 개의 문자가 결합하여 일정한 음군을 나타내기도 한다. 이러한 현상은 음소문자로 하여금 표어적 가치와 시각적 형상성을 지니는 것으로 자음자와 모음자를 병용하여 사용한다.

우리나라의 한글도 음소문자에 귀속되는 것으로 당초부터 자음과 모음이 분리되어 창제되었다. 그러나 국어의 문자체계에 있어서 한글은 음소문자이지만 표기에 있어서는 음절 단위로 기호화하고 있음을 알 수 있다. 특히 초성(onset)·중성(peak)·종성(coda)을 합하여 하나의 음절단위를 형성하고 이 음절단위로 표기했다. 「訓民正音」에서 '凡字必合而成音'이라고 한 말도 바로 음절적 표기법을 말하는 것이다.

나. 한국어의 표기

1) 한자 차자표기

한국어의 역사를 살펴보기 위해서는 문헌 자료가 필요하다. 문헌 자료는 한자를 빌려 적은 자료와 한글로 적은 자료로 나눌 수 있다. 한글로 기록되어 있는 후기중세국어 시기의 자료 이전에는 한자(漢字)를 차자표기(借字表記)한 것으로 몇 가지 자료를 통해 알 수 있다.

가) 서기체 표기

서기체(誓記體) 표기는 한문자를 우리말 어순에 따라 배열한 한자 차용 표기 방식을 말한다. 이 표기법은 한문을 모르는 사람이라도 한자를 어느 정도 아는 사람이면 누구나 이해할 수 있다. 서기체 표기는 임신서기석명(壬申誓記石銘)의 문체를 말하는데, 이 서기체 문장은 이두(吏讀) 자료와는 달리 토나 접미사와 같은 문법 형태의 표시가 없다. 다만 '之' 자가 동사의 종결형을 나타내고 있을 뿐이다. 이두와 같이 산문(散文) 표기에 사용하였다.

> 壬申年六月十六日 二人幷誓記 天前誓
> 임신년 6월 16일에 두 사람이 함께 맹세하여 기록한다. 하느님 앞에 맹세한다.

나) 이두체 표기

이두체(吏讀體) 표기는 서기체 표기에 문법 형태를 보충하여 문맥을 더욱 분명히 한 것이다. 주로 어휘는 한자어 그대로 사용하고, 토나 접미사, 그리고 특수한 부사만 한자의 음과 훈을 이용하여 표기한 것이다. 주로 조사는 음차 표기를 하였으며, 접미사 표기에서 어간 부분은 음차 표기를 하였다. 이러한 방식은 향찰체 표기에 반영하였다.

① 조사

주격조사(이) 伊, 是 / 佛伊 - 부톄(부텨+이), 人是 - 사르미(사름+이)

속격조사(익/의, ㅅ) 矣, 衣, 叱 / 耆郎矣 - 기랑익, 吾衣身 - 나의(내)몸,

去內尼叱古 - 가느닛고

목적격조사(올/을) 乙 / 功德叱身乙 - 功德ㅅ身을

호격조사(야/여, 하, 아) 也, 下, 良 / 郎也 - 郎여, 月下 - 들하, 枝良 - 재(지+아)

보조사(은/은/는/는) 隱 / 生死路隱 - 생사로는

보조사(도/두) 置 / 軍置 - 軍두

② 어미

-고(古/遣) / 出古 - 나고 / 抱遣 - 안고

-며(弥) / 古召弥 - 고소며

-다(如) / 夜矣卯乙抱遣去如 - 바믹(밤+익)몰안고가다

-다가(如可) / 夜入伊遊行如可 - 밤드리(들+이)노니다가

③ 선어말어미

미래시제 理(-리-) 何如爲理古 - 엇디ᄒ리고

현재시제 內(-ᄂ-) 去內尼叱古 - 가느닛고

사동 敎(-이시-) 母牛放敎遣 - 암쇼노히시(놓+이시-)고

존칭 賜(-시-/-샤-) 去賜里遣 - 가시리고

겸양 白(-ᄉ-) 爲白齋 - ᄒᄉ져

공손 音(-이-) 獻乎里音如 - 받ᄌ보(받줍+오)리이다

④ 대명사

吾 - 나 / 吾里 - 우리, 汝 - 너, 誰 - 누구

此 - 이 / 彼 - 뎌(저)

⑤ 수사

一等 ᄒ든(12세기 鷄林類事 一日河屯, 15세기 ᄒᆞ낳)

二肹 두블(12세기 鷄林類事 二日途孛, 15세기 둘ㅎ)

悉 세(중세어 세ㅎ)

四 네ㅎ

千隱 즈믄

다) 향찰체 표기

주로 신라의 향가에 이용한 향찰체(鄕札體) 표기는 한자의 음과 훈을 빌려 문장 전체를 표기한 운문(韻文) 표기이다. 주로 어휘 형태는 한자의 뜻을 이용하고, 문법 형태는 한자의 음을 이용하였다. 다음은 <제망매가(祭亡妹歌)>의 일부이다. 이 가운데 훈(뜻)을 이용한 것은 '① 吾(나), 去(가), 如(다), 辭(말), ② 如(다), 云(니르), 去(가), ③ 秋(ᄀᆞ슬), 早(이르), 風(ᄇᆞ롬), ④ 此(이), 彼(저), 浮(ᄠᅳ), 落(디), 葉(닙), 如(다)' 등이다. 그리고 음(音)을 이용한 것은 '① 隱(ᄂᆞᆫ), 內(ᄂᆞ), 叱(ㅅ), 都(도), ② 毛(모), 遣(고), 內(ᄂᆞ), 尼(니), 叱(ㅅ), 古(고), ③ 於(어), 內(ᄂᆞ), 察(ㄹ), 隱(ㄴ), 未(매), ④ 矣(의), 良(어), 尸(ㄹ)' 등이다.

① <u>吾</u>隱<u>去</u>內<u>如</u>辭叱都　　나ᄂᆞᆫ 가ᄂᆞ다 말ㅅ도

② <u>毛如</u>云<u>遣去</u>內尼叱古　몯다 닏고 가ᄂᆞ닛고

③ 於內<u>秋</u>察<u>早</u>隱<u>風</u>未　어느 ᄀᆞ슬 이른 ᄇᆞᄅᆞ매

④ <u>此</u>矣<u>彼</u>矣<u>浮</u>良<u>落</u>尸<u>葉如</u> 이에 저에 ᄠᅥ딜 닙다이

라) 구결체 표기

중국어식의 완전한 한문 원문에 토(吐)만 차자 표기한 방식을 구결체(口訣體) 표기라 한다. 구역인왕경(舊譯仁王經)의 예를 보이면 다음과 같다.

第一義隱(는) --- 無<u>刀</u>(도) 無爲隱<u>知沙</u>(ㅎ디사) --- 無<u>亦飛</u>隱<u>亦羅</u>(업시는이라)

앞의 문장에서 '隱(는), 刀(도), 爲(ㅎ), 隱(ㄴ), 知(디), 沙(사), 亦(이), 飛(ㄴ), 隱(ㄴ), 亦羅(이라)' 등의 토만 차자표기로 적은 것이다. 또한 훈민정음이 창제된 이후에는 한글로도 구결을 표기하였다. 구결의 토는 '隱(ㅣ), 爲(ˇ), 刀(ㄲ), 尼(ㄴ), 厓(ㄱ) 叱(ㄴ), 飛(ㅌ)' 등 약자를 만들어 사용하기도 했다.

國之語<u>音이</u> 異乎中國<u>ㅎ야</u>

위의 <훈민정음언해>의 문장은 구결문(口訣文)이다. 이렇게 한문 원문에 우리말식으로 읽을 수 있도록 토(口訣)를 달았다.

2) 한자음 표기

한자음 표기의 대표적인 것은 동국정운식(東國正韻式) 한자음 표기이지만, 이외에 월인천강지곡의 한자음 표기와 현실적 한자음 표기가 있다.

가) 동국정운식 한자음

훈민정음은 우리말을 쉽게 적는다는 목적 이외에도 당시의 한자음을 중국의 원음에 가깝게 표기해야 한다고 생각하고, 중국 음운학의 기본이 되는 洪武正韻(홍무정운)의 음운체계를 바탕으로 하여 세종 30년 東國正韻(동국정운)을 간행하여 우리나라 한자음의 표준으로 삼았다. 따라서 세종 때 발간된 석보상절, 월인천강지곡과 세조 때 발간된 훈민정음언해본의 한자음 표기는 이를 표준으로 삼았는데, 이를 동국정운식 한자음이라 한다. 이 한자음은 현실에 통용되던 한자음과는 거리가 먼 이상적 한자음이므로 세조 이후(1485)에는 쓰이지 않았다. 이에 몇 가지 특징을 제시하면 다음과 같다.

첫째, 중국의 원음에 가까운 표기로 'ㄲ, ㄸ, ㅃ, ㅉ, ㅆ, ㆅ, ㆆ, ㅿ' 등을 초성에 사용하였다. 15세기의 각자병서인 ㄲ, ㄸ, ㅃ, ㅆ, ㅉ 등은 된소리 기능을 하지 못하였고, 대신 합용병서(쓰다, 뿔, 뜬, 뻬다 등)가 된소리 기능을 하였다.

虯뀰, 覃땀, 步뽕, 邪썅, 洪뽕, 挹흡, 穰샹

둘째, 초성, 중성, 종성을 반드시 갖추어 표기하였으며, 한자음 종성의 받침이 없으면 'ㅇ, ㅱ'을 붙여서 표기하였다.

虛헝, 斗둘, 步뽕, 票푷

셋째, 'ㄹ' 받침으로 끝난 한자어에는 반드시 'ㆆ'을 붙여 사용하였다. 이는 이영보래(以影補來)의 일종이다.

戌슗, 彆볋, 佛뿛, 日싏

나) 월인천강지곡 한자음

1449년(세종 31)에 간행된 월인천강지곡은 다른 문헌과는 달리 한글을 먼저 표기하고 뒤에 한자를 썼으며, 동국정운식 한자음으로 표기했으나 종성이 없는 경우에는 'ㅇ, ㅱ'을 붙여 쓰지 않았다.

끠其잃一, 외巍외巍 무無량量무無변邊

다) 현실적 한자음

성종 이후에 간행된 소학언해, 사미인곡 등 대부분의 문헌에는 먼저 한자를 쓰고 뒤에 당시의 현실적 한자음을 병용하였다.

孔공子ᄌᆞ, 無무心심흔 歲셰月월은

라) 한자음 표기가 없는 경우

용비어천가나 두시언해 등은 한자만 적고 한자음 표기는 적지 않았다. 일종의 혼용 표기이다.

古聖이 同符ᄒᆞ시니, 防戍ᄒᆞᄂᆞᆫ듯 邊方ㅅᄀᆞ술히

참고 붙여쓰기

현대 맞춤법에서는 어절 단위로 띄어 쓸 것을 규정하고 있는데, 중세어의 문헌은 일반적으로 붙여쓰기의 원칙을 지키고 있다.

나랏말ᄊᆞ미中國에달아 <훈민정음 언해>
불휘기픈남ᄀᆞᆫᄇᆞᄅᆞ매아니뮐ᄊᆡ <용비어천가 2>

---

3) 한글 표기

훈민정음 예의(例義)에는 글자 운용에 관련된 이어쓰기(連書), 나란히 쓰기(竝書), 붙여쓰기(附書), 음절이루기(成音), 점찍기(加點) 등의 몇 가지 부대(附帶) 규정이 명시되어 있다.

가) 연서법(連書法)(니ᅀᅥ쓰기, 이어쓰기)

순음(脣音) 아래에 'ㅇ'을 이어쓰는 것으로 'ㅸ, ㅱ, ㆄ, ㅹ' 등이 있으며, 순수국어에 사용된 것은 'ㅸ'뿐이며, 나머지는 한자음에 쓰였다.

나) 병서법(竝書法)(갈바쓰기, 나란히쓰기)

둘 이상의 낱글자를 합하여 쓸 경우 'ㄲ,ㄸ,ㅄ,ㅼ...'처럼 나란히 쓰는 규정으로 주요 특징은 다음과 같다.

첫째, 각자병서(各自竝書)가 있는데, 이는 같은 자음을 나란히 쓰기 한 것이다. 'ㄲ, ㄸ, ㅃ, ㅉ, ㅆ, ㆅ' 등을 들 수 있다. 이들 글자는 된소리 글자로 초성 체계에서는 전탁음(全濁音)으로 규정되어 있으며, 주로 한자음의 표기에 사용되었다. 세종 때부터 세조 때까지 사용된 것으로 '覃땀, 便뼌, 字ᄍᆞᆼ, ᅘᅧ' 등을 들 수 있다.

둘째, 합용병서(合用竝書)는 서로 다른 자음을 나란히 쓰기 한 것으로 2자 병서와 3자 병서가 있다. 2자 병서는 'ㅅ'계로 ㅺ, ㅼ, ㅽ, ㅾ 등이 있으며, 20세기 초(1933)까지 사용되었으며, 'ㅂ' 계는 'ㅳ, ㅄ, ㅶ, ㅷ'로 18세기까지 사용되었다. 3자 병서로 사용된 'ㅄ'계는 'ㅴ, ㅵ'로 16세기까지 사용된 것으로 'ᄢᅮᆷ, ᄣᅡ(地), ᄠᅳᆮ, ᄡᆞᆯ, ᄩᅱ다, ᄢᅦ다, ᄣᅢ' 등을 들 수 있다.

다) 부서법(附書法)(브텨쓰기, 부쳐쓰기)

초성과 중성이 합쳐질 때 중성(모음)이 놓이는 자리를 규정한 것으로 오늘날의 표기법도 이에 따르고 있다. 이 부서법은 자음과 모음의 음운을 음절이 한 글자처럼 인식시킨 성과가 있다. 즉, 자음에 모음을 붙여씀으로써 한 음절이 되도록 적은 것이다. 부서법에는 초성의 아래에 붙여쓰는 하서(下書)로 'ㅗ, ㅜ, ㅛ, ㅠ', 초성의 오른편에 붙여쓰는 우서(右書)로 'ㅏ, ㅓ, ㅑ, ㅕ, ㅐ,ㅔ' 등이 있으며, 초성의 아래와 오른편에 붙여 쓰는 '하서＋우서'로 'ㅚ, ㅟ, ㅘ, ㅝ, ㅙ, ㅞ' 등이 있다.

라) 성음법(成音法)(음절 이루기)

'凡字必合而成音(믈읫 字ㅣ 모로매 어우러아 소리 이ᄂᆞ니)'의 규정으로 모든 소리는 서로 어울려야 음절을 이룰 수 있다는 뜻이다. '초성＋중성＋종성⇒성음'이 원칙이지만 고유어에서는 '초성＋중성⇒성음'도 가능하다.

마) 종성부용초성(終聲復用初聲))과 8종성법(八終聲法)

중세의 한글 표기법은 현대 맞춤법과 다른 점이 많았다. 훈민정음 해례의 종성해에서 종성부용초성 원칙을 규정하고 있다. 이는 초성 (ㄱ, ㅋ, ㆁ, ㄴ, ㄷ, ㅌ, ㄹ, ㅁ, ㅂ, ㅍ, ㅅ, ㅈ, ㅊ, ㅿ, ㅇ, ㆆ, ㅎ) 글자를 받침에 그대로 사용한다는 것이다. 그러나 이는 당시 소리나는 대로 적는 표음주의의 연철표기와 맞지 않는다. 이에 받침도 대표음으로 적는다는 팔종성(ㄱ, ㆁ, ㄴ, ㄷ, ㄹ, ㅁ, ㅂ, ㅅ)만으로도 족하다는 원칙을 두었다.

돋실ᄒᆞ다, 용ᄆᆞ, 돈, 낟[곡식], 믈, 님금, 갑옷, 삿갓

그런데 팔종성법에서 'ㄷ'과 'ㅅ'의 발음상 표기 구별이 어려우므로 17세기 이후 'ㄷ'을 'ㅅ'으로 표기함으로써 칠종성법을 사용하게 되었다. 현대국어의 종성법은 근대국어와 마찬가지로 7종성법이지만, 'ㅅ'을 'ㄷ'으로 적는 규정이다. 근대국어가 문자 표기상의 7종성법이었다면, 현대국어는 발음상 표기의 7종성법이다. 즉, 근대국어가 '돋도록 → 돗도록, 벋 → 벗' 등으로 표기했다면, 현대국어는 '낫[낟], 낟[낟], 낱[낟], 낮[낟], 낯[낟]'으로 쓰기와 발음을 달리 표기한다.

바) 연철(이어적기, 표음적) 표기

중세국어에서는 오늘날처럼 표의주의(형태주의)법을 사용하여 끊어 적은 것이 아니라, 표음주의법을 사용하여 소리나는 대로 이어 적었다. 받침 있는 체언이나 용언의 어간에 모음으로 시작하는 조사나 어미가 이어질 때에 연철표기를 하였다.

> 브르매, 시미, 기픈, 그츨씨 <용비어천가 2>
> 굴허에 ᄆᆞᄅᆞᆯ 디내샤 도ᄌᆞᆨ골 다 자ᄇᆞ시니... <용비어천가 48>
> 일 져므리 ᄒᆞ야 허므리 업스라 ᄒᆞ고 <선사내훈 1:84>

앞의 예문처럼 실사(實辭)[의미부]의 끝받침이 모음으로 시작되는 허사(虛辭)[형태부]와 만나면 초성으로 내려 적었다. 즉, 어절 단위로 표기했다고 할 수 있다.

그리고 '받, 높고, 곳, 노씁고'처럼 체언과 용언의 기본 형태를 밝히지 않고 소리나는 대로 대표음을 표기하였는데, 현대 맞춤법 원리에 따라 고쳐 쓰면 '밭, 높고, 곳, 놓습고'가 된다. 앞의 예문 '업스라'는 '없+으라'로 연철표기로 적은 것이다.[26]

사) 분철(끊어적기, 표의적) 표기

기본적인 형태를 살려 표기하는 것으로 오늘날 표기법인 표의주의에 따른 것이다. 즉, 체언과 조사(국＋을), 어간과 어미(먹＋어), 어원이 확실한 파생어(얼＋음)에서처럼 끊어적기를 하는 것이다. 16세기 말에 분철표기가 등장하면서 일부 울림소리의 특수한 경우에는 분철표기를 했다.

---

[26] 고등학교 문법(2002:280) 참조.

눈에 보는가, 그르세 담아, 일을, 꿈을, 좋을, 안아

　이러한 표기는 월인천강지곡에 주로 나타났으며, 분철표기는 다음과
같은 경우에 일어났다.[27]

　첫째, 'ㄱ[g]' 자음이 'ㅇ[ɦ]' 자음으로 바뀐 자리('ㄹ' 자음이나 'ㅣ'
모음 밑에서)로 '밍글거늘>밍글어늘, 놀개>놀애, 믈과>믈와, 몰개(砂)>
몰애, 이고>이오, 소리고>소리오' 등을 들 수 있다.

　둘째, 'ㄹ' 받침 밑에서 'ㅸ'이 '오/우'로 변한 경우로 '글밸>글왈, 갈봐
(竝)>굴와, 불뼈(踏)>불와, 열븐(薄)>열운' 등을 들 수 있다.

　셋째, 'ㄹ' 받침으로 끝난 어간이 사동접미사(오/우, 이)이나 피동접미
사(이)를 만날 때, '일우다(成), 일위다(成), 살오아>살와(살게 하여), 늘
이다(飛), 들이다(聞) 등처럼 분철표기를 하였다.

　넷째, 특수곡용어 'ᄉ', 'ᄅ(르)'가 곡용한 경우로 '앗이(아우가), 엿이
(여우가), 놀이(노루가), 실을(시루를)' 등에서처럼 분철표기를 하였다.

　다섯째, 'ᄅ/르' 어간에 모음의 어미가 이어지는 일종의 설측음화일 경
우에는 '다르아>달아, 니르어>닐어, ᄆᆞ르아>몰아'의 경우에서처럼 분철
표기를 하였다.

아) 혼철(중철, 과도기적) 표기

　우리말의 표기는 15세기의 연철 위주의 표기에서 차츰 분철표기로 발
전하여 왔다. 그러나 연철도 분철도 아닌 과도기적 표기가 16세기에 나
타나 17,8세기에 이르기까지 나타났다. 이러한 혼철표기가 나타나는 특
성과 예는 다음과 같다.

---

[27] 尹錫昌 외(1973:529) 참조.

첫째, 체언과 조사가 연결될 때 체언의 끝소리가 겹쳐서 표기되었다.

옷새, 님믈, ㅅ츨

둘째, 어간에 어미가 연결될 때 어간의 끝소리가 겹쳐서 표기되었다.

밥비, 깁퍼, 믓친

셋째, 'ㅍ'을 'ㅂ'과 'ㅎ'으로 나누어 표기했다.

놉흘시고, 압히는

4) 한국어 표기(정서법)의 원칙

정서법의 원칙에 관한 문제는 현재에도 논란이 되고 있으나, 그 중에서 중요한 원칙은 다음과 같다. ① 발음과 철자의 일치, ② 문자를 읽고 쓰는 데의 용이성, ③ 철자의 경제성, ④ 어원의 표출, ⑤ 동음이의어의 배제, ⑥ 외래어와의 일치 등을 들 수 있다.

표기법에 있어서 무엇보다 중요한 것은, 음성기호와 같이 1자 1음의 구체적이며 엄밀한 전사법(轉寫法)이 아니라 음운체계를 고려하는 추상적인 표음법이다. 새로운 정서법을 설정할 때에는 1자 1음소의 원칙에 충실할 수 있으나, 대부분의 정서법은 그 사용 범위가 커지면 커질수록 문자의 시각적 특징이 고정되어 보수적인 경향을 띠기 때문이다. 우리나라에서는 1933년에 처음으로 제정되었고, 1945년 이후에 이것이 국가적으로 채택됨으로써 정서법이 확립되었다. 이후에 다시 1988년 1월에 개정 공포되어 1989년 3월부터 개정된 한글맞춤법의 시행을 보게 되었다.

현대 국어의 정서법은 주지하는 바와 같이 형태적 체계에 근거를 둔 표기법이다. 예를 들면 음운론적으로 이른바 중화(中和) 과정이라고 하는 음운 현상 때문에 모두 /낟/으로밖에 소리나지 않음에도 불구하고 '낟(穀), 낫(鎌), 낟-(出), 낮(晝), 낯(面), 낱(個), 낳-(産)'과 같이 서로 다른 형태로 표기하고 있는데, 이와 같은 예는 형태적 표기 원칙을 잘 보여준다. 그러나 모든 한글표기에 있어서 형태적 표기에 일관하고 있지 않다. 예를 들면, 불규칙 용언의 어간 중에는 소리나는 대로 적어 형태적 고정형을 포기하고 음운적 표기를 허용하는 경우도 있다.

국어정서법에서 형태적 조건에 참여하는 음소 또는 음소 결합들 가운데 어느 하나가 추상적 단위에 외형상으로 일치함으로써 그로부터 나머지 음소 내지 음소 결합들이 음운규칙에 의하여 설명될 수 있을 때 형태적 고정형을 취하고, 음운규칙에 의하여 설명할 수 없는 것은 고정형을 취하지 않음을 알 수 있다.

본질적으로 음소적 체계인 한글에 의한 현대국어의 정서법은 기본적으로 형태음소론적 체계에 접근하고 있는데, 음운론적으로 동일한 형태소에 서로 다른 시각적 기호를 사용하고 있는 것은 국어정서법이 한자와 일맥상통하는 일면을 보이는 예라 하겠다. 한글은 표음문자이지만 정서법은 거기에 표의문자적 특성까지 겸해 있음을 알 수 있다. 요컨대 현대국어의 정서법은 형태음소론적 체계에 근거를 둔 표기법이다.

4. 훈민정음의 창제 원리

가. 훈민정음의 제자 원리

세종은 정음청을 궁중에 설치하여 집현전 학자들과 함께 실용정신에 입각하여 훈민정음을 만들었다. 글자를 초성, 중성, 종성 등 삼분법으로 나누어, 초성은 발음기관의 모양을 본떠 상형자의 기본자(ㄱ, ㄴ, ㅁ, ㅅ,

ㅇ)를 만들었고, 그 밖의 글자들은 기본자에 획을 더한 가획자(ㅋ; ㄷ,ㅌ; ㅂ,ㅍ; ㅈ,ㅊ; ㆆ,ㅎ)를 만들었다. 그리고 중성은 기본 3자를 天地人(ㆍ ㅡ ㅣ) 三才(삼재)를 본떠 만들고, 나머지 글자들은 서로 합하여 만들었으며(ㅗ,ㅏ,ㅜ,ㅓ,ㅛ,ㅑ,ㅠ,ㅕ), 종성은 초성을 그대로 사용하였다.

1) 초성(자음, 17자)

五音	象形(상형)	기본자	가획	이체
牙音(아음)	혀뿌리가 목구멍을 막는 꼴 (牙音象舌根閉喉之形)	ㄱ	ㅋ	ㆁ [ŋ]
舌音(설음)	혀가 윗잇몸에 붙는 꼴 (舌音象舌附上顎之形)	ㄴ	ㄷ, ㅌ	ㄹ(반설)
脣音(순음)	입의 꼴(脣音象口形)	ㅁ	ㅂ, ㅍ	
齒音(치음)	이의 꼴(齒音象齒形)	ㅅ	ㅈ, ㅊ	ㅿ [z](반치)
喉音(후음)	목구멍의 꼴(喉音象喉形)	ㅇ [ɦ]	ㆆ[ʔ], ㅎ	

*ㅇ[ɦ]: 성문마찰음   *ㆆ[ʔ]: 성문폐쇄음

초성 17자에 병서 문자인 'ㄲ, ㄸ, ㅃ, ㅆ, ㅉ, ㆅ' 6자를 더해 23자의 체계를 보이면 다음과 같다.[28]

	全淸(전청)	次淸(차청)	全濁(전탁)[29]	不淸不濁 (불청불탁)
	예사소리	거센소리	된소리	울림소리
牙音(엄쏘리)	ㄱ 君 군	ㅋ 快 쾡	ㄲ 虯 뀰	ㆁ 業 업
舌音(혀쏘리)	ㄷ 斗 둫	ㅌ 呑 툰	ㄸ 覃 땀	ㄴ 那 낭

---

[28] 'ㅎ, ㅇ'은 형식적인 자음이지 실질적인 자음이 아니며, 위 음운에 빠진 'ㅸ'은 당시 훈민정음에 사용된 음운이다. 이는 동국정운식 한자음에 순경음을 채택하지 않았기에 제외된 것이다. 각 글자는 발음기관의 모양을 본떠서 만들었다 (초성 17자 참조).

脣音(입시울쏘리)	ㅂ 彆	ㅍ 漂 푤	ㅃ 步 뽕	ㅁ 彌 밍
齒音(니쏘리)	ㅈ 卽 즉	ㅊ 侵 침	ㅉ 慈 쭝	
	ㅅ 戌		ㅆ 邪 썅	
喉音(목소리)	ㆆ 挹 흡	ㅎ 虛 헝	ㆅ 洪 薯	ㅇ 欲 욕
半舌音(반혀쏘리)				ㄹ 閭 령
半齒音(반니쏘리)				ㅿ 穰 샹

2) 중성(모음, 11자)

'하늘(天), 땅(地), 사람(人)'을 본떠서 만들었다. 이 중 기본자 3자, 초출자 4자, 재출자 4자를 합해 11자를 만들었다. 기본자와 초출자는 단모음이고, 재출자는 이중모음이다.

① 기본자 : ㆍ, ㅡ, ㅣ
② 초출자 : ㅗ, ㅏ, ㅜ, ㅓ
③ 재출자 : ㅛ, ㅑ, ㅠ, ㅕ
④ 이중모음 : ㅛ, ㅑ, ㅠ, ㅕ,ㅣ, ㅢ, ㅚ, ㅒ, ㅟ, ㅖ, ㅘ, ㅝ
⑤ 삼중모음 : ㅙ, ㅞ, ㅒ, ㅖ

참고 중세국어의 단모음 체계와 이중모음

중세국어의 단모음은 'ㅏ, ㅓ, ㅜ, ㅗ, ㅡ, ㅣ, ㆍ'의 7모음 체계였다. 이 가운데 'ㆍ'는 음가가 소멸되기 시작하여 16세기에는 둘째 음절에서 'ㅡ'나 'ㅏ'로 바뀌었다. 이중 모음에는 'ㅑ, ㅕ, ㅛ, ㅠ, ㅘ, ㅝ'처럼 반모음이 앞서는 이중 모음과, 'ㅐ, ㅔ, ㅚ, ㅟ, ㅓ, ㅢ'처럼 반모음이 뒤에 놓이는 이중 모음이 있었다.

---

29 전탁음은 합용병서의 글자로 'ㄲ, ㄸ, ㅃ, ㅆ, ㅉ, ㆅ' 음운이다. 이는 오늘날처럼 된소리 음가로 사용된 것이 아니라, 중국 원음에 가깝게 표기된 것이다. 그리고 'ㄲ, ㄸ, ㅃ, ㅆ, ㅉ'은 각각 전청음인 예사소리를 병서한 것이지만, 'ㆅ'은 예사소리의 병서가 아니라, 차청음인 거센소리의 병서이다.

근대국어에서는 '·' 음가의 소멸로 첫음절에서 '·'가 'ㅏ'로 바뀌었으며, 이중 모음이었던 'ㅔ'와 'ㅐ'가 단모음으로 바뀌었다. 따라서 18세기말에 국어의 단모음은 'ㅏ, ㅓ, ㅜ, ㅗ, ㅡ, ㅣ, ㅔ, ㅐ'의 8모음 체계로 바뀌게 되었다.

근대국어에서는 이중 모음 'ㅟ'와 'ㅚ'가 현대국어에서는 단모음으로 바뀌어서 'ㅏ, ㅓ, ㅜ, ㅗ, ㅡ, ㅣ, ㅔ, ㅐ, ㅟ, ㅚ'의 10모음 체계로 자리잡게 되었다. 그 결과 이중 모음의 경우에 반모음이 뒤에 놓이는 하강 이중 모음인 'ㅢ'만 남게 되고, 반모음이 앞서는 상향 이중 모음이 주를 이루게 되었다. 그러나 'ㅚ'와 'ㅟ'는 다시 이중 모음으로 발음되는 것으로 보고 있기도 하다.

3) 종성[받침]

훈민정음에서 종성에 관한 설명은 '終聲復用初聲, 初聲合用則竝書 終聲同 然ㄱㆁㄷㄴㅂㅁㅅㄹ八字可足用也'라고 언급하였다.

(1) 종성부용초성(終聲復用初聲) 원칙
받침 종성은 초성 글자를 그대로 사용한다.

곶 됴코<龍歌 2장>, 깊고<龍歌 34장>, 빛나시니이다<龍歌 80장>

이 원칙의 적용은 용비어천가(8종성＋ㅈ,ㅊ,ㅍ)와 월인천강지곡(8종성＋ㅈ,ㅊ,ㅌ,ㅍ)에 주로 나타난다. 그 이유는 악장가사를 만들어 훈민정음을 시험해 보고자 했기 때문이다.

(2) 팔종성법
세종 때부터 17세기까지 사용된 것으로 八終聲可足用(팔종성가족용)

은 받침에 사용할 글자는 8자(ㄱ,ㆁ,ㄷ,ㄴ,ㅂ,ㅁ,ㅅ,ㄹ)만으로 족하다는 원칙이다. '닞다>닛디, ᄉᆞᄆᆺ다>ᄉᆞᄆᆺ디, 붙는>븓는' 등처럼 대표음으로 적는 표기이다.

(3) 칠종성법

17세기 말부터 20세기 초까지 사용된 것으로 받침에 7자(ㄱ,ㄴ,ㄹ,ㅁ, ㅂ,ㅅ,ㅇ)를 사용하는 원칙으로 '돋도록 → 돗도록, 걷고 → 것고, 묻친 → 뭇친, 벋 → 벗, 뜯 → 뜻, 몯 → 못' 등의 예를 들 수 있다. 그러나 현재 는 중세국어와는 달리 표기상의 칠종성법이 아니라 발음상의 칠종성법 (ㄱ,ㄴ,ㄷ,ㄹ,ㅁ,ㅂ,ㅇ)을 사용한다.

참고 한글의 특성

한글은 독창적, 과학적(발음기관), 체계적(가획의 원리, 결합의 원리), 용이 적(하루면 배울 수 있는 매우 쉬운 문자)이라는 점에서 높이 평가된다. 그 주 요 특성을 제시하면 다음과 같다.

(1) 한글은 자음(발음기관)과 天地人(모음)을 본뜬 상형(象形)의 원리로 과 학적이고 체계적이다.
(2) 1443년 12월(음력) 세종대왕이 창제하여 1446년 9월(음력) 상순 반포함 으로써 한글 창제의 연도와 지은이가 분명하다.
(3) '감감하다, 깜깜하다, 캄캄하다 ; 빨갛다, 뻘겋다, 새빨갛다 시뻘겋다' 등 처럼 미세한 감각의 차이를 다양하게 표현할 수 있다.
(4) 하나의 표제어가 여러 개의 의미를 갖는 다의어의 특성을 갖는다.
  예) 손 : 신체의 손, 일손, 교제, 잔꾀 등
(5) 한글은 영어와 마찬가지로 소리글자[표음문자]이지만 풀어쓰기가 아닌 모아쓰기 방식을 사용하였다. 영어의 'Success'처럼 한글은 'ㅅㅓㅇㄱㅗ ㅇ'으로 풀어쓰기를 하지 않고 '성공'처럼 모아쓰기를 하였다. 그 이유는

한자의 모아쓰기(초성＋중성＋종성) 방식을 따른 것이다. 따라서 세종은
한자를 배척하기보다는 그 장점을 수용한 것이다.

5. 중세국어의 음운, 형태, 문장

가. 음운과 음운 규칙

1) 음운

가) 자음[초성]

자음인 초성 17字 [30]는 훈민정음 제자 원리에서 이미 설명하였듯이 발
음기관의 조음 위치에 따라 모두 5가지로 만들었다. 우선, 혀뿌리가 목구
멍을 막는 꼴(牙音象舌根閉喉之形)의 아음(牙音)으로 'ㄱ, ㅋ, ㅇ[ŋ]'을
들 수 있는데 이는 현대 자음의 연구개음에 해당된다. 두 번째로 혀가
윗잇몸에 붙는 꼴(舌音象舌附上顎之形)의 설음(舌音)으로 'ㄴ, ㄷ, ㅌ,
ㄹ'을 들 수 있는데 이는 현대 자음의 치조음에 해당된다. 세 번째로 입
의 꼴(脣音象口形)의 순음(脣音)으로 'ㅁ, ㅂ, ㅍ'을 들 수 있는데 이는
현대 자음의 양순음에 해당된다. 네 번째로 이의 꼴(齒音象齒形)의 치음
(齒音)으로 'ㅅ, ㅈ, ㅊ, ㅿ'을 들 수 있는데 현대 국어의 자음에는 치음
이 없다.[31] 다섯 번째로 목구멍의 꼴(喉音象喉形)의 후음(喉音)으로 'ㅇ
[ɦ], ㆆ[ʔ], ㅎ'을 들 수 있는데 현대 자음의 성문음(聲門音)에 해당된다.
이 가운데에서 현대 자음과 다른 음운('ㅇ, ㆆ, ㅇ, ㅿ')이 있다. 그리고

---

[30] 훈민정음의 초성 17자는 'ㄱ, ㅋ, ㆁ, ㄷ, ㅌ, ㄴ, ㅂ, ㅍ, ㅁ, ㅅ, ㅈ, ㅊ, ㆆ, ㅎ, ㅇ, ㄹ, ㅿ'이
다. 이외에 초성에 오는 음운은 연서자와 병서자가 있었다.
[31] 세종이 치음으로 'ㅅ, ㅈ, ㅊ, ㅿ'을 든 이유는 기본자와 가획의 원리를 적용한
것으로 볼 수 있다.

당시 아음인 'ㆁ[ŋ]'는 현대 받침의 'ㅇ' 소리와 같은데, 중세어에서는 초성에도 올 수 있었다.

(1) 'ㆁ'(옛이응)

'ㆁ'(옛이응)은 현대 국어에 쓰이는 종성의 'ㅇ'에 해당하는 것으로 글자의 모양만 바뀐 것으로 임란 이후에는 초성에 쓰이지 않았다.

첫째, 중세국어에서는 초성에서도 사용되었다.

> 바올(발음은 방올), 굴허에(발음은 굴헝에), 이에
> 사ᄅᆞ시리잇고, 미드니잇가

둘째, 종성의 경우에 사용되었다.

> 즁싱, 밍ᄀᆞ노니

(2) 'ㆆ'(여린 히읗)

'ㆆ'(여린 히읗)은 성문폐쇄음으로 우리말에서는 발음되지 않으며, 우리말의 음운도 아닌 글자이다. 이는 동국정운식 한자음의 표기를 위해 만들어진 것으로 보인다. 'ㆆ>ㅇ'으로 변천되다가 세조 때 소멸되었다.

첫째, 동국정운식 한자음 표기에서 초성의 표기(음가가 있음)에 '音흠, 安한'처럼 사용되었다.

둘째, 사잇소리의 표기로 'ㅇ'과 안울림소리 사이에 '虛헝ㆆ字쭝, 快쾡ㆆ字쭝' 처럼 쓰였으며, '하ᄂᆞᇙ뜯'에서 사용되었다.

셋째, 이영보래로 '戌슗, 彆볋' 등을 들 수 있다.

넷째, 우리말의 표기에서 관형사형 어미 'ㄹ'과 함께 쓰임으로 뒤에 오는 소리를 된소리로 만들어 주거나 소리를 끊어 읽는 절음부호로 사용되었다. 즉, 된소리 부호인 '홇배, 자싫제, 누리싫제'와 절음부호인 '홇노

미, 도라옳군사' 등의 예를 들 수 있다.

(3) 'ㅿ'(반치음, 여린 시옷)

'ㅿ'(반치음, 여린 시옷)은 울림소리 사이에서만 사용되던 문자로 소멸시기는 임진란 이후(16세기)로 본다.

첫째, 'ㅅ'에 대립되는 치조유성마찰음으로 '아ᅀᅮ(아우), 여ᅀᅳ(여우), ᄀᆞᅀᅳᆯ(가을), ᄆᆞᅀᆞᆯ(마을), ᄆᆞᅀᆞᆷ(마음)' 등을 들 수 있다.

둘째, 'ㅅ'을 끝소리로 가진 체언에 조사가 연결된 경우로 'ᄀᆞᆺ(邊)애>ᄀᆞᅀᅢ, 엇(母)이>어ᅀᅵ' 등이 있다.

셋째, 'ㅅ' 받침으로 끝나는 불규칙 용언 어간에 모음의 어미가 연결된 경우로 '닛어>니ᅀᅥ(이어), 붓+어>브ᅀᅥ(부어)' 등을 들 수 있다.

넷째, '눖믈'처럼 'ㅿ'이 울림소리 사이에서 사잇소리로 쓰였다.

다섯째, 'ㅿ>ㅈ'의 특수한 변화를 갖는 경우로 '몸소>몸조(몸소), 손소>손조(손수)' 등이 있다.

(4) 'ㅸ'(순경음 ㅂ)

'ㅸ'은 순음인 'ㅂ'에 'ㅇ'을 연서한 문자로 울림 소리 사이에 쓰인 양순유성마찰음 [β]이었으나 15세기 중엽(세조)에 반모음 [w]로 변하였다. 즉, 'ㅂ>ㅸ>오/우'로 양성모음 앞에서는 '오', 음성모음 앞에서는 '우'로 변함이 원칙이다.

첫째, 'w+ᄋᆞ>오, w+으>우'(단모음화)의 예로 '곱+ᄋᆞ+니>고ᄫᆞ니>고오니', '덥+으+니>더ᄫᅳ니>더우니'

둘째, 'w+아>와, w+어>워'(반모음화)의 예로 '곱+아>고ᄫᅡ>고와', '덥+어>더ᄫᅥ>더워'

셋째, 'w+이>이(음가 탈락), 예로 '곱+이>고ᄫᅵ>고이(곱게)', '쉬ᄫᅵ>수ᄫᅵ>수이>쉬'

나) 모음[중성]

훈민정음 제자 원리에서 기술했듯이 기본자 'ㆍ ㅡ ㅣ'의 결합으로 초출자인 'ㅗ, ㅏ, ㅜ, ㅓ', 재출자인 'ㅛ, ㅑ, ㅠ, ㅕ', 그리고 이중모음인 'ㅛ, ㅑ, ㅠ, ㅕ,ㆎ, ㅢ, ㅚ, ㅐ, ㅟ, ㅔ, ㅘ, ㅝ', 삼중모음인 'ㅙ, ㅞ, ㅒ, ㅖ' 등을 만들 수 있다.

기본자 중 소멸된 모음은 'ㆍ'(아래 아)이다. 이 글자는 후설저모음으로 오늘날은 편의상 'ㅏ'로 발음하지만 'ㆍ'와 'ㅏ'는 그 형태적 표기에 따라 엄밀하게 의미가 구별되었다. 'ᄒᆞ다[爲] : 하다[多, 大], ᄃᆞ리[橋] : 다리[脚], 살[矢] : 솔[肉], 낯[個] : 눛[面], 말[言] : 물[馬], 가ᄂᆞ[行] : ᄀᆞᄂᆞ[細]' 등의 구별이 있다.

'ㆍ' 음의 소멸은 16세기 이후이며, 문자의 소멸은 1933년이다. 첫음절에서는(18세기 후반) 주로 'ㆍ>ㅏ'로(물[馬]>말, 묽다[淸]>맑다), 둘째 음절에서는(16세기 중반) 주로 'ㆍ>ㅡ'(ᄀᆞ득[滿]>ᄀᆞ득(16세기)>가득(18세기)이며, 이외에 'ㆍ>ㅗ'(ᄉᆞ매>소매), 'ㆍ>ㅓ'(ᄇᆞ리다>버리다), 'ㆍ>ㅜ'(아ᅀᆞ>아우), 'ㆍ>ㅣ'(아ᄎᆞᆷ>아침)' 등으로 변천되었다.[32]

중세국어의 단모음은 7개로 양성모음인 'ㆍ, ㅏ, ㅗ'와 음성모음인 'ㅡ, ㅓ, ㅜ', 그리고 중성모음인 'ㅣ'가 있었다.

2) 음운 규칙

(1) 모음조화(母音調和)

모음조화는 '가ᄂᆞ, 고바, ᄲᆞᆯ다 : 여르니, 구버, 흐르다' 등처럼 앞 음절이 양성모음(ㆍ,ㅏ,ㅗ,ㅘ,ㅛ,ㅑ,ㅚ,ㅐ,ㅙ)이면 뒤의 음절도 양성모음, 앞 음절이 음성모음(ㅡ,ㅜ,ㅓ,ㅠ,ㅕ,ㅢ,ㅟ,ㅔ,ㅞ)이면 뒤의 음절도 음성모음을 이룬다. 모음조화는 15세기에는 엄격했으나, 후세에 내려오면서 문

---

[32] ᄆᆞᄉᆞᆯ[村] → ᄆᆞᄉᆞᆯ(16세기) → ᄆᆞ을→ 마을(18세기)

란해지다가 현재에는 의성어와 의태어, 용언의 활용형에서 부사형의 '-아(어)', 과거시제의 '-았(었)-' 등에서 지켜진다. 모음조화가 혼란해진 원인은 'ㆍ'가 소멸된 것이 가장 큰 이유이며, 이외에도 발음의 강화현상과 한자어와의 혼용을 들 수 있다.

중성모음은 대체로 그 앞의 선행 모음에 따라 결정되지만, 중성모음 앞에 선행모음이 없으면 음성 모음과 어울린다.[33] 그리고 모음조화가 일어나지 않는 경우는 현재선어말어미 'ㄴ'의 경우로 '쓰ᄂ니라, 우ᄂ' 등을 들 수 있다.

(2) 'ㅣ'모음동화[母音變異]

'ㅣ'모음동화는 'ㅣ' 모음이나 'ㅣ' 후행 복모음 아래 단모음이 올 때, 단모음 'ㅏ, ㅓ, ㅗ, ㅜ, ㅡ'모음이 'ㅣ'모음과 만나서 그 영향으로 'ㅑ, ㅕ, ㅛ, ㅠ, ㅐ, ㅖ, ㅚ' 등으로 변하는 현상이다. 이는 다시 동화의 방향에 따라 'ㅣ'모음이 앞이냐 뒤이냐에 따라 'ㅣ'모음순행동화와 'ㅣ' 모음 역행동화로 나뉜다. 전자의 예로 'ᄃᆞ외+아>ᄃᆞ외야, 쉬+우+ㅁ>쉬윰', 후자의 예로 ᄒᆞ+이시아>ᄒᆡ이시야, 겨시다>계시다' 등을 들 수 있다.

'ㅣ'모음동화가 일어나지 않는 경우는 'ㅣ'아래 'ㄱ'이 'ㅇ'으로 바뀐 경우로 '이고>이오, ᄒᆞ고>ᄒᆞ오, 뷔거ᄉᆞ>뷔어ᄉᆞ'를 들 수 있으며, 또한 사동이나 피동 접미사(오/우)의 경우로 '샹ᄒᆞ+이+오+ᄃᆡ>샹ᄒᆡ오ᄃᆡ', 그리고 의문형 어미 '오'의 경우로 '엇뎨 구틔여 혜리오, 뭇디 아니ᄒᆞ엿ᄂ니오' 등을 들 수 있다. 그리고 유음(ㄹ)과 치음(ㅈ,ㅊ,ㅅ)일 때도 일어나지 않는다. 예를 들면 '머리>머리, 보리>보리', '가지>가지, 까치>까치, 모시>모시'를 들 수 있다.

---

[33] 예를 들어 'ᄀᆞᄅᆞ치오ᄃᆡ(ᄀᆞᄅᆞ쵸ᄃᆡ)'의 경우 '치'의 'ㅣ'가 중성모음이므로 그 앞의 'ᄀᆞᄅᆞ'가 양성모음이므로 선어말어미 '오'를 취한다. 그리고 '잇+어, ᄭᅵ+어'처럼 어두에 'ㅣ'모음은 일반적으로 음성모음인 '어'와 결합한다.

(3) 탈락과 축약

일종의 모음 충돌 회피로 탈락과 축약이 있다. 우선 탈락은 모음과 모음이 이어질 때, 매개모음 성격의 모음(ㆍ, ㅡ)에 일반 모음(ㅏ, ㅓ, ㅗ, ㅜ)이 이어질 때에는 'ㆍ, ㅡ'가 탈락된다. 예를 들면 '쓰+움>뿜, 트+아>타, ᄒᆞ+옴>홈' 등을 들 수 있다.

다음으로 축약은 '음운 A + 음운 B → 음운 C'의 형식으로 'ㅣ' 단모음 아래 'ㅏ, ㅓ, ㅗ, ㅜ'가 오거나, 'ㅏ, ㅓ, ㅗ, ㅜ, ㅑ, ㅕ' 아래 'ㅣ'모음이 이어지면 축약되고, 'ㅗ+ㅏ', 'ㅜ+ㅓ'도 축약된다. 예를 들면 '너기+어>녀겨, 바리+옴>ᄇᆞ룜, 나+ㅣ>내, 오+아>와, 저+ㅣ>제, 어울+우+어>어울워' 등을 들 수 있다.

(4) 자음 충돌 회피

어간이 'ㄹ'로 끝나는 용언의 경우, 어간 'ㄹ' 아래 어미 'ㄴ, ㅿ' 등이 이어질 때 어간의 'ㄹ'이 탈락된다. 예를 들어 '일(成)+ᄂᆞ니>이ᄂᆞ니, 밍글+노니>밍ᄀᆞ노니, 일+ᅀᆸ>이ᅀᆸ, 밍글+ᅀᆸ>밍ᄀᆞᅀᆸ' 등을 들 수 있다. 또한 매개모음 '-ᄋᆞ-/-으-'의 경우로 어간의 말음이 자음이고 어미도 자음이 이어질 때 매개모음 '-ᄋᆞ-/-으-'가 삽입된다. 예를 들어 '잡+ᄋᆞ면>자ᄇᆞ면, 잡+ᄋᆞ니>자ᄇᆞ니, 잡+ᄋᆞᆯ씨>자ᄇᆞᆯ씨', '먹+으면>머그면, 먹+으니>머그니, 먹+을씨>머글씨' 등을 들 수 있다.

(5) 설측음화(舌側音化)

유음(ㄹ)은 초성에서 날 때에는 혀굴림소리(설전음)로 발음되며, 종성에서 날 때에는 혀옆소리(설측음)로 발음된다. 예를 들어 '모래[mora]'의 'ㄹ'은 설전음[r]으로 혀를 굴려 내는 소리이며, '물[mul]'의 'ㄹ'은 설측음[l]로 이는 혀 끝을 잇몸에 대고 공기를 혀 옆으로 흘려 보내는 소리이다. 이러한 설측음화 현상은 '릭/르' 어간에 모음이 연결될 때, 'ㆍ/ㅡ'가 탈락되면서 'ㄹ'이 분철되어 설측음으로 발음된다.

① 'ㄹ-ㅇ'의 경우

다ᄅᆞ다(異) : 다ᄅᆞ+아>달아, 다ᄅᆞ+옴>달옴, 다ᄅᆞ+고>다ᄅᆞ고

오ᄅᆞ다(登) : 오ᄅᆞ+아>올아, 오ᄅᆞ+옴>올옴, 오ᄅᆞ+고>오르고

니르다(言) : 니르+어>닐어[34], 니르+움>닐움, 니르+고>니르고

ᄆᆞᄅᆞ다(裁) : ᄆᆞᄅᆞ+아>ᄆᆞᆯ아, ᄆᆞᄅᆞ+옴>ᄆᆞᆯ옴 ᄆᆞᄅᆞ+고>ᄆᆞᄅᆞ고

② 'ㄹ-ㄹ'의 경우

ᄲᆞᄅᆞ다(速) : ᄲᆞᄅᆞ+아>ᄲᆞᆯ라, ᄲᆞᆯ+옴>ᄲᆞᆯ롬 ᄲᆞᄅᆞ+고>ᄲᆞᄅᆞ고

모ᄅᆞ다(不知) : 모ᄅᆞ+아>몰라, 모ᄅᆞ+옴>몰롬, 모ᄅᆞ+고>모ᄅᆞ고

흐르다(流) : 흐르+어>흘러, 흐르+움>흘룸, 흐르+고>흐르고

(6) 구개음화(口蓋音化)

중세국어(15세기부터 17세기)에서는 'ㄷ, ㅌ'이 'ㅣ'모음이나 'ㅣ'선행 모음(ㅑ, ㅕ, ㅛ, ㅠ) 앞에서 발음되었으나, 17세기 말경부터는 'ㄷ, ㅌ'이 뒤의 'ㅣ' 모음의 영향을 받아 발음하기 쉬운 경구개음 'ㅈ, ㅊ'으로 발음 되었다. 이는 일종의 역행동화 현상이다. 예를 들면 '디다>지다, 둏다>좋다, 뎌긔>져긔>저기, 텬디>천지, 티다>치다' 등을 들 수 있다. 현대어와는 다르게 어근 자체에서도 구개음화 현상이 일어났다.

(7) 원순모음화(圓脣母音化)

순음 'ㅁ, ㅂ, ㅍ' 아래 오는 모음 'ㅡ'가 'ㅜ'로 변하는 현상으로, 이는 발음의 편리를 꾀한 변화라고 볼 수 있다. 이 현상은 15세기에 나타나기

---

[34] 소학언해(1587)에는 'ㄹ-ㄹ'로 나타난다.
예) 공ᄌᆞ 증ᄌᆞ다려 닐러 ᄀᆞᆯᯂ샤ᄃᆡ

시작하여 18세기에 많이 나타났다. 원순모음화가 일어나는 경우는 순음과 설음 사이에서 나타난다. 예를 들면 '므러>물어, 블>불, 프른>푸른'을 들 수 있다. 15세기에는 '믈[水] : 물[群], 브르다[飽] : 부르다[殖, 潤]'처럼 구별되는 경우도 있다.

(8) 전설모음화(前舌母音化)

중설모음인 'ㅡ'음이 치음 'ㅅ,ㅈ,ㅊ' 밑에서 전설모음 'ㅣ'로 변하는 현상으로 18세기 말 이후에 나타나는 일종의 순행동화 현상이다. '즛>짓, 즈레>지레, 츩>칡, 거츨다>거칠다, 슳다>싫다' 등을 들 수 있다.

(9) 단모음화(單母音化)

치음인 'ㅅ,ㅈ,ㅊ' 뒤에서 이중모음인 'ㅑ,ㅕ,ㅛ,ㅠ'가 앞의 치음의 영향을 받아 'ㅏ,ㅓ,ㅗ,ㅜ'의 단모음으로 바뀌는 현상으로 일종의 순행동화이다. 이는 18세기 말에 나타나기 시작하여 1933년 '한글맞춤법통일안'에서 확정되었다. '셤>섬, 셰상>세상, 둏다>죻다>좋다, 쇼>소' 등을 들 수 있다.

(10) 이화(異化)

한 낱말 안에 같거나 비슷한 음운 둘 이상이 있을 때, 그 말의 발음을 보다 분명하게 하기 위해 그 중 한 음운을 다른 음운으로 바꾸는 것을 말한다. 여기에는 자음의 이화와 모음의 이화가 있는 데, 자음의 이화로는 '붚>북, 거붑>거북' 등이 있다. 그리고 모음의 이화로는 '소곰>소금, ᄀᆞᄅᆞ>가루, 보롬>보름, 처섬>처엄>처음, 서르>서로' 등을 들 수 있다.

(11) 강화(強化)

발음을 뚜렷이 하기 위해 음운을 바꾸는 현상으로 평음을 강음으로 하거나 모음조화를 파괴함으로써 일종의 발음을 강화하는 현상이다. 이런 청각인상을 강화하려는 작용에는 평음을 경음으로 하는 경음화현상(곳>꽃, 불휘>뿌리)과 평음을 격음으로 하는 격음화현상(갈>칼, 고>코), 모음의 발음을 강화하려는 이화현상(서르>서로, 펴어>펴아), 그리고 음운 첨가(마>장마, 앗다>빼앗다, 호자>혼자) 현상이 있는데 이를 통틀어 강화현상이라 한다.

(12) 첨가(添加)

불분명하거나 짧은 어형에 명료하고 강한 청각인상을 주기 위해 음운을 덧붙이는 현상으로 어두음 첨가, 어중음 첨가, 어말음 첨가 등이 있다. 강화현상과 약간의 차이가 있다면 강화가 한 음운을 다른 음운으로 변음시킴으로써 그 효과를 나타냄에 비하여 첨가는 별도로 음운을 덧붙여 그 효과를 나타내는 데 그 차이가 있다. 어두 음절 첨가로 '마>장마, 보>들보, 어중음 첨가로 '호자>혼자, ᄀ초다>감추다, 졈다>젊다, 넙다>넓다, 머추다>멈추다, 나ᅀᅵ>나이>냉이, 죠희>종이, 하아>하야', 그리고 어말음 첨가로 '짜>땅, 긷>기동>기둥' 등이 있다.

(13) 도치(倒置)

소리의 혼란으로 인한 현상의 일종으로 음운의 도치와 음절의 도치가 있다. 음운의 도치는 자음의 'ㄱ'과 'ㄷ, ㄹ', 모음의 'ㅏ'와 'ㅗ'가 발음의 혼동으로 뒤바뀜으로 어형이 바뀌는 경우이다. 예를 들면 자음의 '빗복>빗곱>배꼽, 이륵이륵>이글이글'과 모음의 '하야로비>해야로비>해오라비' 등을 들 수 있다. 음절의 도치는 선어말어미의 순서가 뒤바뀜으로 '-거시-, -더시-'가 '-시더-, -시거-'로 바뀌는 현상으로 오늘날에는 '-시-'가 앞에 온다. '하거시늘>ᄒᆞ시거늘, ᄒᆞ더시니>하시더니, 어이어신마ᄅᆞᄂᆞᆫ>어이시건마는' 등을 들 수 있다.

(14) 'ㄱ' 탈락 현상

'ㄱ' 탈락은 'ㅣ'나 'ㄹ'음 아래서 탈락하는 현상이지만, 실제로는 탈락이 아니라 'ㄱ[g]'이 자음인 'ㅇ[ɦ]'으로 바뀐 것이다. 그러다가 16세기 말에 'ㅇ[ɦ]' 음가가 소멸되어 탈락한 것으로 본다.[35]

    아바님도 어이어신마ᄅᆞᄂᆞᆫ <사모곡>
    果實와 믈와 좌시고 <월인천강지곡>

(15) 'ㄹ' 탈락 현상

'ㄹ'이 탈락되는 현상으로는 'ㅅ' 앞에서, 그리고 'ㄷ' 앞에서 탈락한다. 또한, 'ㄴ' 앞에서도 탈락한다.[36]

    우믓룡(<우믌룡)이 내손모글 주여이다 <쌍화점>
    날은 엇디 기돗던고(<길돗던고) <사미인곡>
    스믈 여듧字ᄅᆞᆯ 밍ᄀᆞ노니(<밍ᄀᆞᆯ노니) <훈민정음 언해>

(16) 매개모음(媒介母音)

자음과 자음 사이에 발음을 부드럽게 하기 위해서 사이에 '-ᄋᆞ-/-으-'를 넣는다. 이는 일종의 자음충돌의 회피현상으로 오늘날에는 '-으-'로 통일되었다.

---

[35] 尹錫昌 외(1973:540)에서는 서술격조사 '-이' 아래에서, 형용사 '아니다'의 '-니-' 아래에서, 타동사 '디다'의 '디' 아래에서, 미래의 '리' 아래에서, 그리고 명사나 용언의 어간이 'ㄹ'로 끝난 경우에 'ㄱ'이 탈락한다고 했다.

[36] '우믈+ㅅ+룡>우믓룡(우물의 용)', '길+돗(느낌의 현재형)+던고>기돗던고(길던고)', '밍+글+ᄂᆞ+오+니>밍글노니>밍ᄀᆞ노니(만드니)' 등.

① 양성모음의 경우 : '-ㅇ-'

　　海東六龍이 <u>ㄴㄹ샤</u> <용비어천가>

　　君ㄷ字 처엄 펴아 나는 소리 <u>ㄱㅌ니</u> <훈민정음>

　　돌하 노피곰 <u>도드샤</u> <정읍사>

② 음성모음의 경우 : '-으-'

　　낡ㄱ티 들리도 <u>업스니이다</u> <악장가사, 사모곡>

　　敬天勤民ㅎ샤사 더욱 <u>구드시리이다</u> <용비어천가 125>

(17) 모음충돌 회피

　일종의 Hiatus 회피 현상으로 두 모음 중 앞의 것을 탈락시킨다. 이는 음운탈락의 현상으로 'ㅌ[乘]＋아>타, ㅄ[用]＋어>뻐, 더으[加]＋움>더움'을 들 수 있으며, 다음으로 두 모음을 간음으로 축약시키는 間音化 현상으로 'ㅅ이>새[間], 가이>개[犬]', 그리고 매개자음을 사이에 넣는 것으로 '죠희[紙]>죠이>종이, 쇼아지>송아지' 등을 들 수 있다.

(18) 유음화 현상(流音化現象)

　'ㄷ'이 유성음화되어 'ㄹ'로 바뀌는 현상으로, 우선 일반 모음 아래서 'ㅊ뎨>ㅊ례[次弟], 낟악>나락[穀], 듣으니>들으니[聞]' 등을 들 수 있으며, 'ㅎ리도소니>ㅎ리로소니, ㅎ리더니>ㅎ리러니'처럼 미래시제 선어말어미의 '-리-' 아래에서 일어난다.

참고 'ㄹ〉ㄷ'의 현상

이는 엄밀히 말해서 'ㄹ>ㄷ'의 변화가 아니라, 합성어 사이에서 사잇소리로 인하여 'ㄹ' 종성이 탈락되는 현상이다. 즉 '설달>설ㅅ달>섯달>섣달, 이틀날>이틀ㅅ날>이틋날>이튿날'이 되는 것이다.

(19) 유추(類推)

음운의 변동에 있어서 유추는 성격이 비슷한 말에서 공통의 유형을 찾아, 이와 비슷한 다른 말을 공통된 유형에 맞추어 일치시키려는 심리적 현상에서 어형이 변화하는 것이다. 즉, 기억의 편리를 위하여 혼란된 어형을 어떤 유사한 기준형으로 통일시키려는 현상이다. '서르>서로(부사 '-로'의 형태), 사올>사홀>사흘(열흘의 '-흘'), 아호>아홉(닐굽, 여듧의 '-ㅂ'), 처섬>처엄>처음(어름, 믿븜의 '-음') 등을 들 수 있다.

(20) 오분석(誤分析)

오분석은 말의 형태를 잘못 분석함으로써 어형이 바뀌는 것을 말한다. 즉, 오늘날의 '같다'는 중세국어에서 'ᄀᆞᆮᄒᆞ다'였으나, 표음적 표기로 'ᄀᆞᆮ다'라고 표기했는데, 후대의 사람들이 어형을 잘못 이해하여 'ᄀᇀ + ᄋ 다'로 생각했기 때문에 'ᄀᆞᆮᄒᆞ다 → ᄀᇀ다>같다'로 변천했다. 또한 '폴(파리) + 이'(주격) 형태를 표음표기하면 '푸리(파리가)'가 된다. 따라서 '푸리'를 단독 어형으로 보고 '푸리 + 제로주격'으로 잘못 분석한 것이다. 이에 '폴 → 푸리>파리'로 표기한 것이다. 역시 '갖(가지) + 이'(주격)의 형태를 표음표기한 '가지(가지가)'를 단독 어형으로 보고, '가지 + 제로주격'으로 오분석하여 '갖 → 가지'로 표기한 것이다.

나. 형태

1) 체언의 용법

체언에 조사가 결합하여 일어나는 어형변화를 곡용(曲用)이라 한다. 이에 체언과 조사, 그리고 체언의 곡용에 대해 살펴보겠다.

가) 체언

명사, 대명사, 수사로 나누어 그 격변화를 알아보고자 한다.

(1) 명사

(가) 보통명사와 고유명사

나랏 말ᄊᆞ미 中國에 달아 <훈민정음 언해>

위의 예문에서 '나라'는 보통명사이고, '中國'은 고유명사이다.

(나) 의존명사

자립성이 없지만 관형어의 수식을 받는 체언의 자리에 올 수 있는 명사를 의존명사 혹은 형식명사라고 한다. 의존명사에는 여러 가지 형태가 있는데, 그 중에서도 중요한 것이 'ᄃᆞ'와 'ᄉᆞ'이다.

① ᄃᆞ - ᄃᆞ+이>디(주격), ᄃᆞ+ㄹ>ᄃᆞᆯ(목적격), ᄃᆞ+ㄴ>ᄃᆞᆫ(주제격), ᄃᆞ+ᄋᆡ>ᄃᆡ(처소격), ᄃᆞ+이라>디라(서술격)
② ᄉᆞ - ᄉᆞ+이>시(씨)(주격), ᄉᆞ+ㄹ>ᄉᆞᆯ(목적격), ᄉᆞ+ㄴ>ᄉᆞᆫ(주제격), ᄉᆞ+ᄋᆡ>ᄉᆡ(처소격), ᄉᆞ+이라>시(씨)라(서술격)
③ 기타의 경우
   <바> : 어린 빅셩이 니르고져 홅배(바+ㅣ) 이셔도 <훈민정음>
   <이> : 말ᄊᆞᆷ을 ᄉᆞᆯᄫᆞ리(ᄉᆞᆲ+ᄋᆞ+ㄹ+이=사람) 하ᄃᆡ 天命을 疑心ᄒᆞ실ᄊᆡ <용비어천가 13>
       절로 가며 절로 오ᄂᆞ닌(오+ᄂᆞ+ㄴ+이+ㄴ=것은) 집 우흿 져비오 <두시언해 초 7:3>
   <ᄲᅳ> : 바미도 세 ᄲᅳᆯ(ᄲᅳ+을=번을) 說法ᄒᆞ더시이다 <월인천강지곡>

<양> : 王이 罪이 야ᄋ로(양+ᄋ로=모양으로) 詳考ᄒ야 <석보상절 9:38>

<제> : 셤 안해 자싫 제(때) 한비 사ᄋ리로ᄃᆡ <용비어천가 67>

<딛> : 그 더듸(덛+의=동안에) 엇디ᄒ야 下界예 ᄂ려오니 <사미인곡>

<다> : 大洞江 너븐 디(줄) 몰라서 <서경별곡>

<디위> : 崔九의 집 알ᄑᆡ 몃 디윌(디위+ㄹ=번을) 드러뇨 <두시언해>

<ᄯᄅᆞᆷ> 편안킈 ᄒ고져 홀 ᄯᄅᆞᆷ(ᄯᄅᆞᆷ+이)니라 <훈민정음 언해>

(2) 대명사

대명사는 명사를 대신하여 사용하는 것으로 인칭대명사, 지시대명사, 의문대명사가 있다.

○ 인칭대명사

가. ·내(나ㅣ) · · · · 스믈여듧 字ᄅᆞᆯ 밍ᄀ노니 <훈민정음 언해>

나. 長者ㅣ 네(너ㅣ) 아비라 <월인석보 8:98>

다. 그듸ᄂᆞᆫ · · · · 가난ᄒᆞᆫ 젯 사괴요ᄆᆞᆯ 보디 아니ᄒᄂᆞᆫ다[37] <두시언해 25:56>

라. 어린 百姓이 · · · · ᄆᆞᄎᆞᆷ내 제(저ㅣ) ᄠᅳ들 시러 펴디 몯ᄒᆞᇙ 노미 하니라 <훈민정음 언해>

마. 淨飯王이 깃ᄀ샤 부텻 소ᄂᆞᆯ 손ᅀᅩ 자ᄇᆞ샤 ᄌᆞ갸(ᄌᆞ갸ㅅ) 가ᄉᆞ매 다히시고[38] <월인석보 10:9>

위 문장에서 (가)의 '나'는 1인칭 대명사, (나)의 '너'는 2인칭 대명사, (다)의 '그듸'는 '너'보다는 약간 대우하는 2인칭 대명사, (라)의 '저'는

---

[37] "그듸ᄂᆞᆫ 管仲鮑叔의 가난ᄒᆞᆫ 젯(齊나라의) 사괴요ᄆᆞᆯ 보디 아니ᄒᄂᆞᆫ다"(君不見管鮑貧時交)

[38] '깃ᄀ샤'(기뻐하시고), '깄다'(기뻐하다), 손ᅀᅩ(副 손수), 자ᄇᆞ샤(잡으시어), ᄌᆞ갸(人稱不定稱, '自己'의 높임말), ᄌᆞ개(主格), ᄌᆞ갼(屬格), 다히다(대다)

앞의 '어린 百姓'을 가리키는 재귀대명사, 그리고 (마)의 '즈갸'는 '저'의 높임말의 재귀대명사로 제시하였다. 이는 현대국어의 3인칭 주어로 쓰이는 재귀대명사 '당신'에 해당되는 것으로 볼 수 있다. 그리고 인칭대명사 중 미지칭 대명사에는 '누', '므슥', '어느, 현마, 엇뎨' 등이 있다.

(나) 처소대명사

처소를 나타내는 지시대명사에는 '이어긔'(여긔>여기), '그어긔'(거긔>거기), '뎌어긔'(져긔>저기)가 있다. 이는 '이, 그, 뎌'가 발달하여 장소를 나타내는 것으로 '이(그, 뎌)+ㅇ+어긔(접미사)>이(그, 뎌)어긔'와 같이 하여 이루어진 말인데, 이 때에 'ㅇ'음은 모음과 모음이 맞부딪침(모음충동회피)을 피하기 위하여 들어간 것이다.

(다) 의문대명사

의문대명사에는 '어느', '어'ᄂ'가 있는데 이는 관형사(어느, 무슨, 어떤), 대명사(무엇, 어느것), 부사(어찌)로 쓰인다. 즉, '어느'(어'ᄂ)란 말이 세 가지 다른 용법을 가지고 있다. 일반적으로는 관형사로 쓰일 때는 명사 앞에 놓이는 것이 보통이고, 대명사로 쓰일 때는 앞에 나오는 명사의 뜻을 지칭하는 '어느것, 무엇'이라는 뜻을 나타내며, 부사로 쓰일 때는 용언이나 부사를 수식하며 '어찌'의 뜻을 갖는다.

2) 조사: 격조사

(1) 주격조사

주격조사는 현대어에서는 받침이 있는 말 아래 '이'가, 받침이 없는 말 아래에서는 '가'가 쓰이나, 중세어의 받침 아래에서는 '이', 'ㅣ'('ㅣ' 이외의 모음) 모음 밑에 사용되는데 한글에서는 끝자에 어울려 쓰고, 한자에서는 따로 쓴다. 'Ø(Zero)'는 'ㅣ, ㅔ, ㅐ, ㅓ, ㅚ, ㅟ, ㅖ' 등 주로 하향 이중모음인 'ㅣ'모음 아래에서 쓰인다. 현대어에 많이 사용하는 '가'는 16세기 말에 나타났다.

나랏 말쓰미 (말씀+이)中國에 달아 <훈민정음 언해>
대장뷔(부+ㅣ) 세상에 나매 <홍길동전>
어린 百姓의 니르고져 홀배(바+ㅣ) 이셔도 <훈민정음 언해>
믈읫 字ㅣ 모로매 <훈민정음 언해>
安西都護이 되 프른 驄馬ㅣ <두시언해>
불휘(불휘+제로주격) 기픈 남ㄱ <용비어천가>
ㄱ르매 빈(빈+제로주격) 업거늘 <용비어천가>

참고 특수한 주격조사

고어에서는 '-셔'계의 특수한 주격 조사가 있는데, 높임 명사 뒤에는 '-씌셔', 단체 명사 뒤에는 '-애이셔', 일반 명사 뒤에는 '-셔', 그리고 '누' 의문사 뒤에는 '-ㅣ라셔'가 붙는다. 그리고 현대어 모음 뒤에 쓰이는 주격조사 '-가'는 15세기에는 쓰이지 않았다. '-가'의 최초의 사용은 1572년 정철의 모친의 편지글에서이다.

① 和平翁主씌셔(께서) <한중록>
② 나라해이셔(나라+ㅎ+애이셔=에서) 도ᄌᆞ기 자칫 바다 <월인석보 1:6>
③ 누구셔 漁翁의 ᄒᆞᄂᆞᆫ 일이 閑暇ᄒᆞ다 ᄒᆞ든이 <고시조>
　 사공셔 오늘 日出이 유명ᄒᆞ리란다. <동명일기>
④ ᄌᆞ득 노흔 고래 뉘라셔(누+ㅣ라셔=누구가) 놀래관ᄃᆡ <관동별곡>

---

(2) 관형격조사

관형격조사는 명사를 수식하는 일종의 속격 조사로 '-익, -의, ㅅ'로 쓰인다. '-익'는 양성모음 밑에서, '-의'는 음성모음 밑에서 사용되며,

'ㅅ'은 무정물을 지칭하거나 유정물 중 존칭 체언 결합에 사용되었다.[39]

> 도즈기 아폴 디나샤 <월인천강지곡>
> 父母의 모든 <능엄경언해>
> 나랏 말쓰미 <훈민정음 언해>
> 부텻 功德을 <석보상절>

(3) 목적격조사

목적격 조사는 타동사를 갖는 체언에 붙는 조사로 '-룰(양성음절 모음 밑), -을(양성음절 자음 밑), -를(음성음절 모음 밑), -을(음성음절 자음 밑), -ㄹ(모음 밑)' 등이 있으며 대격조사라고도 한다. 목적격조사의 본래 형태는 'ㄹ'이고, 자음 밑에 사용되는 '-올, -을'의 '-ㅇ-, -으-'는 매개모음 이다.

> 말쓰물 솔브리 하디 天命을 疑心ᄒ실씨 <용비어천가 13>
> 놀애를 브르리 하디 <용비어천가 13>
> 블근새 그를 므러 寢室 이페 안즈니 <용비어천가 7>
> ᄇ야미 가칠 므러 즘겟 가재 연즈니 <용비어천가 7>
> 崔九의 집 알픠 몃 디월(디위+ㄹ) 드러뇨 <두시언해>

(4) 부사격조사

부사격조사에는 처소격, 도구격, 여격, 비교격, 공동격, 향진격 등이 있다.

---

[39] '의/의'가 유정물 지칭의 평칭 체언에 결합되는 반면에 'ㅅ'은 유정물 존칭에 사용된다. "岐王ㅅ집 안해 상녜 보다니 崔九의 집 알픠" <江南逢李龜年>

① 처소격조사

처소격조사는 공간이나 시간상의 위치를 표시하는 조사로 '-애'(양성음절 아래), '-에'(음성음절 아래), '-예'('ㅣ'모음 아래)가 있고, 특정명사 아래에 쓰이는 '-의, -의'가 있다. 현재에는 '-에' 하나만 사용된다.

  긴 녀릆 江村애 일마다 幽深ᄒ도다 <두시언해>
  침실 의페 안즈니 <용비어천가 7>
  狹人ㅅ 서리예 <용비어천가 4>

참고 특수처소격 조사

처소격조사는 양성음절 아래에서는 '-애', 음성음절 아래에서는 '-에', 중성인 'ㅣ' 모음 아래에서는 '-예'가 쓰이는 것이 원칙이지만, 일부 명사들은 이 원칙을 따르지 않고, 관형격 조사인 '-의'와 '-의'를 처소격 조사로 취한다.

② 여격(與格)조사

여격은 다른 사람에게 무엇을 주거나 시킬 경우에 상대방을 나타내는 격으로 '체언+그에'(게), '체언+손ᄃᆡ', '-ᄃᆞ려' 등 '-에게'의 평칭으로, 'ㅅ+그에(긔/게)=ᄭᅴ'는 '-께'의 존칭으로 사용되었다.[40]

  내그에 맛딘 사ᄅᆞ미 죽거늘 <선창내훈 3:65>
  無學손ᄃᆡ 비호는 사ᄅᆞ미라 <석보상절 13:3>
  王ㅅ그에 가리라 <월인석보>
  부텻게 가 <법화경언해>
  몸이며 얼굴이며 머리털이며 술흔 父母ᄭᅴ 받ᄌᆞ온 것이라 <소학언해>
  날ᄃᆞ려 니ᄅᆞ샤ᄃᆡ <월인천강지곡 서11>
  내 너ᄃᆞ려 ᄀᆞᆯ쵸마 <飜朴 상10>

---

[40] 'ᄃᆞ려'는 '니ᄅᆞ다(謂), ᄀᆞᄅᆞ치다, 자랑ᄒ다' 등과 결합한다.

③ 비교격조사

비교격은 체언에 '-라와, -도곤, -에서' 등의 결합과 '-과, -와'가 뒤에 '곧다'나 '다르다'와 사용된다.[41]

> 널라와 시름한 나도 자고 니러 우니노라 <청산별곡>
> 盧山이 여긔도곤 낫단 말 못ᄒ려니 <관동별곡>
> 볼고미 日月에셔 더으고 <몽법 65>
> 닐옴과 곧ᄒ니라 <남명집언해>
> 나디 바틔셔 남과 ᄀ틀씨 <석보상절>
> 軍容이 녜와 다르샤 <용비어천가>

④ 공동격(동반격)조사

공동격은 대체로 체언과 체언을 결합하는 '-와/과'로 '-와(로)'는 모음 밑에, '-과'는 자음 밑에 쓴다.

> 나모와 곳과 果實와ᄂ <석보상절 6:40>
> 文字와로 서르 ᄉ뭊디 아니ᄒ씨 <훈민정음 언해>
> 하늘콰 따콰 ᄉ싀예[42] <두시언해>

(5) 호격조사

호격은 사람이나 사물의 이름을 부르는 격으로, 존경하여 부를 때(존칭호격)는 '-하', 보통으로 부를 때(보통호격)는 '-아(야)', 그리고 감탄적

---

[41] 비교격은 '-에', '-이'와의 결합에서도 보인다.
나랏 말ᄊ미 中國에 달아 <훈민정음 언해>
즘승에 갓가오릴ᄉ <소학언해>
古聖이 同符ᄒ시니 <용비어천가 1>

[42] '하늘콰>하늘+ᄒ+과', '따콰>따+ᄒ+과'

으로 사용하여 부를 때(감탄호격)는 '-여(이여)'가 쓰였다.

> 님금하 아르쇼셔. 洛水예 山行가이셔 <용비어천가>
> 子眞아 正히 너를 스랑ᄒ니 <두시언해>[43]
> 阿逸多야 내 이 如來人壽命 長遠 니ᄅᆞᇙ 저긔 <월인석보 17:24>
> 됴ᄒ시며 됴ᄒ실쎠 大雄世尊이여 <법화경언해>

3) 체언의 곡용

받침있는 체언이 조사와 결합할 때 변화가 일어나는데 체언이 단독형이거나 뒤에 오는 음절두음이 자음일 경우에 8종성법의 받침표기로 바뀐다. 그러나 모음이 오면 현대어 발음처럼 연음되어 표기되었다. 그 예를 들면 아래와 같다.

> 넋(魂) : 넉, 넉도, 넉시   밭(田) : 받, 받도, 바티
> 닢(葉) : 닙, 닙도, 니피   곶(花) : 곳, 곳도, 고지

그러나 'ㄹ'로 시작되는 겹받침은 대표음으로 표기되지 않다가, 근대어에 와서야 대표음으로 표기되었으며, 모음과 만나면 연음으로 표기되었다.

> 앒(前) : 앒, 앒도, 알피   ᄃᆞᆰ(鷄) : ᄃᆞᆰ, 닭도, ᄃᆞᆯ기

(1) 'ㄱ' 곡용어(덧생김체언)

모음으로 끝난 단독형 명사에 조사가 결합할 경우, 뒤의 음절 자음이 받침으로 내려오면서 끝모음이 탈락하고 'ㄱ'을 첨가한다. 또한, 'ㅅ'으

---

[43] 자진아 바로 너를 생각하니

로 끝난 명사 다음에도 'ㄱ'을 첨가하는데 세부적으로 설명하면 다음과 같다.

우선, 모음으로 끝난 단독형 명사에서 끝모음이 탈락하고 여기에 'ㄱ'이 들어가고 조사가 붙는다.

녀느(他, 남) → 년 + ㄱ + 이........년기(다른 사람(남)이, 주격)
년 + ㄱ + 을........년글(다른 사람(남)을, 목적격)
년 + ㄱ + 이다......년기다(다른 사람(남)이다, 서술격)

'ㄱ'덧생김체언(곡용어)를 표로 보이면 다음과 같다.

독립형＼격	주격	목적격	주제격	처소격	사용격	공동격	서술격
나모[木]	남기	남글	남근	남기	남ㄱ로	나모와	남기라
구무[穴]	굼기	굼글	굼근	굼긔	굼ㄱ로	구무와	굼기라
불무[冶]	붊기	붊글	붊근	붊긔	붊ㄱ로	불무와	붊기라
숫[炭]	숫기	숫글	숫근	숫긔	숫ㄱ로	숫과	숫기라
잇[苔]	잇기	잇글	잇근	잇긔	잇ㄱ로	잇과	잇기라
돗[席]	돗기	돗글	돗근	돗긔	돗ㄱ로	돗과	돗기라
녀느[他人]	년기	년글	년근	년긔	년ㄱ로	녀느와	년기라
밧[外]	밧기	밧글	밧근	밧긔	밧ㄱ로	밧과	밧기라
돗[帆]	돗기	돗글	돗근	돗긔	돗ㄱ로	돗과	돗기라

(2) 'ㄹ' 곡용어

모음으로 끝나는 단독형 명사에 조사가 결합할 경우에 끝 모음이 탈락하고 초성은 앞 음절에 올라가 붙으면서 'ㄹ'을 첨가시키는 현상이다. 공동격은 'ㄹ' 곡용하지 않는다. 이에 'ㄹ' 곡용 형식을 보이면 다음과 같다.

ᄒᆞ르 → 홀(끝모음이 준 형태) + ㄹ + 이, 올, 은, 익, ᄋᆞ로, 이라
ᄆᆞ르 → 몰(끝모음이 준 형태) + ㄹ + 이, 올, 은, 익, ᄋᆞ로, 이라

이에 'ᄒᆞ르(하루)', 'ᄆᆞ르[宗]'의 곡용 예를 보이면 다음과 같다.

격 독립형	주격	목적격	관형격	사용격	주제격	공동격	서술격
ᄒᆞ르(日)	홀리	홀를	홀릭	홀ᄅᆞ로	홀른	ᄒᆞ르와	홀리라
ᄆᆞ르(宗)	몰리	몰를	몰릭	몰ᄅᆞ로	몰른	ᄆᆞ르와	몰리라

(3) 'ᅀᆞ, ᄉᆞ, ᄅᆞ, 르'로 끝나는 명사의 곡용
'ᅀᆞ, ᄉᆞ, ᄅᆞ, 르'로 끝나는 명사에 조사가 결합할 경우, 뒤 음절 'ᅀ', 'ㄹ'이 앞의 음절 받침으로 내려오고, 끝모음은 탈락한 형태에 조사를 붙이는 특수곡용어가 있다. 공동격을 취할 경우 독립형은 변하지 않는다.

격 독립형	주격	목적격	관형격	사용격	주제격	공동격	서술격
아ᅀᆞ(아우)	앗이	앗을	앗익	앗ᄋᆞ로	앗은	아ᅀᆞ와	앗이라
여ᅀᆞ(여우)	엿이	엿을	엿의	엿으로	엿은	여ᅀᆞ와	엿이라
노ᄅᆞ(노루)	놀이	놀을	놀익	놀ᄋᆞ로	놀은	노ᄅᆞ와	놀이라
시르(시루)	실이	실을	실의	실으로	실은	시르와	실이라
ᄀᆞᄅᆞ(가루)	굴이	굴을	굴익	굴ᄋᆞ로	굴은	ᄀᆞᄅᆞ와	굴이라
ᄌᆞᄅᆞ(柄)	줄이	줄을	줄익	줄ᄋᆞ로	줄은	ᄌᆞᄅᆞ와	줄이라

(4) 'ㅎ' 곡용어(종성체언)

중세국어에는 'ㅎ'을 끝소리로 갖는 체언이 있어, 단독으로 쓰일 때는 'ㅎ' 소리가 나지 않지만, 모음의 조사와 결합하면 'ㅎ'이 모음과 결합하여 나타난다. 이러한 형식은 '특수체언+ㅎ[소리]+격[조사]' 형식이다.

하늘[天]+ㅎ+ 이 - 하늘히(주격)
　　　　　 올 - 하늘홀(목적격)
　　　　　 은 - 하늘흔(주제격)
　　　　　 과 - 하늘콰(공동격)
　　　　　 애 - 하늘해(처소격)

'나라히, 나라홀, 나라해(나라, 國)', 'ㄱ슬히, ㄱ슬홀, ㄱ슬해(ㄱ슬, 秋)', '돌히, 돌홀, 돌해(돌, 石)', '안히, 안홀, 안해(안, 內)'처럼 'ㅎ' 말음은 체언의 끝소리가 '모음, ㄹ, ㄴ, ㅁ' 등 울림소리 뒤에 나타나는 것이 특징이다. 'ㅎ종성체언'은 모두 울림소리 아래 'ㅎ'이 붙어 있는 형태로 여기에 해당하는 어휘들은 대개 자연물, 수사, 그리고 우주 천체에 관련된 명사들이다.

나라[國], 내[川], 뫼[山], 하늘[天], 싸[地], 민[野], 내[川], 돌[石], 바다[海], 불[臂], 안[內], 길[道], 쇼[淵], 겨슬[冬], 나죄[夕], ㄱ슬[秋], 우[上], 뒤[後], 여러[諸], 수[雄], 갈[刀], 스ᄆ볼[鄕], ᄒ낸[一], 둘[二], 세[三], 네[四], 열[十], 스믈[二十], 셔울[京], ᄂ물[菜], 자[尺], 별[崖], ᄆ술[村], 올[今年], 늘[刃], 언[堤], 암[雌], 움[窟], 터[基]

2) 용언의 용법: 자음 어기의 경우

(1) 받침이 자음으로 끝나는 'ㅌ'은 자음으로 시작되는 어미와 만나면 'ㄷ'으로, 'ㅍ'은 'ㅂ'으로 'ㅈ, ㅊ'은 'ㅅ'으로 표기된다. 그러나 모음과

만나면 받침 그대로 연철 표기된다.

놉(高) : 놉고, 놉게, 놉는 / 노파(놉+아), 노프니(놉+으니)
늦(晩) : 늣고, 늣게, 늣는 / 느저(늦+어), 느즈니(늦+으니)

(2) 겹받침의 'ㄳ'은 'ㄱ', 'ㄵ'은 'ㄱ', 'ㅄ'은 'ㅂ'으로 표기된다. 그러나 모음과 만나면 뒤의 받침이 연음되어 표기된다.

섟(混) : 섯고, 섯게, 섯는 / 섯거(섟+어), 섯그니(섟+으니)
맜(任) : 맛고, 맛게, 맛는 / 맛다(맜+아), 맛두니(맜+으니)
없(無) : 업고, 업게, 업는 / 업서(없+어), 업스니(없+으니)

(3) 받침 'ㄹ'로 끝나는 어간은 'ㄴ, ㄷ, ㅈ'의 어미 앞에서 탈락된다.[44]

알(知) : 아느니, 아던 사룸, 아져
놀(遊) : 노니, 노돗, 노져

(4) 받침이 'ㅎ'으로 끝나는 어간은 'ㄱ, ㄷ'의 자음 어미와 만나면 축약현상으로 'ㅋ, ㅌ'로 표기된다.

동(好) : 됴코(동+고), 됴타(동+다)
놓(置) : 노코(놓+고), 노타(놓+다)

---

[44] 그러나 현대어의 '아시니'와 달리 'ㅅ'과 만나면 탈락되지 않는다. 알+으+시+니>아르시니

다. 문장

1) 종결 표현

중세어의 종결 표현에는 평서문, 의문문, 명령문, 청유문, 감탄문 등이
있다.

(1) 평서문

평서형어미로 '-다, -라'가 있는데, 이는 아주낮춤인 ᄒᆞ라체이고, '-이
다'는 아주높임인 'ᄒᆞ쇼셔체'를 나타낸다.

> 저믄 아ᄃᆞᆯᄋᆞᆫ 바ᄂᆞᆯ 두드려 고기 낫굴 낙슬 ᄆᆡᇰᄀᆞᄂᆞ다 <두시언해, 江村>
> 새벼리 놉거다 <飜老上 58>
> 한비 사ᄋᆞ리로ᄃᆡ 뷔어사 ᄌᆞᄆᆞ니이다 <용비어천가 67>

평서형어미 앞에 선어말어미 '-ᄂᆞ-, -거-, -더-, -리-, -과-, -니-, -오/우'
등이 올 수 있는데, 'ᄒᆞᄂᆞ다, ᄒᆞ거다, ᄒᆞ더라, ᄒᆞ리라, ᄒᆞ과라, ᄒᆞᄂᆞ니라,
호라' 등에서처럼 '더, 리, 과, 니, 오/우' 등 다음에와 서술격조사 '-이-'
다음에는 '-다'가 '-라'로 바뀐다.

(2) 의문문

중세국어 의문문은 판정의문문과 설명의문문의 두 가지 형태의 의문
문이 있다. 전자는 '예, 아니오' 등 可否의 판정을 요구하는 의문문으로
조사나 어미의 모음이 '-가, -아/-어, -냐/-녀, -여'가 붙고, 후자는 의문사
와 함께 제시된 의문문으로 그 의문사에 대한 설명을 요구하는 의문문으
로 '-고, -오, -뇨' 등이 결합한다.

① ᄒᆞ쇼셔체의 의문형어미
판정의문문에는 '-잇가', 설명의문문에는 '-잇고'가 사용되었다.

落水예 山行 가이셔 하나빌 미드니잇가 <용비어천가 125>
몃 間ㄷ 지븨 사ᄅᆞ시리잇고 <용비어천가 110>

② ᄒᆞ라체의 의문형어미
판정의문문에는 '-가, -아(어)', 설명의문문에는 '-고, -오'가 사용되는
데, '-어, -오'가 선어말어미 '-니-', '-리-'와 결합하여 '-녀(니어, 니여),
-려(리여, 리아, 리야)'와 '-뇨(니오), -료(리오)' 등의 형태로 된다. '-아,
-오'는 'ㅣ'모음과 'ㄹ' 아래에서 사용되며, 설명의문문은 의문사와 결합
된다.

참고 반어의문문

중세국어에서 특이한 의문문의 형태로 '-이ᄯᅩᆫ, -이ᄯᅥᆫ녀, -잇ᄃᆞ니잇가' 등이
있다. 수사의문문이라고도 하는데, 보조조사 '잇ᄃᆞᆫ'에 서술격조사 '-이-'와
판정의 의문형어미가 결합된 형태이다.

ᄒᆞᄆᆞᆯ며 녀나ᄆᆞᆫ 쳔랴이ᄯᅠᆫ녀[45] <석보상절 9:13>
ᄒᆞᄆᆞᆯ며 ᄯᅩ 方便ᄒᆞ야 뎌 火宅애 ᄲᅢ혀 거류미ᄯᅠ니잇가[46] <法華 2:78>

(3) 감탄문
중세국어의 감탄문은 대부분 느낌의 선어말 어미인 '-도다'로 나타나

---

[45] 쳔랴이ᄯᅠᆫ녀(쳔량+잇ᄃᆞᆫ+이+어) : 쳔량(재물)이랴?
[46] ᄲᅢ혀 거류미ᄯᅠ니잇가 : ᄲᅢ혀다(빼내다)+거리다(건지다)>빼내어 건지리잇가?

는 것이 일반적이며, 이외에 '-ㄹ셔(쎠), -ㄴ뎌'를 더 들 수 있다.

> 프른 미흘 <u>디렛도다</u>[47] <두시언해 7:1>
> 몸하 ㅎ올로 <u>녈셔</u> <악학궤범, 動動>
> 大王이 讚嘆ㅎ샤티 됴홀씨 <u>됴홀쎠</u> <석보상절 11:27>
> 믈힛 <u>마리신뎌</u> [48]<악학궤범, 정과정>

또한, 형용사의 경우 선어말어미 '-거-, '-아(어)-' 다음에는 '거라, -애라(얘라, 에라)처럼 '-ㅣ라'가 붙는다.

> 아디 <u>몯게라</u> 믈읫 몃 마릿 그를 지스니오 <두시언해 初22:16>
> 고지 안해 드니 새셔 <u>가만ㅎ얘라</u>[49] <악학궤범, 動動>
> 셴 머리예 비치 <u>업세라</u> <두시언해 初 8:70>

그리고 '-고나', '-ᄂᆞ(ᄂᆞᆫ)고나' 등이 사용되었다. 이는 현대어의 '-(는)구나'에 해당된다.

> 됴흔 거슬 모르ᄂᆞᆫ듯 <u>ㅎ고나</u> <두시언해 初73>
> 네 독별이 <u>모르ᄂᆞᆫ고나</u> <老乞大諺解 上24>

(4) 명령문

일반적으로 많이 사용되는 명령형어미는 '-라, -아(어)라'이지만, ㅎ쇼셔체의 '-쇼셔', ㅎ야쎠체의 '-아쎠' 등이 사용되었다.

---

[47] 디르(굽어보다)+엇+도다
[48] 뭇사람들이 헐뜯던 말이로다.
[49] 가만ㅎ(조용하다)+ㅣ라(감탄형)>조용하구나.

① ᄒᆞ라체 명령형어미
현대국어의 '-하라'에 해당되는 명령형어미이다.

　　샹재 두외에 ᄒᆞ라 <석보상절 6:1>
　　올ᄒᆞ녀긔 브텨 쓰라 <훈민정음 언해>
　　比丘들하 부텻 양ᄌᆞ를 보아라[50] <석보상절 23:13>

② ᄒᆞ야쎠체 명령형어미
'-아(어)쎠'의 어미가 결합한 것으로 근대국어 이후에 소멸되었으며 현대어의 '-소, -오'에 해당된다.

　　그 ᄠᅳ들 닐어쎠 <석보상절 6:16>
　　내 보아져 ᄒᆞᄂᆞ다 슬ᄫᅡ쎠 <석보상절 6:14>

③ ᄒᆞ쇼셔체의 명령형어미
'-쇼셔'의 어미가 결합한 것으로 현대어의 '-소서'에 해당된다.

　　아소 님하 도람 드르샤 괴오쇼셔 <악학궤범, 정과정>
　　이 ᄠᅳ들 닛디 마ᄅᆞ쇼셔 <용비어천가 110>

참고 '-ㄹ셰라'

'-ㄹ셰라'는 일종의 疑懼(의구, 경계하고 두려워함)의 뜻을 나타내는 어미로, 감탄형이나 명령형과는 좀 다른 것으로 '-기 두렵다'의 의미를 갖는다.

어긔야 즌 ᄃᆡ를 드ᄃᆡ욜셰라 <정읍사>
어긔야 내 가논ᄃᆡ 졈그를셰라 <정읍사>

---

[50] 이는 믿음의 선어말 어미 '-아(어)-'를 취한 형태이다.

(5) 청유문

'ᄒᆞ져, ᄒᆞ사이다'는 'ᄒᆞ다'의 청유형어미이고, '-져'는 ᄒᆞ라체 청유형어미이며, '-사이다'는 ᄒᆞ쇼셔체 청유형 어미이다.

① ᄒᆞ라체의 청유형어미

'-져, -쟈(자), -쟈ᄉᆞ라(스라), -쟛고야'의 어미로 현대어 '-자(-자꾸나)'에 해당된다.

> 天山이 어듸오, 이 활을 높이거쟈(걸자) <태평사>
> 어와 벗님ᄂᆡ야 山水구경 가쟈ᄉᆞ라(가자꾸나) <상춘곡>

② ᄒᆞ야쎠체의 청유형어미

현대어 '-세'에 해당되는 것으로 '-새'가 붙는다.

> 아소 님하 遠代平生애 여힐ᄉᆞᆯ 모ᄅᆞ읍새 <악장가사, 만전춘별사>
> 흔 차례 ᄒᆞ읍새(한 번 하세) <첩해신어>

③ ᄒᆞ쇼셔체의 청유형어미

현대어 '-ㅂ시다'에 해당되는 것으로 '-사이다, ᄉᆞ이다'가 사용되었다.

> 藥든 가슴을 맛초읍사이다 <만전춘>
> 나ᅀᆞ라 오소이다 <동동>

2) 높임 표현

(1) 주체높임법

우선 주체높임법은 문장의 주어인 주체높임을 나타내는 것으로 선어말어미는 현대국어와 마찬가지로 '-시-'가 사용된다. 주체높임의 선어말어미 '-시-'가 부사형어미 '-아/-어'와 모음 의도법의 어미 '-오-'와 만나게 되면 '-시-'는 '-샤'가 되고, '-아'와 '-오-'는 탈락된다.

狄人ㅅ 서리예 가샤 狄人이 궐외어늘 岐山 올᠐샴도 하ᄂᆞᆯ 뜨디시니 <용비어천가 4>

天下애 功이 크샤ᄃᆡ 太子ㅿ位 다ᄅᆞ거시늘 <용비어천가 101>

'가샤'는 '가+시+아>가+샤+아>가샤('아' 탈락)형태가 되고, '올᠐샴'도 '옮+ᄋᆞ+시+오+ㅁ>옮+ᄋᆞ+샤+옴>옮+ᄋᆞ+샤+ㅁ>올᠐샴'의 형태가 된다. 그리고 '크샤ᄃᆡ>크+시+오+ᄃᆡ>크+샤+오+ᄃᆡ>크샤ᄃᆡ'의 형태를 이룬다.

(2) 객체높임법

객체높임법은 목적어에 해당되는 사람이나 사물을 높이는 것으로 '-ᄉᆞᆸ-, -ᄉᆞᆸ-, -줍-'을 사용한다. 이것은 스스로 자기를 낮추어 말할 때 쓰는 경어법으로 동사 어간에 '-ᄉᆞᆸ-, -ᄉᆞᆸ-, -줍-'을 붙이며, 이를 겸양선어말어미라 한다. '-ᄉᆞᆸ-'은 동사의 어간이 'ㄱ, ㅂ, ㅅ, ㅎ' 등의 받침으로 끝날 때 쓰이고, '-ᄉᆞᆸ-'은 동사의 어간이 '모음'이나 'ㄴ, ㄹ, ㅁ'의 유성자음으로 끝날 때 쓰인다. 그리고 '-줍-'은 'ㄷ, ㅈ, ㅊ' 받침의 어간에 연결된다. 17세기 이후 상대높임법으로 바뀌었다.[51]

---

[51] 매개모음을 취하는 어미나 모음 어미 앞에서 '-ᅀᆞᇦ-'으로 불규칙 활용한다. '돕ᅀᆞᄫᅵ니, 얻ᄌᆞᄫᅡ, ᄀᆞ초ᅀᆞᄫᅡ' 등이 그 예들이다. 예문: "혼 ᄆᆞᅀᆞᄆᆞ로 뎌 부텨를 보ᅀᆞᄫᆞᆯ라"<월석 8:22>, "臣下ㅣ 님그믈 돕ᅀᆞᄫᅡ<석보 9:34>. 객체높임법은 목적어인 '부텨'와 '님금'을 높이는 높임법이다. 이 객체높임법이 현대국어에서는 공손법(화자가 공손의 뜻을 나타내어 청자를 높이는 말법으로 시오/사옵/삽 : 자오/자옵/잡)의 소급형에 속한다.

① -숩- : 房을 아니 받ᄌᆞ바 法으로 막숩거늘 <月印上36>

　　잡ᄉᆞ와 두어리 마르른 <가시리>

　　부텻긔 머리 좃숩고 슬보ᄃᆡ <月釋10:13>

② -ᅀᆞᆸ- : 畵師들히 ᄒᆞ나토 몯 그리ᅀᆞᆸ거늘 <釋譜24:10>

　　곧 부텻 法度 아ᅀᆞᆸᄂᆞᆫ 거시라 <楞解2:25>

　　기베 안ᅀᆞᄫᅡ 어마님ᄭᅴ 오ᅀᆞᆸ더니 <月印上9>

③ -ᄌᆞᆸ- : 人心이 몯ᄌᆞᆸ더니 <龍歌66>

　　三賊이 좃ᄌᆞᆸ거늘 <龍歌36>

(3) 상대높임법

청자에 대한 높임으로 상대높임의 'ᄒᆞ쇼셔체' 선어말어미인 '-이-'는 평서형에서 사용되고, 의문형에서는 '-잇-'이 사용된다.

　　앗이 모딜오도 無相猶矢실ᄊᆡ 二百年 基業을 여르시니이다. <용가103>

　　洛水예 山行 가 이셔 하나빌 미드니잇가? <용가125>

　　몃 間ㄷ 지븨 사ᄅᆞ시리잇고 <용비어천가110>

3) 시간 표현

중세국어 시간표현 선어말어미에는 현재형의 '-ᄂᆞ-', 과거형의 '-더(러)-/-거-/-어(아)-/, 미래형의 '-리-'가 있다. 또한, '-더-'는 회상의 선어말어미로 '-오-'와 결합되면 '-다-'로 바뀐다.[52] 그리고 '-리-'는 미래시제의 선어말 어미로 관형사형에서는 '-ㄹ'로 실현된다. 특히, 중세국어에서 보이는 '-앳-/-엣-'은 과거시제를 나타내는 선어말어미이기보다는 '-아 잇-/-어 잇-'으로 이는 완료상의 의미를 갖는다.

---

[52] 집 안해 샹녜 보다니 <두시언해 江南逢李龜年>

(1) 현재 시제

현재형의 '-ᄂᆞ-'는 '-오-'와 결합하면 '-노-'로 바뀌고, 어간 말음이 모음이면 '-ㄴ-'이 된다.[53]

① ᄯᅩ 내 아ᄃᆞᆯ 드려가려 ᄒᆞ시ᄂᆞ니 <석보상절6:5>

② 프른 쥐 녯 디샛 서리예 숨ᄂᆞ다 <두시언해6:1>

③ 새로 스믈여듧字ᄍᆞᆼ를 밍ᄀᆞ노니 <훈민정음>

④ 無常 브리 한 世間을 <u>산다</u> ᄒᆞ시며 <龜鑑上50>

현재 시제는 ①, ②와 같이 일반적으로 선어말 어미 '-ᄂᆞ-'에 연결되어 표시된다. '-ᄂᆞ-'는 선어말 어미 '-오-'와 결합되면 ③에서처럼 '-노-'로 바뀌며, ④처럼 어간말음이 모음이면 '-ㄴ-'으로 축약된다.

(2) 과거 시제와 상(相)

중세국어의 과거 시제 선어말어미로 '-거-/-어(아)-' 및 '-더-'가 사용되었다. '-거-/-어(아)-'는 화자의 믿음이나 느낌의 태도를 표시하는 것으로 화자가 주관적으로 판단한 사실이 발화시까지 지속되는 것이고, '-더-'는 과거의 일어난 일을 회상하는 것으로 화자가 과거에 경험한 사실이 발화시에는 단절되는 경우에 사용된다. 그리고 자동사 뒤에는 '-거-', 타동사 뒤에는 '-어(아)-'가 붙는다.

---

[53] '-ᄂᆞ다/-는다'의 형태는 중세국어에서는 '-ᄂᆞ냐, -는가'의 의문형이다. '-ᄂᆞ다/-는다'가 평서형인 의미를 갖게 된 것은 근대국어에서이다.

네 엇던 아히완ᄃᆡ 허튀를 안아 <u>우는다</u> <월인석보8:85>

信ᄒᆞᆫ다 아니 ᄒᆞᄂᆞ다 <월인석보 9:46>

이 믈이 쇠거름 ᄀᆞ티 즈늑즈늑 <u>것ᄂᆞ다</u> <老乞下8>

① 셜볼쎠 衆生이 福이 <u>다ᅌᆞ거다</u> ᄒ시고 <석보상절23:28>

② 崔九의 집 알픽 몃 디윌 <u>드러뇨</u>[54] <두언 16:52>

③ 내 眞實로 宮中에 사ᄅᆞᆷ 잇ᄂᆞᆫ 주를 <u>알아니와</u> <內訓二下:48-49)

④ 내 이제 훤히 <u>즐겁과라</u>[55]<법화 2:137>

⑤ 수울 어드라 가더니 다 도라 <u>오나다</u> <飜朴上 3>

위의 예문 ①은 '-거-'가 자동사에 붙었고, ②, ③은 '-어(아)-'가 타동사 뒤에 붙는다. ④는 '-거-'에 선어말 어미 '-오-'가 결합되었다. -거-/-어-'가 동사 어간에 바로 붙으면 과거의 시제적 의미(-었다)에 화자의 주관적인 태도를 나타낸다. ⑤처럼 자동사 '-오-' 뒤에서는 '-나-'로 교체된다.

또한, 과거 회상의 선어말어미 '-더-'(①)는 '-이-'와 '-리-' 뒤에서는 '-라-'로 교체되고(②), 선어말어미 '-오/우-'와 결합하면 '-다-'로 교체된다 (③).

① 님그미 나갯더시니 <용비어천가 49>

(須達)……그뒷 ᄯᆞᄅᆞᆯ 맞고져 ᄒ더이다 <석보상절 6:15>

② 님금 臣下ㅅ 疑心이러시니 <월인천강지곡 上22>

천량이 몯내 혜리러니 <월인석보 23:63>

③ 내 롱담ᄒ다라[56] <석보상절 6:24>

중세국어의 동사의 부사형인 '-아(어)-'에 이시(有)의 '잇'이 결합되어 '-아(어) 잇-'의 완료상의 형태가 나타났다. 이 '-아(어)잇-'이 축약된 형태가 '-앳(엣)-'이며, 다시 모음 'ㅣ'가 탈락되어 근대국어에서는 과거 시

---

[54] 들+어+뇨>들었느냐?

[55] '내'(내가, 주격), '훤히'(副, 훤하게, 크게, 넓게), '즐·겁과·라'(즐겁도다) [즐겁-(형)+과라(감탄형어미)] '-과'(거+오(선어말)→과)

[56] 농담(弄談) 하더라.

제를 나타내는 '-앗(엇)-'으로 나타났고, 오늘날의 과거 시제를 나타내는 '-았(었)-'으로 된 것이다.[57] 'ᄒᆞ다(爲)'란 말도 'ᄒᆞ야이시>ᄒᆞ애시>ᄒᆞ앳>ᄒᆞ얏>하였'으로 변천하였다.

(3) 미래 시제

미래를 나타내는 선어말어미 '-리-'는 앞으로 일어날 동작이나 상태를 추측하는 것으로, '-거/어-'와 '-더(러)-'와도 결합한다.

> ① 聖神이 니ᅀᅡ샤도 敬天勤民ᄒᆞ샤사 더욱 구드시리이다[58] <용비어천가 125>
> ② 내 몸이 正覺 나래 마조 보리어다 <월인석보 8:87>
> ③ 功德이 이러 당다이 부톄 다외리러라 <석보상절 19:34>

미래 시제를 나타내는 선어말어미의 '-리-'는 현대어의 미래 형태소인 '-겠(ㄹ 것)-'에 해당된다. ②의 '-리어-'는 미래에 확정될 사실을, ③의 '-리러-'는 미래에 경험하게 될 사실을 미리 추정할 경우에 사용된다. 그러나 현대어의 '-겠-'이 화자의 추측이나 의지, 가능의 의미를 갖는데 중세어에서도 미래를 나타내기보다는 화자의 의지를 나타내는 서법(敍法)을 나타내는 경우가 있다.

> 살어리 살어리랏다 靑山애 살어리랏다 <악장가사, 청산별곡>

---

[57] 일반적으로 동사의 부사형에 '이시(잇)'를 연결하여 완료상으로 만드는데 '두다(置)'란 말은 직접 어간에 연결되어 완료를 나타낸다.
소배 ᄀᆞ초아 뒷더시니 <월인천강지곡>
[58] 聖神이 이으셔도 敬天勤民(하늘을 공경하고 백성을 다스리기에 부지런함)하셔야 더욱 굳으실 것입니다.

4) 의도 표현

현대어에서는 볼 수 없는 중세어의 특수 형태의 선어말어미 '-오/우-'가 있었는데, 이는 화자나 대상의 의도법을 표시하는 문법 요소이다. 따라서 'ᄒ(니, 려, 라>호(니, 려, 라), ᄒ니라>ᄒ노라', 'ᄒ더니(라)>ᄒ다니(라), ᄒ거라>하과라'에서처럼 '-니, -려, -라', '-더, -거'가 '-오'와 결합하여 '-호, -노, -다, -과'로 된다. '-오-'는 음성모음 아래에서는 '-우-'로, 서술격조사 아래에서는 '-로-'(이+오+라>이로라)로 바뀌며, 주체높임 선어말어미 '-시-'와 만나면 '-샤'로 바뀐다.

평서형어미와 연결어미에 나타나는 '-오-'는 문장의 주어가 화자임을 표시한다. 관형사형에 나타나는 '-오-'는 꾸밈을 받는 명사가 의미상의 목적어이거나 부사어일 때 주로 나타나는데, 'ᄒᆫ>혼, ᄒᆞᄂᆞᆫ>ᄒᆞ논, ᄒᆞ던>ᄒᆞ단, 홀>홀' 등에서와 같이 관형사형 앞에 나타난다.

또한, '가+오+ㅁ>가옴, 먹+우+ㅁ>머굼'에서처럼 명사형어미 '-ㅁ'과 '묻+ᄃᆡ>무로ᄃᆡ, 솗+ᄃᆡ>솗+오+ᄃᆡ>솔보ᄃᆡ'에서처럼 설명형어미 '-ᄃᆡ' 앞에서도 '-오/우-'가 삽입된다. 일반적으로 화자가 자신의 의도를 드러내므로 1인칭 주어와 호응된다.

㉠ 사ᄅᆞᆷ마다 ᄒᆡ여 수비 니겨 날로 ᄡᅮ메 便安킈 ᄒᆞ고져 <훈민정음언해>

㉡ 솔보ᄃᆡ 情欲앳 이른 ᄆᆞᅀᆞ미 즐거버ᅀᅡ ᄒᆞᄂᆞ니 <월인석보 2:5>

㉢ 올모려 님금 오시며 <용비어천가 16장>

㉣ 내 이것 업수라 <法華2:244>

㉤ 五百弟子ㅣ 各各 第一이로라 <월인석보 21:199>

㉥ 새로 스믈여듧 字를 밍ᄀᆞ노니 <훈민정음 언해>

㉠은 'ᄡᅳ+우+ㅁ(ᄡᅮᆷ, 사용함)+에'로 명사형 어미 앞에 '-우-'가 ㉡은 '솗(사뢰다)+오+ᄃᆡ', '묻(問)+오+ᄃᆡ>무로ᄃᆡ'처럼 설명형어미 '-ᄃᆡ' 앞에

선어말어미 '-오-'가 결합된 것이다. 그리고 ⓒ은 의도형어미 '-려' 앞에 선어말어미 '-오-'가 결합하여 '옮+오+려>올모려'가 된 것이며, ⓔ은 '-라' 앞에서 '없+우+라>업수라'가 된 것이다. ⓜ은 서술격조사 'ㅣ' 아래에서는 '오'가 '로'로 바뀐 것이다. 그리고 ⓗ에서처럼 주어 대명사가 화자 자신(제1인칭)일 때에 '-니' 앞에서 '-오-'가 결합된다.[59] 그러나 2인칭 주어와 호응되는 청자의 의도를 나타내는 경우에는 의문문의 형태로 기술된다.[60]

그리고 주어가 1인칭일 경우 '-더-, -거-'에 '-오-'가 결합되어 '-다, -과-'가 된다.

岐王ㅅ 집 안해 샹녜 <u>보다니</u> <두시언해 16:52>
곳 디는 時節에 또 너를 <u>맛보과라</u> <두시언해 16:52>

주체높임 선어말어미 '-시-'와 만나면 '-샤'로 바뀐다. '샤'는 '시+아'로 분석하여 삽입모음에 하나의 이형태(異形態)로서 '-아'를 따로 설정하는 견해도 있으나, '시+삽입모음'의 경우에 나타나는 '-시-'의 이형태 '-샤'로, 삽입모음은 탈락된 것으로 보는 것이 타당하다.

가+샤(시의 이형태)+오(탈락)+ㅁ>가샴
크+샤(시의 이형태)+우(탈락)+딕>크샤딕

---

[59] 이런 점을 중시하여 '-오-'를 제1인칭 활용으로 처리하기도 한다.
[60] 드물기는 하지만, 주어 명사가 聽者(제2인칭)일 때에도 '-오-'가 쓰이는 일이 있다.
    (너)……다시 모딕(반드시, 必) 안조딕 端正히 호리라 <몽산법 2>

5) 사동 · 피동 · 부정 표현

주동문을 사동문으로 만드는 방법에는 현대국어와 마찬가지로 어휘적 사동문과 통사적 사동문이 있다. 어휘적 사동문을 만들 경우에는 '어간+이, 히, 리, 기, 오/우, 호/후, 구'의 형식을 이룬다. 그리고 통사적 사동문을 만들 경우에는 '-게 ㅎ다'를 사용한다.

능동문을 피동문으로 만드는 표현은 현대국어와 마찬가지로 어휘적 피동문과 통사적 피동문이 있는데, 어휘적 피동문은 '어간+이, 히, 리(니), 기'의 형식으로 만들며, 통사적 피동문은 '-어디다'를 사용하였다. 그리고 특수한 경우로 부사형의 '-여-' 대신에 '-뼈-'를 사용하였다.

중세국어의 부정(否定) 표현은 현대국어와 거의 차이가 없다. 짧은 부정문은 '아니'와 '몯'이 쓰였으며, 긴 부정문의 경우는 보조적 연결어미 '-디'가 결합하여 '-디 아니하다'와 '-디 몯ㅎ다'가 쓰였다.

제7장 한국어 어문규범

사람들은 의사소통을 한다. 의사소통이 이루어지는 장면에는 의사소통을 수행하는 행위자와 수용자가 있고, 이들 사이에 원활한 의사소통을 위해 사용되는 언어에 관한 규범이 존재한다. 우리나라에는 국어사용에 필요한 한글 맞춤법, 표준어 규정, 외래어 표기법, 로마자 표기법 네 가지 규범이 있다.

1. 한글 맞춤법

'한글 맞춤법'은 한국어를 한글로 표기할 때 지켜야 할 규칙이다. '맞춤법'을 '철자법(綴字法)' 혹은 '정서법(正書法)'이라고 일컫기도 한다. '한글 맞춤법'은 글을 읽는 사람이 내용을 빠르고 쉽게 파악할 수 있고, 글을 쓰는 사람이 의미를 정확하게 전달할 수 있도록 하는데 필요한 약속을 규칙으로 정한 것이다. '한글 맞춤법'은 전체의 개관인 제1장 총칙을 시작으로, 제2장, 제3장, 제4장, 제6장에서는 표기법의 핵심인 철자법을, 5장에서는 띄어쓰기를, 부록에서는 문장 부호를 표기 규칙을 제시하고 있다.

가. 한글 맞춤법의 기본 원칙

현행 '한글 맞춤법'은 1988년 1월 19일에 교육부에서 개정하여 공포한 것이다. '한글 맞춤법' 총칙은 3개 항, 즉 제1항 '한글 맞춤법은 표준어를 소리대로 적되, 어법에 맞도록 함을 원칙으로 한다.', 제2항 '문장의 각 단어는 띄어 씀을 원칙으로 한다.', 제3항 '외래어는 '외래어 표기법'에 따라 적는다'로 구성되어 있다. 여기에서는 총칙 가운데 제1항을 중심으로 살펴보기로 한다.

> 제1항 한글 맞춤법은 <u>표준어를 소리대로</u> 적되, <u>어법에 맞도록</u> 함을 원칙으로 한다.

'한글 맞춤법' 총칙 제1항은 한글 맞춤법의 대원칙을 제시한 조항으로 세 부분에 주목할 필요가 있다. 먼저 '한글 맞춤법'은 표준어를 바탕으로 한다. '한글 맞춤법'은 말(음성 언어)에서 결정되는 표준어를 글(문자 언어)로 올바르게 적는 방법이다. 현재 한국어의 표준어는 '교양 있는 사람들이 두루 쓰는 현대 서울말'로 규정하고 있다.

총칙 제1항에 따르면, 우리말을 한글로 적는 방법에는 두 가지가 있다. "표준어를 소리대로 적는다."는 근본 원칙에 "어법에 맞도록 한다."는 조건이 붙어 있다. 표준어를 소리대로 적는다는 것은 표준어의 발음 형태대로 적는다는 뜻이다. 맞춤법이란 주로 음소 문자(音素文字)에 의한 표기 방식을 이른다. 한글은 표음 문자(表音文字)이며 음소 문자다. 따라서 자음과 모음의 결합 형식에 의하여 표준어를 소리대로 표기하는 것이 근본 원칙이다. 예를 들어 [구름], [달], [별], [해], [하늘]과 같은 여러 표준어 단어를 소리대로 '구름', '달', '별', '해', '하늘'로 적는 것이다. 이는 가장 자연스럽고 또 표기와 소리가 일치하기 때문에 표기법으로 가장 이상적이기도 한 것이다.

그런데 표준어를 소리대로 적는다는 원칙만을 적용하기 어려운 경우도 있다. 예를 들어 '꽃'은 [꼬치, 꼳또, 꼰만]처럼 뒤에 어떤 조사가 놓이냐에 따라 소리가 [꼳, 꼰]으로 바뀐다. 그런데 이렇게 소리가 바뀌는 대로 글자를 적게 되면 단어의 의미를 파악하는 것이 불편하기 때문에 '한글 맞춤법'에서는 소리가 [꼬치, 꼳또, 꼰만]처럼 바뀌어도 '꽃이, 꽃도, 꽃만'과 같이 어법에 맞도록 한다는 또 하나의 원칙이 붙은 것이다. 어법(語法)이란 언어를 구성하는 법칙이다. "어법에 맞도록 적는다."는 것은 독자로 하여금 뜻을 쉽게 파악하게 하기 위하여 문법에 맞게 각 형태소의 본 모양을 밝히어 적는다는 것이다.

나. 한글 맞춤법의 실제

1) 된소리 표기

한 단어 안에서 뚜렷한 까닭 없이 나는 된소리는 다음 음절의 첫소리를 된소리로 적는다. 다만, 'ㄱ', 'ㅂ' 받침 뒤에서 나는 된소리는 같은 음절이나 비슷한 음절이 겹쳐 나는 경우가 아니라면 된소리로 적지 않는다.

'뚜렷한 까닭 없이 나는 된소리'란 발음할 때 된소리되기(경음화)의 규칙성이 적용되는 조건이 아님을 뜻한다. 경음화 현상이란 파열음인 [ㄱ], [ㄷ], [ㅂ] 뒤에 오는 'ㄱ, ㄷ, ㅂ, ㅅ, ㅈ' 등이 된소리인 [ㄲ], [ㄸ], [ㅃ], [ㅆ], [ㅉ] 등으로 바뀌어 발음되는 현상이다.

　　가. 받침 'ㄱ', 'ㅂ' 뒤
　　　국수, 깍두기, 낙지, 색시, 싹둑 / 갑자기, 납작하다, 넙죽, 몹시, 법석
　　나. 모음/받침 'ㄴ', 'ㄹ', 'ㅁ', 'ㅇ' 뒤: 거꾸로, 선뜻, 살짝, 섬뜩, 몽땅

(나)처럼 받침 'ㄴ', 'ㄹ', 'ㅁ', 'ㅇ'은 예사소리를 된소리화하는 필연적인 조건이 되지 않기 때문에 '안쓰럽다'는 소리가 나는 대로 된소리로 적는다. 반면에 '쑥스럽다'는 'ㄱ', 'ㅂ' 받침 뒤에 오는 자음은 음운 규칙에 따라 예외 없이 된소리로 소리가 나므로 된소리로 적지 않는다. (한글 맞춤법 제5항)

2) 두음법칙 표기

국어에서 단어의 첫머리에서 발음되는 음(音)은 일정한 제약을 받게 되는데 이러한 제약을 두음법칙이라 한다. 두음법칙은 단어의 첫머리에 'ㄴ, ㄹ' 소리가 오는 것을 꺼리는 현상으로 원칙적으로 한자어에만 적용된다. 다시 말해서 국어의 두음법칙은 단어의 첫 음절 '냐, 녀, 뇨, 뉴, 니' 가 '야, 여, 요, 유, 이'로, '랴, 려, 료, 류, 리'가 '야, 여, 요, 유, 이'로, '라, 러, 로, 루, 르'가 '나, 너, 노, 누, 느'로 바뀌는 것을 말한다. 조건에 따르는 표기 용례는 다음과 같다.

조건	녀, 뇨, 뉴, 니	랴, 려, 례, 료, 류, 리	라, 래, 로, 뢰, 루, 르
표기	여, 요, 유, 이	야, 여, 예, 요, 유, 이	나, 내, 노, 뇌, 누, 느
어두/비어두	여자/남녀	양심/개량	낙원/극락
합성어	신-여성/남존-여비	역-이용/해외-여행	중-노동/사상-누각
고유명사	한국여자대학	신흥이발관	한국노인대학

두음법칙은 자립명사에서만 나타나고 의존명사일 때는 적용되지 않는다. 예를 들어 한자어 '연도(年度)'는 일반적으로 두음법칙에 따라 '연도'로 적지만 의존 명사로 쓰일 때는 두음법칙이 적용되지 않으므로 '년도'로 적는다. '신년도, 구년도'는 '신년-도, 구년-도'로 구조가 분석되므로 두음법칙이 적용되지 않는다.

가. 여성/남녀, 양심/개량, 낙원/극락

나. 신-여성/남존-여비, 역-이용/해외-여행, 중-노동/사상-누각

다. 회계 연도/회계연도, 2000 년도/2000년도

라. 신년-도, 구년-도

두음법칙은 단어의 첫머리에 적용되기 때문에 제2음절 이하에서는 본음대로 적는다. 그러나 모음이나 'ㄴ' 받침 뒤에 이어지는 '률, 률'은 '열, 율'로 적고 나머지 받침 뒤에서는 본음대로 적는다.

'란/난, 량/양'의 경우 한자어 다음에는 두음법칙이 적용되지 않기 때문에 '란, 양'이 되고, 고유어나 외래어 다음에는 두음법칙이 적용되어 '난, 양'이 된다.

다만, 예컨대 '어린이-난, 어머니-난, 가십(gossip)-난'과 같이 고유어나 (구미) 외래어 뒤에 결합하는 경우에는, 제11항 붙임4에서 보인 '개-연(蓮), 구름-양(量)'의 경우처럼 두음법칙을 적용하여 적는다. (한글 맞춤법 제10항~제12항)

가. 합격률, 성공률 / 나열, 비율, 규율, 분열, 선율, 백분율

나. 가정란(家庭欄), 독자란(讀者欄), 투고란(投稿欄) / 어린이난, 가십난

다. 노동량(勞動量), 작업량(作業量) / 구름양, 알칼리양

3) 본음과 속음 표기

속음(俗音)은 본래의 음이 변하여 일반 사회에서 널리 사용되는 소리이다. 똑같은 한자가 여러 가지로 읽힐 때 본음이 널리 퍼진 경우는 본음을, 속음이 널리 퍼진 경우는 속음을 표준어로 삼아 맞춤법에서도 이에 따라 적도록 한다. (한글 맞춤법 제52항)

가. 본음으로 나는 것: 승낙(承諾) / 분노(忿怒) / 오륙십(五六十)

나. 속음으로 나는 것: 수락(受諾), 쾌락(快諾), 허락(許諾) / 희로애락(喜怒哀樂) / 오뉴월, 유월(六月)

4) '-이, -히' 표기

'-이, -히' 표기는 부사의 끝음절이 분명히 [이]로만 소리가 나는 경우에는 '-이'로 적고, [히]로만 나거나 [이]나 [히]로 소리가 나는 경우에는 '-히'로 적는다. (한글 맞춤법 제51항)

가. 반듯이(←반듯하다) / 반드시(틀림없이 꼭)

지긋이(←지긋하다) / 지그시(슬며시 힘을 주는 모양)

나. '-이'로 적는 경우: 같이, 깨끗이, 가까이, 틈틈이, 더욱이

다. '-히'로 적는 경우: 꼼꼼히, 특히, 작히

'-하다'가 붙는 어근에 '-히'나 '-이'가 붙어서 부사가 되거나, 부사에 접미사 '-이'가 붙어서 뜻을 더하는 경우에는 그 어근이나 부사의 원형을 밝혀 적는다.

따라서 '반듯하다'의 어근 '반듯'에 접미사 '-이'가 붙은 부사 '반듯이'는 '그는 몸을 반듯이 누이고'와 같이 원형을 밝혀서 쓴다. 반면에 '반듯하다'와는 관련 없이 '틀림없이 꼭'의 뜻으로 쓰이는 부사 '반드시'는 '언행은 반드시 일치해야 한다.'와 같이 소리가 나는 대로 쓴다.

○ '-이'로 적는 경우의 규칙성을 제시하면 다음과 같다.

① '하다'가 붙지 않은 형용사 뒤: 같이, 많이, 적이, 헛되이

② 'ㅅ' 받침 뒤: 깨끗이, 느긋이, 따뜻이, 반듯이, 산뜻이

③ 'ㅂ' 불규칙 형용사 뒤: 가까이, 날카로이, 대수로이, 번거로이

④ 'ㄱ' 받침으로 끝난 일부 어근 뒤: 깊숙이, 고즈넉이, 끔찍이, 길쭉이, 멀찍이, 느직이, 두둑이

⑤ (첩어 또는 준첩어) 명사 뒤: 겹겹이, 번번이, 일일이, 집집이, 틈틈이

⑥ 부사 뒤: 곰곰이, 더욱이, 생긋이, 오뚝이, 일찍이

5) 준말 표기

'하다'류 용언의 어간 끝음절 '하'가 줄어드는 모습은 다양하다.

(가)처럼 '하'의 'ㅏ'가 줄고, 'ㅎ'이 다음 음절의 첫소리와 어울려 거센소리인 'ㅋ', 'ㅌ' 등으로 발음될 경우에는 거센소리로 적는다. (나)와 같이 'ㅎ'이 어간의 끝소리로 굳어져 있는 것은 받침으로 붙여 적는다. 이 경우, 한 개 단어로 다루어지는 준말의 기준은 관용에 따르는데, 대체로 지시형용사(指示形容詞) '이러하다, 그러하다, 저러하다, 어떠하다, 아무러하다' 및 '아니하다' 등이 줄어진 형태가 이에 해당된다. (다)처럼 어간의 끝음절 '하'가 아주 줄 적에는 준 대로 적도록 하였다. 여기서 어간의 끝음절 '하'가 아주 줄어드는 경우는 '하다'가 결합하는 앞말의 받침이 [ㄱ, ㄷ, ㅂ]으로 소리가 나는 때이다. (라)처럼 부사로 전성된 단어는 그 원형을 밝히지 않고 소리 나는 대로 적는다. (한글 맞춤법 제40항)

가. 간편하게/간편케, 다정하다/다정타
　　제출하도록/제출토록, 간단하지/간단치
나. 이렇다, 이렇게, 이렇고, 이렇지, 이렇거나(←이러하다)
　　않다, 않게, 않고, 않지, 않든지, 않도록(←아니하다)
다. 생각하건대/생각건대, 넉넉하지 않다/넉넉지 않다
　　깨끗하지 않다/깨끗지 않다, 섭섭하지 않다/섭섭지 않다
라. 결단코, 결코, 기필코, 무심코, 아무튼, 요컨대, 정녕코, 하여튼

2. 띄어쓰기

가. 띄어쓰기의 기본 원칙

가. 꽃이파리가된사연
나. 꽃 이파리가 된 사연 / 꽃이 파리가 된 사연

(가)와 (나)의 예문을 비교해 보면 띄어쓰기를 한 문장이 띄어쓰기를 하지 않은 문장보다 의미 파악을 하기가 훨씬 수월하다는 것을 알 수 있다. 특히 띄어쓰기를 하지 않은 문장은 둘 이상의 뜻으로 해석되기도 하므로 정확하게 의사 전달을 하는 데 문제가 있다. 이러한 문제를 해소하기 위하여 한글 맞춤법에 띄어쓰기 규정을 둔 것이다.

'한글 맞춤법' 총칙에서 규정한 대로 우리는 글을 쓸 때 단어별로 띄어 써야 한다. '단어'란 분리하여 자립적으로 쓸 수 있는 말이나, 자립할 수 있는 말 뒤에 붙어서 문법적 기능을 나타내는 말이다. 현행 학교 문법에서는 '명사, 대명사, 수사, 동사, 형용사, 관형사, 부사, 감탄사, 조사'의 9가지 품사를 단어로 인정하고 있다. 조사는 단어인데도 앞 말에 붙여 쓰는 이유는 의존형태소이고 형식형태소이며 오래 전부터 붙여 써 온 전통 때문이다.

품사를 기준으로 한 띄어쓰기를 제시하면 다음과 같다.

① 명사: <u>학교</u>∨간다, <u>학교</u>에∨간다
② 대명사: <u>그녀</u>∨온다, <u>그녀</u>가∨온다
③ 수사: <u>하나</u>, ∨<u>둘</u>, <u>하나</u>에∨<u>둘</u>을∨더하면∨<u>셋</u>이다
④ 동사: 물고기를∨<u>잡았다</u>(잡-+-았-+-다)
　　　　　<u>잡은</u>(잡-(동사)+-은(관형사형 어미))∨물고기

⑤ 형용사: 꽃이∨**아름답**다(아름답-+-다)

　　　　　　예쁜(예쁘-(형용사)+-ㄴ(관형사형 어미))∨꽃

⑥ 관형사: **각**(各)∨부처, **귀**(貴)∨회사, **동**(同)∨회사, **매**(每)∨경기

　　　　　　새∨책상, **전**∨세계,

⑦ 부사: **멀리**∨본다, **아주**∨예쁘다, **매우**∨빨리

⑧ 감탄사: **어이쿠!**∨넘어졌네, **어머,**∨눈이 오네

⑨ 조사: 철수**가**∨학교**에**∨간다, 여기**서부터가**∨우리∨땅**이다**

　단어의 경계가 분명하지 않다는 것은, 특히 단어와 구의 경계가 분명하지 않다는 문제와 관련성이 깊다. 표면적으로 보면 아무런 구성상의 차이를 발견할 수 없음에도 불구하고 어떤 경우에는 하나의 단어로 간주하여 붙여 쓰고, 어떤 경우에는 단어가 아닌 구로 간주하여 반드시 띄어 쓰도록 하고 있기 때문에 언중들의 입장에서는 어려울 수밖에 없다. 물론 합성어와 구를 구분하는 기준은 있다. 예를 들어 합성어는 구와는 달리 그 구성 성분이 본래의 성질을 읽어버린 것, 또는 새로운 의미가 추가되거나 다른 의미로 바뀐 것 등을 들 수 있다.

나. 띄어쓰기의 실제

1) 조사와 의존 명사

　우리말에는 동일한 형태가 조사로 쓰이기도 하고 의존 명사로 쓰이기도 한다. '대로', '만큼', '만' 등이 대표적인 예인데, 현행 학교 문법에서는 '대로', '만큼', '만' 등의 단어에 대해 의존 명사와 조사의 두 품사로 통용되는 것으로 보고 있다. 의존 명사라면 앞말과 띄어 써야 하고, 조사라면 앞말과 붙여 써야 하므로 이 둘을 구분하는 기준이 필요하게 된다. 의존 명사와 조사는 분포 면에서 차이가 있다. 즉 의존 명사는 관형사나 관형사형어미 뒤에 분포할 수 있지만, 조사는 관형사형어미 뒤에 분포할

수 없다는 분포적 기준으로 이 두 범주를 구분할 수 있는 것이다.

> 가. 이번 사건은 <u>법대로</u> 처리되어야 한다. (조사)
> 가′. 그는 아는 <u>대로</u> 말한다.   (의존 명사)
> 나. 키가 전봇대<u>만큼</u> 크다.   (조사)
> 나′. 나는 서울 야경을 구경할 <u>만큼</u> 했다. (의존 명사)
> 다. 하나<u>만</u> 알고 둘은 모른다.   (조사)
> 다′. 떠난 지 사흘 <u>만</u> 돌아왔다.   (의존명사)

2) 어미와 의존명사

(가) '-는데'는 하나의 어미이므로 앞말에 붙여 쓰고, (나) '데'는 의존 명사이므로 앞말과 띄어 쓴다. 이 둘을 쉽게 구별하는 방법은 '에'를 비롯한 격조사가 결합할 수 있는지 따져보는 것이다. '에'와 같은 격조사가 결합할 수 있으면 의존 명사이고, 그렇지 않으면 어미인 것이다.

> 가. 밥을 먹<u>는데</u> 조그만 돌이 씹혔다.   (어미)
> 나. 이 일을 하는 <u>데</u>(에) 삼 일이 걸렸다. (의존 명사)

(가)에서 '-(ㄴ)지'는 어미의 일부이므로 붙여 쓴다. 이러한 사실을 기억하기 위해 '-(ㄴ)지'가 하나의 어미라는 문법적인 사실을 외우기보다는 '큰지'와 '큰가' 이 둘의 의미가 같고 띄어쓰기 또한 같다는 사실을 이해하는 것이 좋은 방법이다. (나)의 '만난 지'는 문법적으로 관형사형 어미 'ㄴ'과 의존 명사 '지'로 이루어진 말이다. 이러한 구성은 '어떤 일이 있었던 때로부터 지금까지의 동안'을 나타내는 의존 명사로, 주로 '시간의 경과'를 뜻한다.

가. 집이 큰지 작은지 모르겠다.　　　　　(어미)
나. 나는 그 사람을 만난 지 삼 년 쯤 되었다.　(의존명사)

3) 접미사와 의존명사

동일한 형태가 접미사와 의존 명사로 쓰이는 경우가 있다. '간(間)'이 대표적인데, '간'은 '시간의 경과'를 나타낼 때 접미사이므로 앞말에 붙여 써야 하고, '한 대상에서 다른 대상까지의 사이' 또는 '관계'의 뜻을 나타내는 경우에는 의존 명사이므로 띄어 써야 한다. 다만, '부자간, 모녀간, 형제간, 자매간'과 같이 한 단어로 굳어져 합성어가 된 것이 있으므로 주의해야 한다.

가. 이틀간, 한 달간, 십년간.　　(어미)
나. 서울 부산 간, 부모 자식 간.　(의존 명사)

'차(次)'가 '연수차(研修次)'처럼 명사 뒤에 붙어서 '목적'이라는 뜻을 나타내는 경우는 접미사이기 때문에 붙여 쓴다. 그런데 '고향에 갔던 차에 선을 보았다.'와 같이, 용언의 관형사형 뒤에서 '어떠한 일을 하던 기회에 겸해서'란 뜻을 나타내는 경우는 의존 명사이므로 띄어 쓴다. (한글맞춤법 제42항)

4) 본용언와 보조용언

보조 용언잉란 본용언 뒤에 놓여서 본용언을 도와주는 기능을 하는 용언이다. 보조 용언도 독립된 하나의 단어이므로 본용언 뒤에 보조 용언이 위치할 경우 본용언과 띄어쓰기를 해야 한다. 그런데 보조 용언은 본용언일 때의 의미를 상실하고 추상적인 의미만을 나타낸다는 점과 앞에 있는 본용언과 더불어 하나의 의미 단위를 이룬다는 점 등을 고려하여 띄어 쓰는 것을 원칙으로 하되, 경우에 따라 붙여 쓸 수 있도록 허용하였다. 그렇지만 모든 보조 용언 구성을 붙여 쓸 수 있도록 허용한 것이 아니라는 점을 유의해야 한다. 붙여 쓸 수 있는 보조 용언 구성은 (1) 보조적 연결어미 '-아/어/여' 뒤에 연결되는 보조 용언, (2) 의존 명사에 '-하다'나 '-싶다'가 붙어서 된 보조 용언에 한정한다. (한글 맞춤법 제47항)

> ○ 붙여 쓸 수 있는 보조 용언 구성
> 가. '-아/어' + 보조 용언 구성
> ① 비가 {꺼져 간다/꺼져간다}.
> ② 내 힘으로 {막아 낸다/막아낸다}.
> ③ 어머니를 {도와 드린다/도와드린다}.
> ④ 그릇을 {깨뜨려 버렸다/깨뜨려 버렸다}.
> 나. '의존 명사+-하다/-싶다' 구성
> ① 비가 {올 듯하다/올듯하다}.
> ② 그 일은 {할 만하다/할만하다}.
> ③ 일이 {될 법하다/될법하다}.
> ④ 비가 {올 성싶다/올성싶다}.
> ⑤ 잘 {아는 척한다/아는척한다}.

5) 수 관형사와 단위명사

단위를 나타내는 의존 명사(수량 단위 불완전 명사)는 그 앞의 수관형사와 띄어 쓴다.

나무 한 그루	고기 두 근	열 길 물 속
금 서 돈	벼 석 섬	버선 한 죽
조기 한 손	김 네 톳	북어 한 쾌

그리고 수관형사 뒤에 의존 명사가 붙어서 순서를 나타내는 경우나, 의존 명사가 숫자와 어울리어 쓰이는 경우에는 붙여 쓸 수 있다. 그리고, 연월일, 시각 등도 붙여 쓸 수 있다. 수를 적을 때에는 '만(萬)' 단위로 띄어 쓴다.

> 가. 제일 편/제일편   제삼 장/제삼장   제칠/제칠항
> 나. 1446년 10월 9일   16동 502호   제1실습실
> 다. ① 일천구백팔십팔 년 오 월 이십 일
>   일천구백팔십팔년 오월 이십일/1998년 5월 20일
>   ② 여덟 시 오십구 분/여덟시 오십구분/8시 59분
> 라. 십이억 삼천사백오십육만 칠천팔백구십팔
>   12억 3456만 7898

참고로 '십여만 명', '십 년여 기간', '삼백삼십여 명' 등에서처럼 수를 나타내는 구성에 자주 쓰이는 '여(餘)'는 접미사이므로 앞말에 붙여서 적어야 한다. (한글 맞춤법 제47항)

3. 표준어

가. 표준어의 선정의 기본 원칙

표준어(標準語)란 한 나라의 표준이 되는 말이다. 표준어는 방언의 차이로 말미암아 나타나는 의사소통의 장벽을 허물기 위하여 제정한 공통어(共通語)이면서 공용어(公用語)이다. 공통어는 여러 지역 방언이 쓰이는 나라에서 공통으로 쓰이는 언어이다. 공용어는 어떤 나라에서 공식적으로 사용되는 언어이다. 즉 공용어는 공적인 상황에서 쓰이는 언어이다.

1988년에 공포한 '표준어 사정 원칙'의 제1장 총칙에서는 표준어를 다음과 같이 규정하고 있다.

표준어는 교양 있는 사람들이 두루 쓰는 현대 서울말로 정함을 원칙으로 한다.

○ 1933년 조선어학회 '한글 맞춤법 통일안' 총론 제2항
표준말은 대체로 현재 중류 사회에서 쓰는 서울말로 한다.

표준어 규정에 따르면 시대적으로는 '현대'의 말을, 지역적으로는 편의상 수도의 말인 '서울말'을 표준어로 삼는다. 여기에 '교양 있는 사람들이' 두루 쓴다는 계층적 조건이 눈에 띈다. 1933년에 조선어학회가 정한 '한글 마춤법 통일안'의 총론 제2항에서는 계층적 조건을 '중류 사회'라고 하였는데, 중류 사회는 영역이나 기준이 모호하기 때문에 '표준어 규정(1989)'에서는 표준적인 언어생활을 영위하는 계층으로서 '교양 있는 사람들'이라는 표현을 선택하였다.

나. 표준어 규정의 실제

1) 얘가 우리 집 {세째야/셋째야}.

'세째'와 '셋째'는 원래 구별되어 쓰이던 것이었다. 즉, '세째'는 '첫째'와 함께 차례를 가리키는 것으로, '셋째'는 '하나째'와 함께 수량을 나타내는 것으로 구별하여 쓰이던 것이었다. 그러나 그 쓰임과 의미를 구별하기 어려운 현실을 감안하여 '셋째'로 통합하여 쓰기로 하였다. 이것은 '네째/넷째'의 예에도 똑같이 적용되어, 이제는 어느 경우에나 '넷째'만을 사용한다.

'둘째/두째'의 경우에도 '둘째'로 통합하여 사용하기로 한 것은 마찬가지이지만, 십 단위 이상의 서수사에 쓰일 때에는 '두째'로 한다는 점을

유의해야 한다(열두째, 스물두째, 서른두째, 마흔두째……). 십 단위 이상인 경우에는 '내 차례는 스물두째야.', '철수가 빵을 열둘째나 먹었다.'처럼 양수사와 서수사를 구별하여 사용한다. (표준어 규정 제6항)

(참고) 돌/돐, 빌리다/빌다

2) {수놈/숫놈}이 암놈을 부른다.

'암-수'의 '수' 표기를 '수'로 통일하였다. '수놈'의 현실적인 발음이 'ㅅ'이 있는 '숫놈[순놈]'으로 나는 경우도 있지만 이를 인정하지 않는다. 다만, '양, 염소, 쥐'는 발음상 사이시옷과 비슷한 소리가 있다고 판단하여 '숫-'의 형태를 인정한다. 즉, 'ㅅ'이 있는 접두사 '숫'은 '양, 염소, 쥐'의 세 가지 경우에 한정된다.

한편, 수는 역사적으로 명사 '숳'이었다. 받침 'ㅎ'이 다음 음절 첫소리와 거센소리를 이룬 단어들로서 오늘날 'ㅎ'의 자취가 남아 있다는 것을 인정하되, 표기에서는 받침 'ㅎ'으로 독립시키지 않고 거센소리로 표기하는 단어가 있다. 여기에 속하는 단어는 '수캉아지, 수캐, 수키와, 수탉, 수탕나귀, 수톨쩌귀, 수퇘지, 수평아리, 수컷'으로만 한정한다. (표준어 규정 제7항)

3) 내 동생들은 {쌍동이/쌍둥이}예요.

모음조화는 한국어 특성 가운데 하나이다. 그런데 모음조화는 후세로 오면서 많이 무너졌고, 현재에도 더 약화되고 있다. 모음조화 붕괴는 양성모음이 음성모음으로 바뀌면서 나타난다. 접미사 '-동이'의 '동'이 한자 '아이 동(童)'이고, 모음조화를 따른다고 하면 '쌍동이'가 표준어가 되어야 하겠지만 현실 발음은 [둥]으로 이를 표준형으로 삼은 것이다. (표준어 규정 제8항)

(참고) 오똑이/오뚝이, 깡충깡충/깡총깡총, 주추/주초(柱礎)

4) {아기야/애기야} 가자.

'ㅣ'모음 역행동화 현상이 국어에 상당히 보편적으로 나타나고 있는 현상이다. 그런데 대부분 주의해서 발음하면 피할 수 있는 것이어서 그 동화형을 표준어로 삼지 않고, 극히 일부에 대해서만 표준어로 인정하고 있다. '풋내기, 신출내기' 등에 쓰이는 접미사 '-내기'와 '냄비, 동댕이치다'가 그러한 예이다. 이 이외의 경우에는 '아기, 아지랑이' 처럼 'ㅣ' 역행 동화 현상을 인정하지 않고 있다. (표준어 규정 제9항)

○ {미장이/미쟁이}는 벽을 바른다.

전통적인 기술을 가진 기술자, 장인(匠人)이란 뜻이 살아 있는 경우에는 '-장이'를 쓰고 그 외의 경우에는 '-쟁이'를 쓰는 것으로 정하고 있다. 이에 따라 전통적인 기술과 관련되는 것으로 간주되는 '미장이, 유기장이, 땜장이' 등과 같은 예들과 그렇지 않은 '점쟁이, 관상쟁이, 멋쟁이, 요술쟁이, 개구쟁이'는 표준어형이 구별된다. (표준어 규정 제9항)

5) {위층/윗층}으로 올라가세요.

현대국어에서 '上'의 의미를 가지는 어형으로 '윗/위/웃'의 세 가지 형태가 사용된다. '윗'과 '웃'의 쓰임은 '아래, 위'의 구별이 있느냐 없느냐에 의해 결정된다. 즉 '윗니:아랫니'의 경우처럼 의미상으로 '윗어른'은 가능하지만 '아랫어른'은 가능하지 않아 '아래, 위'의 구별이 없으면 '웃'을 사용한다. 따라서 '웃어른'이 되는 것이다.

'위'와 '윗'의 구별은 이것 뒤에 된소리나 거센소리로 시작되는 단어가 오느냐 그렇지 않느냐에 따라 결정된다. 즉, '위쪽'이나 '위층'의 예에서처럼 된소리나 거센소리로 시작되는 단어가 오는 경우에는 '위'를 쓰고, 예사소리로 시작되는 단어가 오는 경우에는 '윗'을 쓰는 것이다. (표준어 규정 제12항)

(참고) 웃어른/윗어른, 위쪽/윗쪽

[심화] 추가된 표준어 목록(2011, 2014, 2015, 2016)

■ 2011 추가된 표준어

2011년 8월 31일 국립국어원에서는 그동안 비표준어로 간주하던 39개 단어를 표준어로 인정하기로 하다고 공표하였다. 그것들은 (1) 현재 표준어와 표기 형태가 다른 단어 3개, (2) 현재 표준어와 같은 뜻을 가진 단어 11개, (3) 현재 표준어와 뜻이나 어감이 다른 단어 25개 등이다.

(1) 현재 표준어와 표기 형태가 다른 단어(3개)
표준어로 인정된 표기와 다른 표기 형태도 많이 쓰여서 두 가지 표기를 모두 표준어로 인정한 경우다. 현재 표준어의 이형동의어(異形同義語) 중에서 현재 표준어와 표기 형태가 다른 것으로 그동안 비표준어로 간주되었던 '택견', '품새', '짜장면' 등도 표준어로 인정하기로 한 것이다. 이형동의어란 형태는 다르지만 의미가 같은 단어를 뜻한다.

☞ 두 가지 표기를 모두 표준어로 인정한 것

추가된 표준어	현재 표준어	뜻
택견	태껸	우리나라 고유의 전통 무예 가운데 하나. 유연한 동작을 취하며 움직이다가 순간적으로 손질·발질을 하여 그 탄력으로 상대편을 제압하고 자기 몸을 방어한다. 중요 무형 문화재 제76호.
품새	품세	태권도에서, 공격과 방어의 기본 기술을 연결한 연속 동작.
짜장면	자장면	중화요리의 하나. 고기와 채소를 넣어 볶은 중국 된장에 국수를 비벼 먹는다.

(2) 현재 표준어와 같은 뜻을 가진 단어(11개)

현재 표준어의 이형동의어에 속하는 것이지만 그동안 비표준어로 간주한 것들이다. 이것들을 표준어로 인정하게 된 것은 기존의 표준어로 규정된 말 이외에 널리 쓰이기 때문이다.

☞ 현재 표준어와 같은 뜻으로 추가로 표준어로 인정한 것

추가된 표준어	현재 표준어	뜻
간지럽히다	간질이다	살갗을 문지르거나 건드려 간지럽게 하다.
남사스럽다	남우세스럽다	남에게 놀림과 비웃음을 받을 듯하다.
등물	목물	팔다리를 뻗고 엎드린 사람의 허리 위에서부터 목까지를 물로 씻어 주는 일.
맨날	만날	매일같이 계속하여서.
묫자리	묏자리	뫼를 쓸 자리. 또는 쓴 자리.
복숭아뼈	복사뼈	발목 부근에 안팎으로 둥글게 나온 뼈.
세간살이	세간	집안 살림에 쓰는 온갖 물건. *세간살이하다. = 살림을 꾸려 나가다.
쌉싸름하다	쌉싸래하다	조금 쓴 맛이 있는 듯하다.
토란대	고운대	토란의 줄기. 주로 국거리로 쓴다.
허접쓰레기	허섭스레기	좋은 것이 빠지고 난 뒤에 남은 허름한 물건.
흙담	토담	흙으로 쌓아 만든 담.

(3) 현재 표준어와 뜻이나 어감이 다른 단어(25개)

여기에서 '추가된 표준어'와 '현재 표준어'는 이형이의어(異形異義語)이다. 그동안 추가된 말을 전에는 '현재표준어'의 이형동의어(異形同義語)로 간주하여 비표준어로 처리하였다.

☞ 현재 표준어와 별도의 표준어로 추가로 인정한 것

추가된 표준어	현재 표준어	뜻 차이
-길래	-기에	**-길래**: (('이다'의 어간, 용언의 어간 또는 어미 '-으시-', '-었' 뒤에 붙어)) '-기에'를 구어적으로 이르는 말. **-기에**: (('이다'의 어간, 용언의 어간 또는 어미 '-으시-', '-었' 뒤에 붙어)) 원인이나 근거를 나타내는 연결어미.
개발새발	괴발개발	**개발새발**: 개의 발과 새의 발이라는 뜻으로, 글씨를 되는 대로 아무렇게나 써 놓은 모양을 이르는 말. **괴발개발**: 고양이의 발과 개의 발이라는 뜻으로, 글씨를 되는 대로 아무렇게나 써 놓은 모양을 이르는 말.
나래	날개	**나래**: 흔히 문학 작품 따위에서, '날개'를 이르는 말. '날개'보다 부드러운 어감을 준다. **날개**: 1. 새나 곤충의 몸 양쪽에 붙어서 날아다니는 데 쓰는 기관. 2. 공중에 잘 뜨게 하기 위하여 비행기의 양쪽 옆에 단 부분. 3. 선풍기 따위와 같이 바람을 일으키는 물건의 몸통에 달려 바람을 일으키도록 만들어 놓은 부분.
내음	냄새	**내음**: (흔히 다른 명사 뒤에 쓰여) 코로 맡을 수 있는 향기롭거나 나쁘지 않은 기운. 주로 문학적 표현에 쓰인다. ※ 향기롭거나 나쁘지 않은 냄새로 제한됨. **냄새**: 1. 코로 맡을 수 있는 온갖 기운. 2. 어떤 사물이나 분위기 따위에서 느껴지는 특이한 성질이나 낌새.
눈꼬리	눈초리	**눈꼬리**: 귀 쪽으로 가늘게 좁혀진 눈의 가장자리. **눈초리**: 1. 어떤 대상을 바라볼 때 눈에 나타나는 표정. 2. [같은 말] 눈꼬리.
떨구다	떨어뜨리다	**떨구다**: 1. 시선을 아래로 향하다. 2. 고개를 아래로 숙이다. **떨어뜨리다**: 1. 위에 있던 것을 아래로 내려가게 하다. 2. 가지고 있던 물건을 빠뜨려 흘리다. 3. 뒤에 처지게 하거나 남게 하다.

뜨락	뜰	**뜨락**: 1. =뜰 2. ((주로 '-의 뜨락' 구성으로 쓰여)) 앞말이 가리키는 것이 존재하거나 깃들어 있는 추상적 공간을 비유적으로 이르는 말. **뜰**: 집 안의 앞뒤나 좌우로 가까이 딸려 있는 빈터. 화초나 나무를 가꾸기도 하고, 푸성귀 따위를 심기도 한다.
먹거리	먹을거리	**먹거리**: 사람이 살아가기 위하여 먹는 온갖 것. **먹을거리**: 먹을 수 있거나 먹을 만한 음식 또는 식품.
메꾸다	메우다	**메꾸다**: 1. 시간을 적당히 또는 그럭저럭 보내다. 2. 부족하거나 모자라는 것을 채우다. ※ '무료한 시간을 적당히 또는 그럭저럭 흘러가게 하다.'라는 뜻이 있음. **메우다**: 구멍이나 빈 곳을 채우다.
손주	손자(孫子)	**손주**: 손자와 손녀를 아울러 이르는 말 **손자**: 아들의 아들. 또는 딸의 아들.
어리숙하다	어수룩하다	**어리숙하다**: 겉모습이나 언행이 치밀하지 못하여 순진하고 어리석은 데가 있다. **어수룩하다**: 겉모습이나 언행이 치밀하지 못하여 순진하고 어설픈 데가 있다. ※'어리숙하다'는 '순박함/순진함'의 뜻이 강한 반면에, '어수룩하다'는 '어리석음'의 뜻이 강함.
연신	연방	**연신**: 잇따라 자꾸 **연방**: 연속해서 자꾸 ※ '연신'이 반복성을 강조한다면, '연방'은 연속성을 강조.
횡하니	횡허케	**횡하니**: 중도에서 지체하지 아니하고 곧장 빠르게 가는 모양. **횡허케**: '횡하니'의 예스러운 표현

○ 자음과 모음의 차이로 인한 어감 및 뜻 차이 존재

걸리적거리다	거치적거리다	자음의 차이로 말미암은 어감과 뜻의 차이 **걸리적거리다**: 1. 거추장스럽게 자꾸 여기저기 걸리거나 닿다. 2. 거추장스럽거나 성가시어 자꾸 거슬리거나 방해가 되다. **거치적거리다**: 자꾸 여기저기 걸리고 닿다.
끄적거리다	끼적거리다	모음의 차이로 말미암은 어감과 뜻의 차이 **끄적거리다**: 글씨나 그림 따위를 아무렇게나 자꾸

		막 쓰거나 그리다 **끼적거리다:** 1. 글씨나 그림 따위를 아무렇게나 자꾸 쓰거나 그리다. 2. 매우 달갑지 않은 음식을 자꾸 마지못해 굼뜨게 먹다.
두리뭉실하다	두루뭉술하다	모음의 차이로 말미암은 어감과 뜻의 차이 **두리뭉실하다:** 1. 특별히 모나거나 튀지 않고 둥그스름하다. 2. 말이나 태도 따위가 확실하거나 분명하지 아니하다. **두루뭉술하다:** 1. 모나거나 튀지 않고 둥그스름하다. 2. 말이나 태도 따위가 확실하거나 분명하지 아니하다. ※ '두리뭉실하다'가 '두루뭉술하다'의 큰말이다.
맨숭맨숭/ 맹숭맹숭	맨송맨송	모음 또는 자음의 차이로 말미암은 어감과 뜻의 차이 **맨송맨송:** 1. 몸에 털이 없어 반반한 모양 2. 산에 나무나 풀이 없는 모양 3. 술을 마시고 취하지 않아 정신이 말짱한 모양 4. 일거리가 없거나 아무것도 생기는 것이 없어 심심하고 멋쩍은 모양. **맨숭맨숭:** '맨송맨송'보다 큰 느낌을 주는 말 **맹숭맹숭:** 1. 몸에 털이 있어야 할 곳이 벗어져 반반한 모양 2.산 따위에 수풀이 우거지지 아니하여 반반한 모양 3. 술 따위에 취한 기분이 전혀 없이 정신이 멀쩡한 모양 4. 하는 일이나 태도가 겸연쩍고 싱거운 모양
바둥바둥	바동바동	모음의 차이로 말미암은 어감과 뜻의 차이 **바둥바둥:** '바동바동'의 큰말 **바동바동:** 1. 덩치가 작은 것이 매달리거나 자빠지거나 주저앉아서 자꾸 팔다리를 내저으며 움직이는 모양 2. 힘에 겨운 처지에서 벗어나려고 애를 바득바득 쓰는 모양
새초롬하다	새치름하다	모음의 차이로 말미암은 어감과 뜻의 차이 **새초롬하다:** [형용사] 조금 쌀쌀맞게 시치미를 떼는 태도가 있다. [동사] 짐짓 조금 쌀쌀한 기색을 꾸미다. **새치름하다:** '새초롬하다'의 큰말
아웅다웅	아옹다옹	모음의 차이로 말미암은 어감과 뜻의 차이 **아웅다웅:** '아옹다옹'의 큰말

		아옹다옹: 조그마한 시빗거리로 서로 자꾸 다투는 모양
야멸차다	야멸치다	모음의 차이로 말미암은 어감과 뜻의 차이 **야멸차다**: 1. 자기만 생각하고 남의 사정을 돌볼 마음이 거의 없다. 2. 태도가 차고 야무지다. **야멸치다**: 1. 자기만 생각하고 남의 사정을 돌볼 마음이 없다. 2. 태도가 차고 여무지다.
오손도손	오순도순	모음의 차이로 말미암은 어감과 뜻의 차이 **오손도손**: 정답게 이야기하거나 의좋게 지내는 모양 **오순도순**: '오손도손'의 큰말
찌뿌둥하다	찌뿌듯하다	모음과 자음의 차이로 말미암은 어감과 뜻의 차이 **찌뿌둥하다**: 1.몸살이나 감기 따위로 몸이 무겁고 거북하다. 2.표정이나 기분이 밝지 못하고 언짢다. 3.비나 눈이 올 것같이 날씨가 궂거나 잔뜩 흐리다. **찌뿌듯하다**: (찌뿌둥하다의 유사어) 1.몸살이나 감기 따위로 몸이 조금 무겁고 거북하다. 2.표적이나 기분이 밝지 못하고 조금 언짢다. 3.비나 눈이 올 것같이 날씨가 조금 흐리다.
추근거리다	치근거리다	모음의 차이로 말미암은 어감과 뜻의 차이 **추근거리다**: 조금 성가실 정도로 은근히 자꾸 귀찮게 굴다. **치근거리다**: 추근거리다의 큰말이며 지근거리다의 거센말

■ 2014 추가된 표준어

☞ 현재 표준어와 같은 뜻을 가진 표준어로 인정한 것(5개)

추가된 표준어	현재 표준어
구안와사	구안괘사
굽신*	굽실
눈두덩이	눈두덩
삐지다	삐치다
초장초	작장초

* '굽신'이 표준어로 인정됨에 따라, '굽신거리다, 굽신대다, 굽신하다, 굽신굽신, 굽신굽신하다' 등도 표준어로 함께 인정됨.

☞ 현재 표준어와 뜻이나 어감이 차이가 나는 별도의 표준어로 인정한 것(8개)

추가 표준어	현재 표준어	뜻 차이
개기다	개개다	**개기다:** (속되게) 명령이나 지시를 따르지 않고 버티거나 반항하다. (※개개다: 성가시게 달라붙어 손해를 끼치다.)
꼬시다	꾀다	**꼬시다:** '꾀다'를 속되게 이르는 말. (※꾀다: 그럴듯한 말이나 행동으로 남을 속이거나 부추겨서 자기 생각대로 끌다.)
놀잇감	장난감	**놀잇감:** 놀이 또는 아동 교육 현장 따위에서 활용되는 물건이나 재료. (※장난감: 아이들이 가지고 노는 여러 가지 물건.)
딴지	딴죽	**딴지:** ((주로 '걸다, 놓다'와 함께 쓰여)) 일이 순순히 진행되지 못하도록 훼방을 놓거나 어기대는 것. (※딴죽: 이미 동의하거나 약속한 일에 대하여 딴전을 부림을 비유적으로 이르는 말.)
사그라들다	사그라지다	**사그라들다:** 삭아서 없어져 가다. (※사그라지다: 삭아서 없어지다.)
섬찟*	섬뜩	**섬찟:** 갑자기 소름이 끼치도록 무시무시하고 끔찍한 느낌이 드는 모양. (※섬뜩: 갑자가 소름이 끼치도록 무섭고 끔찍한 느낌이 드는 모양.)
속앓이	속병	**속앓이:** 「1」속이 아픈 병. 또는 속에 병이 생겨 아파하는 일. 「2」겉으로 드러내지 못하고 속으로 걱정하거나 괴로워하는 일. (※속병: 「1」몸속의 병을 통틀어 이르는 말. 「2」'위장병01'을 일상적으로 이르는 말. 「3」화가 나거나 속이 상하여 생긴 마음의 심한 아픔.
허접하다	허접스럽다	**허접하다:** 허름하고 잡스럽다. (※허접스럽다: 허름하고 잡스러운 느낌이 있다.)

* '섬찟'이 표준어로 인정됨에 따라, '섬찟하다, 섬찟섬찟, 섬찟섬찟하다' 등도 표준어로 함께 인정됨.

■ 2015 추가된 표준어

☞ 복수 표준어: 현재 표준어와 같은 뜻을 가진 표준어로 인정한 것(4개)

추가 표준어	현재 표준어	비고
마실	마을	○ '이웃에 놀러 다니는 일'의 의미에 한하여 표준어로 인정함. '여러 집이 모여 사는 곳'의 의미로 쓰인 '마실'은 비표준어임. ○ '마실꾼, 마실방, 마실돌이, 밤마실'도 표준어로 인정함. (예문) 나는 아들의 방문을 열고 이모네 마실 갔다 오마고 말했다.
이쁘다	예쁘다	○ '이쁘장스럽다, 이쁘장스레, 이쁘장하다, 이쁘디이쁘다'도 표준어로 인정함. (예문) 어이구, 내 새끼 이쁘기도 하지.
찰지다	차지다	○ 사전에서 <'차지다'의 원말>로 풀이함. (예문) 화단의 찰진 흙에 하얀 꽃잎이 화사하게 떨어져 날리곤 했다.
-고프다	-고 싶다	○ 사전에서 <'-고 싶다'가 줄어든 말>로 풀이함. (예문) 그 아이는 엄마가 보고파 앙앙 울었다.

☞ 별도 표준어: 현재 표준어와 뜻이 다른 표준어로 인정한 것(5개)

추가 표준어	현재 표준어	뜻 차이
꼬리연	가오리연	○꼬리연: 긴 꼬리를 단 연. ※ 가오리연: 가오리 모양으로 만들어 꼬리를 길게 단 연. 띄우면 오르면서 머리가 아래위로 흔들린다. (예문) 행사가 끝날 때까지 하늘을 수놓았던 대형 꼬리연도 비상을 꿈꾸듯 끊임없이 창공을 향해 날아올랐다.
의론	의논	○의론(議論): 어떤 사안에 대하여 각자의 의견을 제기함. 또는 그런 의견. ※ 의논(議論): 어떤 일에 대하여 서로 의견을 주고

		받음.
		○'의론되다, 의론하다'도 표준어로 인정함.
		(예문) 이러니저러니 의론이 분분하다.
이크	이키	○**이크**: 당황하거나 놀랐을 때 내는 소리. '이키'보다 큰 느낌을 준다. ※ 이키: 당황하거나 놀랐을 때 내는 소리. '이끼'보다 거센 느낌을 준다. (예문) 이크, 이거 큰일 났구나 싶어 허겁지겁 뛰어갔다.
잎새	잎사귀	○**잎새**: 나무의 잎사귀. 주로 문학적 표현에 쓰인다. ※ 잎사귀: 낱낱의 잎. 주로 넓적한 잎을 이른다. (예문) 잎새가 몇 개 남지 않은 나무들이 창문 위로 뻗어올라 있었다.
푸르르다	푸르다	○**푸르르다**: '푸르다'를 강조할 때 이르는 말. ※ 푸르다: 맑은 가을 하늘이나 깊은 바다, 풀의 빛깔과 같이 밝고 선명하다. ○'푸르르다'는 '으불규칙용언'으로 분류함. (예문) 겨우내 찌푸리고 있던 잿빛 하늘이 푸르르게 맑아 오고 어디선지도 모르게 흙냄새가 뭉클하니 풍겨오는 듯한 순간 벌써 봄이 온 것을 느낀다.

☞ 복수 표준형: 현재 표준적인 활용형과 용법이 같은 활용형으로 인정한 것(2개)

추가 표준형	현재 표준형	비고
말아 말아라 말아요	마 마라 마요	○'말다'에 명령형어미 '-아', '-아라', '-아요' 등이 결합할 때는 어간 끝의 'ㄹ'이 탈락하기도 하고 탈락하지 않기도 함. (예문) 내가 하는 말 농담으로 듣지 **마/말아.** 　　　얘야, 아무리 바빠도 제사는 잊지 **마라/말아라.** 　　　아유, 말도 **마요/말아요.**
노랗네 동그랗네 조그맣네	노라네 동그라네 조그마네	○ㅎ불규칙용언이 어미 '-네'와 결합할 때는 어간 끝의 'ㅎ'이 탈락하기도 하고 탈락하지 않기도 함. ○'그렇다, 노랗다, 동그랗다, 뿌옇다, 어떻다, 조그맣다,

| … | … | 커다랗다' 등 모든 ㅎ불규칙용언의 활용형에 적용됨.
(예문) 생각보다 훨씬 노랗네/노라네.
　　　 이 빵은 동그랗네/동그라네.
　　　 건물이 아주 조그맣네/조그마네. |

■ 2016 추가된 표준어

☞ 추가 표준어(4항목)

추가 표준어	현재 표준어	뜻 차이
걸판지다	거방지다	**걸판지다** [형용사] ① 매우 푸지다. ¶ 술상이 걸판지다 / 마침 눈먼 돈이 생긴 것도 있으니 오늘 저녁은 내가 걸판지게 사지. ② 동작이나 모양이 크고 어수선하다. ¶ 싸움판은 자못 걸판져서 구경거리였다. / 소리판은 옛날이 걸판지고 소리할 맛이 났었지. **거방지다** [형용사] ① 몸집이 크다. ② 하는 짓이 점잖고 무게가 있다. ③ =걸판지다①.
겉울음	건울음	**겉울음** [명사] ① 드러내 놓고 우는 울음. ¶ 꼭꼭 참고만 있다 보면 간혹 속울음이 겉울음으로 터질 때가 있다. ② 마음에도 없이 겉으로만 우는 울음. ¶ 눈물도 안 나면서 슬픈 척 겉울음 울지 마. **건울음** [명사] =강울음. **강울음** [명사] 눈물 없이 우는 울음, 또는 억지로 우는 울음.
까탈스럽다	까다롭다	**까탈스럽다** [형용사] ① 조건, 규정 따위가 복잡하고 엄격하여 적응하거나 적용하기에 어려운 데가 있다. '가탈스럽다①'보다 센 느낌을 준다. ¶ 까탈스러운 공정을 거치다 / 규정을 까탈스럽게 정하다 / 가스레인지에 길들여진 현대인들에게 지루하고 까탈스러운 숯 굽기 작업은 쓸데없는 시간 낭비로 비칠 수도 있겠다. ② 성미나 취향 따위가 원만하지 않고 별스러워 맞춰 주기에 어려운 데가 있다. '가탈스럽다②'보다 센 느낌을 준다. ¶ 까탈스러운 입맛 / 성격이 까탈스럽다 /

		딸아이는 사 준 옷이 맘에 안 든다고 까탈스럽게 굴었다.
		※ 같은 계열의 '가탈스럽다'도 표준어로 인정함.
		까다롭다 [형용사] ① 조건 따위가 복잡하거나 엄격하여 다루기에 순탄하지 않다.
		② 성미나 취향 따위가 원만하지 않고 별스럽게 까탈이 많다.
실뭉치	실몽당이	**실뭉치** [명사] 실을 한데 뭉치거나 감은 덩이. ¶ 뒤엉킨 실뭉치 / 실뭉치를 풀다 / 그의 머릿속은 엉클어진 실뭉치같이 갈피를 못 잡고 있었다.
		실몽당이 [명사] 실을 풀기 좋게 공 모양으로 감은 뭉치.

☞ 추가 표준형(2항목)

추가 표준어	현재 표준어	뜻 차이
엘랑	에는	ㅇ 표준어 규정 제25항에서 '에는'의 비표준형으로 규정해 온 '엘랑'을 표준형으로 인정함. ㅇ '엘랑' 외에도 'ㄹ랑'에 조사 또는 어미가 결합한 '에설랑, 설랑, -고설랑, -어설랑, -질랑'도 표준형으로 인정함. ㅇ '엘랑, -고설랑' 등은 단순한 조사/어미 결합형이므로 사전 표제어로는 다루지 않음. (예문) 서울엘랑 가지를 마오. 교실에설랑 떠들지 마라. 나를 앞에 앉혀놓고설랑 자기 아들 자랑만 하더라.
주책이다	주책없다	ㅇ 표준어 규정 제25항에 따라 '주책없다'의 비표준형으로 규정해 온 '주책이다'를 표준형으로 인정함. ㅇ '주책이다'는 '일정한 줏대가 없이 되는대로 하는 짓'을 뜻하는 '주책'에 서술격조사 '이다'가 붙은 말로 봄. ㅇ '주책이다'는 단순한 명사+조사 결합형이므로 사전 표제어로는 다루지 않음. (예문) 이제 와서 오래 전에 헤어진 그녀를 떠올리는 나 자신을 보며 '나도 참 주책이군' 하는 생각이 들었다.

4. 외래어 표기법과 로마자 표기법

가. 외래어 표기법의 기본 원칙

외래어는 '외국에서 들어온 말로 우리말처럼 쓰이는 말'을 의미한다. 즉, 한국어의 외래어는 원래 외국어이던 것이 대한민국에 들어와서 한국어 어휘 체계에 동화되어 쓰이는 단어이다. 따라서 외래어 표기에 있어서는 본래의 발음을 충실히 반영하는 것(원지음주의)도 중요하지만 한국어의 음운과 음운 현상에 따라야 하며 한국의 표기 관습도 존중되어야 한다.

여기에서 주목해야 할 점은 외래어 표기법이 외국어의 발음을 그대로 전사하는 것이 목표가 아니라 한국 사람이 남의 나라 말을 어떻게 해야 합리적이면서도 편리하게 적을 수 있을까에 대한 것이라는 점이다. 외래어를 표기하기 위한 기본 원칙 다섯 가지를 제시하면 다음과 같다.

> 제1항 외래어는 국어의 현용 24 자모만으로 적는다.
> 제2항 외래어의 1 음운은 원칙적으로 1 기호로 적는다.
> 제3항 받침에는 'ㄱ, ㄴ, ㄹ, ㅁ, ㅂ, ㅅ, ㅇ'만을 쓴다.
> 제4항 파열음 표기에는 된소리를 쓰지 않는 것을 원칙으로 한다.
> 제5항 이미 굳어진 외래어는 관용을 존중하되, 그 범위와 용례는 따로 정한다.

(1) 제1항은 외래어를 표기할 때 자음 'ㄱ, ㄴ, ㄷ, ㄹ, ㅁ, ㅂ, ㅅ, ㅇ, ㅈ, ㅊ, ㅋ, ㅌ, ㅍ, ㅎ' 등 14개와 모음 'ㅏ, ㅑ, ㅓ, ㅕ, ㅗ, ㅛ, ㅜ, ㅠ, ㅡ, ㅣ' 등 10개 총 24자모만으로 표기한다. [f]를 'ㆄ', [v]를 'ㅸ', [z]를 'ㅿ' 등으로 새로운 글자를 만들어 사용하지 않는다. 특별한 글자나 기호를 만들어서까지 외래어의 원음을 충실하게 표기한다는 것은 무의미한 일이다. 또 특별한 기호나 문자를 만들어 외래어를 표기한다면 국어의

소리 체계와 외국어의 소리 체계가 다르며 나아가 숱한 외국어를 쓰는 우리의 상황에서, 어떻게 또 몇 개나 만들어야 할지는 짐작조차 하기 어렵다. 새로운 기호를 만든다면 국민은 그것을 별도로 익혀야 하고, 또 그러한 표기가 잘 지켜질지는 확신할 수 없다. 따라서 국어의 현용 24자모만으로 외래어를 표기하기로 한 것이다.

(2) 제2항은 외래어의 음운과 국어의 자모를 일대일 대응으로 하는 것이 원칙임을 밝힌 것이다. 왜냐하면 외래어의 1 음운은 한글의 한 자모로 적을 수 있을 때 기억하고 표기하기가 쉽기 때문이다. 다만 외국어이 1 음운이 그 음성 환경에 따라 한국어의 여러 소리에 대응되는 불가피한 경우에는 1 음운 1 기호의 원칙대로 표기할 수 없으므로 '원칙적으로'라는 단서를 두었다. 예를 들어 'light'의 /l/과 'film'의 /l/은 같은 음운이지만 각각 '라이트'와 '필름'과 같이 'ㄹ'과 'ㄹㄹ'로 달리 적는다.

(3) 제3항은 외래어라고 할지라도 국어의 음절 끝소리 규칙을 적용하여 외래어를 표기한다는 것이다. 국어에서 '숲'은 단독으로 발음하면 말음 규칙에 따라 [숩]으로 발음되지만 뒤에 조사를 연결하면 '숲에[수페], 숲을[수플]'과 같이 발음되어 위의 일곱 글자 이외의 것도 받침으로 쓰인다. 그러나 외래어는 그러한 현상이 나타나지 않기에 7개의 받침으로만 표기한다는 뜻이다.
다만, 한국어의 'ㅅ' 받침은 단독으로는 [ㄷ]으로 발음되나 조사 앞에서는 [ㅅ]으로 발음되는 변동 현상이 있는데, 이것은 외래어에서도 그대로 적용된다. '옷'과 '뜻' 등의 'ㅅ' 받침은 단독으로는 [ㄷ]으로 발음되나 조사 '이'와 '을'과 결합하면 '옷이[오시], 뜻을[뜨슬]'처럼 [ㅅ]으로 발음된다. 마찬가지로 외래어 'diskette'은 [디스켇]으로 발음되지만, 조사 '이'와 '을'과 결합하면 '[디스케시], [디스케슬]'로 변동하는 것이 국어와 같다. 그러므로 'ㅅ' 받침에 한하여 음절 끝소리 규칙에도 불구하고 'ㄷ'이 아닌 'ㅅ'을 쓰는 것이다.

(4) 파열음이란 허파에서 나오는 공기의 흐름을 일단 막았다가 그 막은 자리를 터뜨리면서 내는 소리이다. 제4항은 유성·무성의 대립이 있는 외래어의 파열음을 한국어로 표기할 때 된소리인 'ㅃ, ㄸ, ㄲ'을 사용하지 않는다는 규정이다. 유·무성 대립이 있는 파열음을 한글로 표기할 때 유성 파열음은 예사소리 'ㅂ, ㄷ, ㄱ'으로, 무성 파열음은 거센소리 'ㅍ, ㅌ, ㅋ'으로 적는 것을 원칙으로 한 것이다.

그런데 2004년에 제정된 타이 어와 베트남 어의 표기 세칙에 따르면, 'ㄲ, ㄸ, ㅃ'도 쓰일 수 있게 되었다. 이 두 언어는 우리말의 평음, 경음, 격음과 같이 세 가지의 계열이 존재하는데 예컨대 타이 어에는 't, d, th'가 있는데 이 각각이 우리말의 'ㄸ, ㄷ, ㅌ'과 흡사하여 된소리를 사용할 수밖에 없는 것이다. 태국의 관광지는 '푸켓'이 아니라 '푸껫'이 맞다.

한편 된소리를 모두 쓰지 않는 것이 아니라 파열음의 된소리를 쓰지 않음을 알아야 한다. 마찰음이나 파찰음의 된소리 즉 'ㅆ'과 'ㅉ'은 일본 어와 중국어, 베트남 어에서 쓰일 수 있다. Tsushima 섬은 '츠시마 섬'이 아니라 '쓰시마 섬'

(5) 외래어가 우리에게 들어오는 경로는 다양하다. '카메라(camera), 모델(model)' 같은 것은 철자를 통해서, '후앙'이라고 하는 'fan'은 일본을 통해, '담배, 남포' 같은 것은 들어온 지가 오래되어서 이들이 외래어라는 의식이 없기도 하다.

이렇게 다양한 경로를 통해 들어오는 외래어는 특정한 원칙만으로는 표기를 일관되게 하기 어렵다. 따라서 제5항에서 이미 언중들이 오랫동안 사용하여 굳어진 외래어는 표기법에 맞지 않아도 관용을 존중하여 사용한다는 뜻을 밝히고 있다. 즉, 'camera[kæmərə], radio[reidiou], system[sistəm]' 등은 외래어 표기법에 따른 '캐머러, 레이디오, 시스텀'이 아니라 '카메라, 라디오, 시스템'으로 적는다는 것이다. 다만, 관용의 한계를 정하는 것을 문제인데, 그것은 표준어를 사정하듯 낱낱이 사정해야 한다.

나. 로마자 표기법의 기본 원칙

1) 로마자 표기의 대원칙

제1항 국어의 로마자 표기는 국어의 표준 발음법에 따라 적는 것을 원칙으로 한다.
제2항 로마자 이외의 부호는 되도록 사용하지 않는다.

국어를 로마자로 표기할 때 발음대로 적는 까닭은 외국인이 우리말 표준 발음에 가깝게 발음하도록 하여, 우리가 잘 알아듣기 위해서이다. 예를 들면 '신라'는 'Silla'로 표기하는데 이는 외국인들이 이 단어를 [실라]로 발음하도록 하여, 우리가 잘 알아듣기 위해서이다.

2000년 7월 현재의 로마자 표기법으로 개정하기 전까지, 우리는 매큔과 라이샤워가 만든 '매큔라이샤워식 로마자 표기법'을 사용하였다. 이 표기법에서는 반달표(˘)와 어깻점(')같은 부호를 사용하였다. 그런데 이 부호는 전산 처리가 불편하다. 이에 표기법을 개정하면서 가능하면 로마자 이외의 부호는 되도록 사용하지 않기로 한 것이다. 여기에 "되도록 사용하지 않는다."라고 한 까닭은 붙임표(-)는 여전히 사용하기 때문이다.

2) 자음, 모음 표기 일람

○ 단모음

ㅏ	ㅓ	ㅗ	ㅜ	ㅡ	ㅣ	ㅐ	ㅔ	ㅚ	ㅟ
a	eo	o	u	eu	i	ae	e	oe	wi

○ 이중 모음

ㅑ	ㅕ	ㅛ	ㅠ	ㅒ	ㅖ	ㅘ	ㅙ	ㅝ	ㅞ	ㅢ
ya	yeo	yo	yu	yae	ye	wa	wae	wo	we	ui

○ 자음

ㄱ	ㄲ	ㅋ	ㄴ	ㄷ	ㄸ	ㅌ	ㄹ	ㅁ
g, k	kk	k	n	d, t	tt	t	r, l	m

ㅂ	ㅃ	ㅍ	ㅅ	ㅆ	ㅇ	ㅈ	ㅉ	ㅊ	ㅎ
b, p	pp	p	s	ss	ng	j	jj	ch	h

첫째, 'ㄱ, ㄷ, ㅂ'은 모음 앞에서는 'g, d, b'로, 자음 앞이나 어말에서는 'k, t, p'로 적는다.([ ] 안의 발음에 따라 표기함.)

구미 Gumi	영동 Yeongdong	백암 Baegam
옥천 Okcheon	합덕 Hapdeok	호법 Hobeop
월곶[월곧] Wolgot	벚꽃[벋꼳] beotkkot	한밭[한받] Hanbat

둘째, 'ㄹ'은 모음 앞에서는 'r'로, 자음 앞이나 어말에서는 'l'로

적는다. 단, 'ㄹㄹ'은 'll'로 적는다.

구리 Guri	설악 Seora`k
칠곡 Chilgok	임실 Imsil
울릉 Ulleung	대관령[대괄령] Daegwallyeong

3) 표기상의 유의점

첫째, 음운 변화가 일어날 때에는 변화의 결과에 따라 로마자로 적는다. 반영하는 음운 현상에는 비음화, 유음화, 'ㄴ' 첨가, 구개음화, 용언에서의 'ㅎ'의 축약은 발음을 그대로 표기에 반영한다.

백마[뱅마] Baengma(○) Baekma(×)
왕십리[왕심니] Wangsimni(○) Wangsipri(×)
신라[실라] Silla(○) Sinra(×)
선릉[설릉] Seolleung(○) Seonneung(×)
학여울[항녀울] Hangnyeoul(○) Hagyeoul(×)
해돋이[해도지] haedoji(○) haedodi(×)
놓다[노타] nota(○) nohda(×)

둘째, 반영하지 않는 음운 현상이 있다. 체언에서의 'ㅎ' 축약, 경음화는 발음을 표기에 반영하지 않는다. 체언에서 'ㄱ, ㄷ, ㅂ' 뒤에 'ㅎ'이 따를 때에는 'ㅎ'을 밝혀 적기 때문에 '압구정'의 경우 'ㄱ'을 k로 적지 않도록 주의하여야 한다.

집현전[지편전] Jiphyeonjeon(○) Jipyeonjeon(×)
압구정[압꾸정] Apgujeong(○) Apkkujeong(×)
울산[울싼] Ulsan(○) Ulssan(×)

셋째, 발음상 혼동의 우려가 있을 때, 인명과 행정 구역 단위를 적을 때에는 음절 사이에 붙임표(-)를 쓸 수 있다.

가. 중앙 Jung-ang   Jun-gang 준강
해운대 Hae-undae   Ha-eundae 하은대
나. 민용하 Min Yongha (Min Yong-ha)
제주도 Jeju-do

(가)처럼 붙임표를 쓰지 않았을 때 그것이 '중앙'을 표기한 것인지 '준강'을 표기한 것인지 알 수가 없는 경우가 있다. 이와 같이 발음상의 혼동이 있을 수 있을 때 음절의 경계를 나타내기 위해 붙임표를 사용한다.

(나) 인명이란 사람의 이름을 말한다. 성명을 적을 때 성을 먼저 쓰고 성 다음에 이름을 띄어 써야 한다. '용하'처럼 이름이 두 음절 이상인 경우에는 이름의 음절 사이에 붙임표를 쓰는 것을 허용한다. 이름을 로마자로 표기할 때 음운 변화를 반영하지 않고 철자대로 표기한다는 데 유의해야 한다.

'도, 시, 군, 구, 읍, 면, 리, 동'의 행정 구역 단위와 '가'는 각각 'do, si, gun, gu, eup, myeon, ri, dong, ga'로 적고, 그 앞에는 붙임표(-)를 넣는다. 인명 표기와 마찬가지로 붙임표(-) 앞뒤에서 일어나는 음운 변화는 표기에 반영하지 않는다.

참고 문헌

姜圭善(2001), 『훈민정음 연구』, 보고사.

강규선 · 황경수(2003), 『중세국어문법론』, 청운.

강범모(2010), 『언어』, 한국문화사.

姜信沆(1984), 『國語學史』, 보성문화사.

_____(1990), 『訓民正音 研究』, 성균관대출판부.

강현화 · 고성환 · 구본관 · 박동호(2016), 『한국어 교원을 위한 한국어학』, 한국
　　　방송통신대학교출판부

高永根(1981), 『중세국어의 시상과 서법』, 탑출판사.

_____(1983), 『國語文法의 研究』, 탑출판사.

_____(1995), 『단어 문장 텍스트』, 한국문화사.

고영근 · 구본관(2008), 『우리말 문법론』, 집문당.

고영근 · 남기심(1985), 『표준국어문법론』, 탑출판사.

고영근 · 남기심(1997), 『중세어 자료 강해』, 집문당.

곽충구(1980), 「16세기 국어의 음운론적 연구」, 『국어연구』43, 국어연구회.

구본관(1996), 『15세기 국어의 파생법에 대한 연구』, 서울대 대학원 박사 논문.

구본관 · 박재연 · 이선웅 · 이진호 · 황선엽(2015), 『한국어 문법 총론 1』, 집문
　　　당.

구본관 · 박재연 · 이선웅 · 이진호(2016), 『한국어 문법 총론 2』, 집문당.

국립국어원(2016), 바른 국어 생활, 국립국어원.

국제한국어교육학회(2005), 『한국어 교육론 1』, 한국문화사.

_____(2005), 『한국어 교육론 2』, 한국문화사.

_____(2005), 『한국어 교육론 3』, 한국문화사.

권재일(1996), 『한국어 문법의 연구』, 박이정.

_____(2000), 『한국어 통사론』, 민음사.

_____(2013), 『한국어문법론』, 태학사.

김동소(1998),『한국어변천사』, 형설출판사.

_____(2002),『중세한국어 개설』, 한국문화사.

金敏洙(1971),『국어문법론』, 일조각.

_____(1979),『신국어학』, 일조각.

김성규(1993),『중세국어 성조의 변화에 대한 연구』, 서울대 대학원 박사 논문.

김성규 · 정승철(2011),『소리와 발음』, 한국방송통신대학교출판부.

김수정(2004),『한국어 문법 교육을 위한 연결 어미 연구』, 한국문화사.

김영욱(1997),『문법형태의 연구방법: 중세국어를 중심으로』, 박이정.

김영황(1994),『중세어 사전』, 한국문화사.

김완진(1971),『국어음운체계의 연구』, 일조각.

_____(1977),『중세국어 성조 연구』, 일조각.

김진우(1986),『현대언어학의 이해』, 한신문화사.

_____(2014),「세계 속의 한글과 한국어」,『이해교육의 확장과 통합』, 한국국어
    교육학회 추계학술대회 발표논문.

김진호(2010),『외국어로서의 한국어학개론』, 박이정.

南廣祐(1960),『國語學論文集』, 一潮閣.

_____(2006),『古語辭典』, 교학사.

노대규(2002),『한국어의 화용의미론』, 국학자료원.

_____(2007),『외국어로서의 한국어 교육』, 푸른사상.

목정수(2003),『한국어 문법론』, 월인.

_____(2009),『한국어, 문법 그리고 사유』, 태학사.

문숙영(2009),『한국어의 시제 범위』, 태학사.

민현식(1990),『중세국어 시간부사 연구』, 서울대 대학원 박사논문.

_____(1991),『國語의 時相과 時間副詞』, 개문사.

박덕유(1998),『國語의 動詞相 硏究』, 한국문화사.

_____(1999),『중세국어강해,』한국문화사.

_____(2002),『문법교육의 탐구』, 한국문화사.

_____(2007),『한국어의 相 이해』, 제이앤씨.

_____(2010),『중세국어문법의 이론과 실제』, 박문사.

_____(2012), 『학교문법론의 이해』, 역락.

_____(2016), 『한국어학의 이해』, 한국문화사.

_____(2017), 『이해하기 쉬운 문법교육론』, 역락.

박덕유 · 오영신 · 강비 외 5인(2011), 『한국어 학습자를 위한 음운교육 연구』, 박문사.

박덕유 · 김은혜 · 허유라 외 6명(2012), 『한국어 학습자를 위한 문법교육 연구』, 박문사.

박덕유 · 이옥화 · 송경옥(2013), 『한국어문법의 이론과 실제』, 박문사.

박성복(2010), 『한국어 운율과 음운론』, 월인.

박숙희(2013), 『한국어 발음 교육론』, 역락.

朴榮順(1986), 『韓國語統辭論』, 집문당.

_____(1998), 『한국어 문법교육론』, 박이정.

_____(2001), 『외국어로서의 한국어 교육론』, 월인.

_____(2001), 『한국어 문장의미론』, 박이정.

_____(2002), 『한국어 문법교육론』, 박이정.

_____(2004), 『한국어 의미론』, 고려대학교출판부.

_____(2007), 『한국어 화용론』, 박이정.

_____(2010), 『한국어와 한국어교육』, 한국문화사.

박재연(2006), 『한국어 양태어미 연구』, 국어학회.

박종덕(2005), 『현대 국어 문법론 강의』, 한국문화사.

박창원(2012), 『한국어의 표기와 발음』, 지식과교양.

배주채(2013), 『한국어의 발음』, 삼경문화사.

성기철(2007), 『한국어 문법 연구』, 글누림.

_____(2007), 『한국어 대우법과 한국어 교육』, 글누림.

송철의(2008), 『한국어 형태음운론적 연구』, 태학사.

신승용(2013), 『국어음운론』, 역락.

심재기(2009), 『한국어 우리말 우리글』, 제이앤씨.

안경화(2007), 『한국어교육의 연구』, 한국문화사.

안병희 · 이광호(1990), 『중세국어문법론』, 학연사.

엄녀(2010), 『한국어 양태 표현 연구』, 한국문화사.

우인혜(1997), 『우리말 피동연구』, 한국문화사.

尹錫昌 외(1973), 『古典國語正解』, 관동출판사.

윤평현(2012), 『국어의미론』, 역락.

이관규(2004), 『학교문법론』, 월인.

李基文(1972), 『고전국어』, 지학사.

_____(1978), 『국어사개설』, 탑출판사.

李南淳(1981), 「現代國語의 時制와 相에 대한 硏究」, 『國語硏究』 46.

이선웅(2012), 『한국어 문법론의 개념어 연구』, 월인.

李崇寧(1961), 『中世國語文法』, 을유문화사.

이을환 · 이철수(1977), 『韓國語文法論』, 개문사.

李翊燮(1992), 『國語表記法硏究』, 서울大學校出版部.

_____(1986), 『국어학개설』, 학연사.

이익섭 · 임홍빈(1983), 『國語文法論』, 학연사.

이익섭 · 채완(1999), 『국어문법론강의』, 학연사.

이주행(2001), 『한국어 문법의 이해』, 월인.

_____(2005), 『한국어 어문 규범의 이해』, 보고사.

_____(2011), 『알기 쉬운 한국어 문법론』, 역락.

李喆洙(1992), 『國文法의 理解』, 인하대출판부.

_____(1993), 『國語文法論』, 개문사.

_____(1994), 『國語形態學』, 인하대출판부.

_____(1997), 『韓國語音韻學』, 인하대출판부.

_____(2002), 『國語史의 理解』, 인하대출판부.

이철수 · 박덕유(1999), 『文法敎育論』, 인하대학교출판부.

이철수 · 문무영 · 박덕유(2010), 『언어와 언어학』, 역락.

이현희(1994), 『중세국어구문연구』, 신구문화사.

李熙昇 · 安秉禧(1989), 『한글 맞춤법 강의』, 신구문화사.

임지룡(1998), 『국어의미론』, 탑출판사.

임호빈(2003), 『외국인을 위한 한국어문법』, 연세대학교출판부.

任洪彬(1987), 「국어 부정문의 통사와 의미」, 『국어생활』 10.

임홍빈 · 안병철, 장소원, 이은경(2011), 『바른 국어생활과 문법』, 한국방송통신
　　　대학교출판부.

張京姬(1985), 『現代國語의 樣態範疇 研究』, 탑출판사.

정문수(1984), 「相的 特性에 따른 韓國語 풀이씨의 分類」, 『문법연구』 5.

주경희(2009), 『한국어 문법교육론(조사를 대상으로)』, 박이정.

蔡　琬(1986), 『國語語順의 研究』, 탑출판사.

최윤곤(2010), 『한국어 문법교육과 한국어 표현범주』, 한국문화사.

최현배(1937=1978), 『우리말본』, 정음사.

최호철(2005), 『외국인의 한국어 연구』, 경진문화사.

한국방송통신대학교평생교육원(2005), 『외국어로서의 한국어학』, 한국방송통신
　　　대학교출판부.

　　　(2011), 『외국어로서의 한국어교육학』, 한국방송통신대학교출판부.

한재영(2011), 『한국어교육(용어해설)』, 신구문화사.

한재영 · 박지영 · 현윤호 · 권순희 · 박기영 · 이선웅(2008), 『한국어 문법교육』,
　　　태학사.

한재영 · 박지영 · 현윤호 · 권순희 · 박기영 · 이선웅 · 김현경(2010), 『한국어 어
　　　휘교육』, 태학사.

허동진(2006), 『한국어 어미의 뜻과 쓰임』, 한국학술정보.

허　용(2003), 『한국어 문법론』, 한국문화사.

허　용, 강현화, 고명균, 김미옥, 김선정, 김재욱, 박동호(2005), 『외국어로서의 한
　　　국어교육학 개론』, 박이정.

허　용 · 김선정(2006), 『외국어로서의 한국어 발음 교육론』, 박이정.

黃炳淳(1986), 「국어 동사의 상 연구」, 『배달말』 11호.

홍종선 외(2015), 『쉽게 읽는 한국어학의 이해』, 한국문화사.

찾아보기

쉽게 풀어쓴 한국어 문법

1판1쇄 발행 2018년 9월 10일

지 은 이   박덕유 · 강미영
펴 낸 이   김진수
펴 낸 곳   **한국문화사**
등   록   1991년 11월 9일 제2-1276호
주   소   서울특별시 성동구 광나루로 130 서울숲 IT캐슬 1310호
전   화   02-464-7708
팩   스   02-499-0846
이 메 일   hkm7708@hanmail.net
홈페이지   www.hankookmunhwasa.co.kr

책값은 뒤표지에 있습니다.

ISBN 978-89-6817-677-7 93710

이 도서의 국립중앙도서관 출판예정도서목록(CIP)은 서지정보유통지원시스템 홈페이지
(http://seoji.nl.go.kr)와 국가자료종합목록시스템(http://www.nl.go.kr/kolisnet)에서
이용하실 수 있습니다. (CIP제어번호 : CIP2018028337)

이 저서는 2018년도 인하대학교 교내연구비 지원에 의하여 발간되었음.